Bc. 422693

A-Z BRISTOL

BATH · CARDIFF · CHELTENHAM · GLOUCESTER · NEWPORT · WESTON super MARE

CONTENTS

Each section

Motorway	Car Parks Selected.	P
A Road A4054	Church or Chapel	†
B Road B3122	Electricity Transmission Line	⊠– – –⊠
Dual Carriageway	Fire Station	■
One Way Street One Way traffic flow on 'A' Roads is indicated by a heavy line on the drivers left. →	House Numbers Selected Roads	2 23
Railway Level Crossing Station	Hospital	⊞
Map Continuation 116	Information Centre	⊞
County Boundary + · + · +	Police Station	▲
District Boundary – · – · –	Post Office	●
Ambulance Station ⊞	Toilet	▽
	Toilet with Disabled Facilities	⮸

SCALE 4 inches to 1 mile

0 — ¼ — ½ mile
0 — 250 — 500 — 750 metres

1:15,840

Geographers' A-Z Map Co. Ltd.

Head Office
Fairfield Road, Borough Green, Sevenoaks, Kent TN15 8PP
Telephone 0732 781000
Showrooms
44 Gray's Inn Road, London, WC1X 8LR
Telephone 071-242 9246
Edition 4   1988
Edition 4A (part revision) 1990

© Copyright of the publishers

2

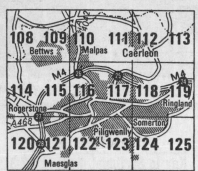

108 109 110 111 112 113
Bettws Malpas Caerleon

M4

114 115 116 117 118 119
Rogerstone Ringland
A468

Somerton

Pillgwenlly

120 121 122 123 124 125

NEWPORT

Maesglas

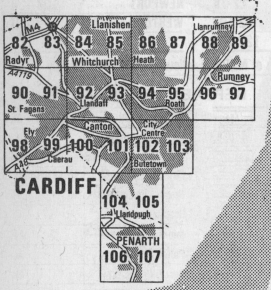

M4

Llanishen Llanrumney

82 83 84 85 86 87 88 89
Radyr Whitchurch Heath
A4119

Rumney

90 91 92 93 94 95 96 97
St. Fagans Llandaff Roath

Canton City
Centre
98 99 100 101 102 103
Caerau Butetown
A48

CARDIFF

104 105
Llandough

PENARTH

106 107

AVONMOUTH

12 13
Shir

M5

24 25
Easton-in
-Gordano

BR

MOUTH OF

THE SEVERN

Milton Worle

78 79

76 77

80 81
Uphill A370

**WESTON -
SUPER - MARE**

3

Longford Innsworth
134 135 136 137
City Centre
Hucclecote
138 139 140 141 142 143
Hempsted
Brockworth
144 145 146 147 GLOUCESTER
Tuffley Upton St. Leonards

Arle Prestbury
126 127 128 129
Hatherley Charlton Kings
130 131 132 133
Leckhampton
CHELTENHAM

Easter Compton Patchway
4 5 6 7
Frampton Cotterell
8 9
Winterbourne

Chipping Sodbury
10 11
Yate

Filton
14 15 16 17 18 19 20 21 22 23
Westbury on Trym MANGOTSFIELD

Horfield Fishponds
26 27 28 29 30 31 32 33 34 35
Redland

Speedwell KINGSWOOD
Clifton
36 37 38 39 40 41 42 43
City Centre

BRISTOL

Bedminster Hanham Oldland
44 45 46 47 48 49 50 51 52 53
Long Ashton Knowle Brislington

Bishopsworth
54 55 56 57 58 59 60 61
Dundry Hartcliffe Whitchurch KEYNSHAM

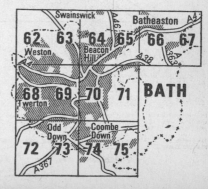

Swainswick Batheaston
62 63 64 65 66 67
Weston Beacon Hill

DIAGRAMMATIC
KEY TO
SECTIONAL MAPS

68 69 70 71 BATH
Twerton

see also back cover

Odd Down Coombe Down
72 73 74 75

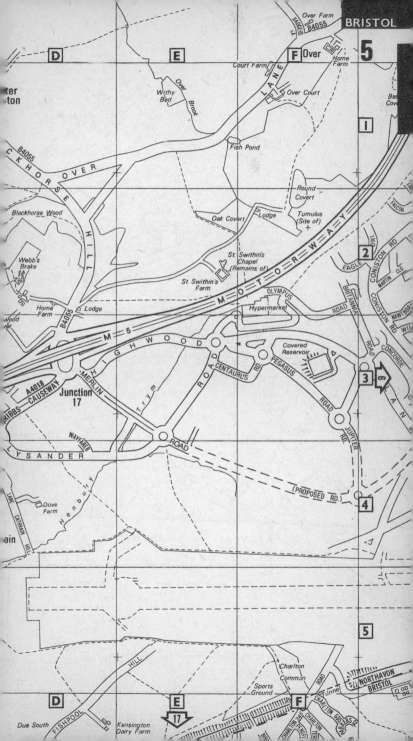

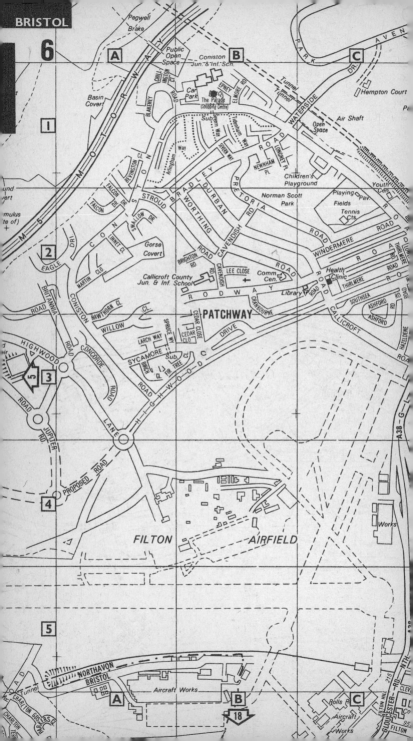

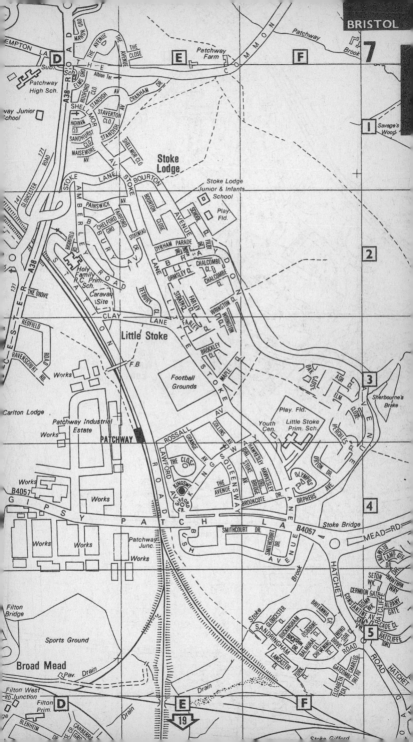

D · E · F

1

2

3

4

5

KEMPTON LA

Patchway High Sch.

Patchway Farm

Patchway Brook

Savage's Wood

MANOR GRO

THE AVENUE

THE CLOSE

Albion Ter.

Sub.

THE AVENUE

ELMS GRO

RUDFORD CLO

SHELLMOR CLO

HIGHNAM CLO

SANDHURST CLO

MAISEMORE AV

STANDISH AV

STAVERTON CLO

CRANHAM DR

STANDISH CLO

SHELLMORE CLO

Way Junior School

GLOUCESTER ROAD

171

141

A38 ROAD

STOKE LANE

STOKE LANE

AMBERLEY ROAD

BOURTON AVENUE

Stoke Lodge

Stoke Lodge Junior & Infants School

Play Fld.

PAINSWICK AV

FAIRFORD GRO

CHELFORD GRO

STOKEMEAD

BOURTON CLOSE

SCHOOL RISE

FILEY

DYRHAM PARADE

CHALCOMBE CLO

CHALCOMBE

ORMSLEY CLO

STRANG CL

FARLEY

WINNINGTON CLO

WINNINGTON

LYDDON

BROCKLEY CLO

MAPLE

ASH

OAK

CLOSE

ELM

3

Sherbourne's Brake

131

THE GROVE

A38

STRATTON

BROOKFIELD RD

Holy Family R.C. Prim. Sch.

TEWKERY CL

Caravan Site

CLAY LANE

Little Stoke

F.B.

Football Grounds

REDFIELD

RAVENSCROFT RD.

Works

Carlton Lodge

Patchway Industrial Estate

Works

PATCHWAY

Works

B4057

GIPSY

Works

Works

Works

Patchway Junc.

Works

ROSSALL AV

LAWFORD ROAD

KINGSWAY

THE CLOSE

KINGSWAY SHOP CR

COLLINS AV

GRANGE AV

THE AVENUE

QUEENSWAY

HAWKESLEY DRIVE

STOKE BRIDGE

BROOKCOTE DR

OLYMPUS AV

ORPHEUS AV

HERCULES CL

OXTON DR

Play. Fld.

Youth Cen.

Little Stoke Prim. Sch.

STOKE LANE

AVEN

4

Stoke Bridge

MEAD RD

SMITHCOURT DR

SMITHCOURT DR

B4057

Stoke Brook

HATCHET

LAMB GRO

MINSTER

HAWTHORN DR

SETON WK

CERMION GATE

CONSTANTINE AV

RATCLIFFE DR

ALBANY GATE

ARCADE CL

5

Filton Bridge

Sports Ground

Broad Mead

Pav.

Drain

Filton West Rd Junction

Filton Prim.

BLENHEIM

CANBERRA

Stoke Brook

SANDRINGHAM

GLOUCESTER

BUCKINGHAM

OSBORNE

BALMORAL

BRITANNIA CL

CHEWNING CL

WINDSOR

RATCLIFFE DR

CHARLES

ELIZABETH CL

GATCOMBE DR

CONSTANTINE AV

RATCLIFFE ROAD

HATCHET

RATCLIFFE DR

D · E · F

19

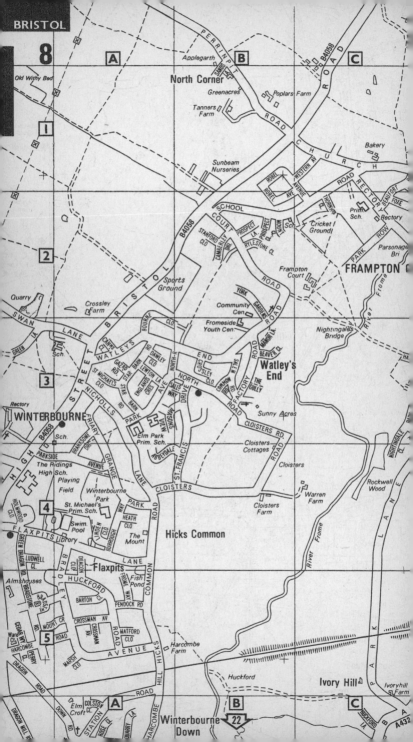

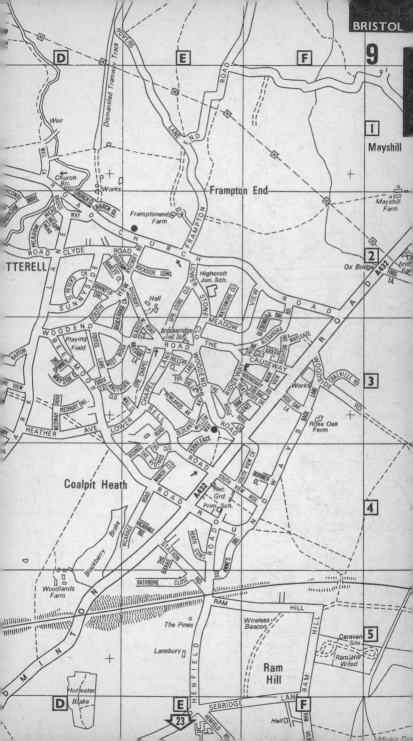

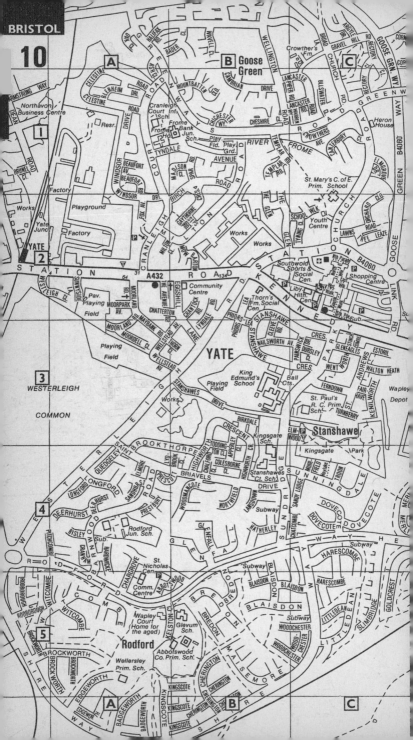

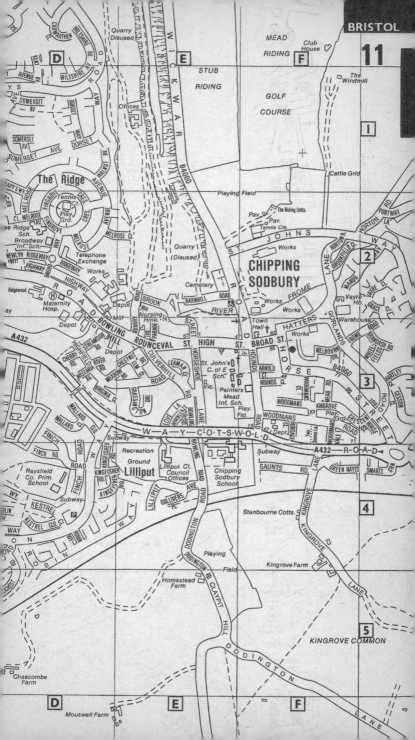

CHIPPING
SODBURY

MEAD
RIDING

Club
House

The
Windmill

STUB
RIDING

GOLF
COURSE

Quarry
(Disused)

Offices

Cattle Grid

Playing Field

The Riding Cotts.

Pav. C

Pav.
Tennis Cts

ST. JOHNS

Works

HORTON LANE

HORTON RD.

BROOKFIELD CL.

PORTWAY

HORTON
WAY

MANOR

VAYRE CL.

GRACE

Vayre
Ho.

Warehouse

FROME

Works

Works

Works

Cemetery

BARNHILL

RIVER

Town
Hall

HATTERS

Works

GORLANDS RD.

FROME

BROADASH RD.

HARTLEY

LESSON

ROAD

The Ridge

Tennis
Ct.
Play
Grd.

FILGROVE CRES.

MELROSE AV.

CL. MELROSE

FILGROVE CRES.

MELROSE CL.

AVENUE

The Ridge
Sch.
Broadway
Inf. Sch.

NEWLYN
WY.

Ridgeway

HIGHWAY

BROADWAY

Telephone
Exchange

Works

RIDGEWAY

HIGHWAY

Ridgewood

Maternity
Hosp.

ROAD

BOWLING HILL

Depot

Mill

Depot

BROOK STREET

THE ARCADE

Mkt.
Nursing
Hme.

ROUNCEVAL ST.

HIGH ST.

HORSESHOE

ST. JOHNS

BROAD ST.

St. John's
C. of E
Sch.

Lib.

Vic.

Painters
Mead
Inf. Sch.
Play.
Fid.

ARNOLD
CT.

Arnold
Ct.

WOODMANS

WOODMANS

Dept.

HOUNDS CL.

HORSE

ST.

MELBOURNE

B4060

KINGROVE

Play.
Grd.

CRESCENT

HOUSE

ROAD

WOODMANS VALE

Ivy
Stores Est.

A432

CHERRY RD.

STREAMSIDE RD.

HIGHFIELD RD.

RIVER RD.

WISTARIA RD.

CHESTNUT RD.

MEADOW CL.

VIRGINIA CL.

GRASSMERE RD.

CULVERHILL

LEAMAN CL.

LOVE LA.

SOUTHGATE

NORTH EAST

BOWLING

LANE

WAY — COTSWOLD

ROAD

Subway

Subway

GAUNTS RD.

A432 — ROAD

GREEN HAYES

SMARTS

KINGROVE

LANE

Recreation
Ground

Lilliput

Lilliput Ct.
Council
Offices

GULLIVERS
PL.

LILLIPUT AVE.

DODINGTON RD.

Chipping
Sodbury
School

Chipping
Sodbury
School

Stanbourne Cotts.

MALLARD CL.

FINCH

FINCH RD.

ROAD

KINGFISHER RD.

KINGFISHER RD.

KINGFISHER WAY

Raysfield
Co. Prim.
School

Subway

KESTREL

KESTREL CLO.

WAY

ROBIN

P

DODINGTON RD.

CLAYPIT HILL

Playing
Field

Homestead
Farm

Kingrove Farm

KINGROVE LANE

KINGROVE COMMON

Chescombe
Farm

Mouswell Farm

DODINGTON LANE

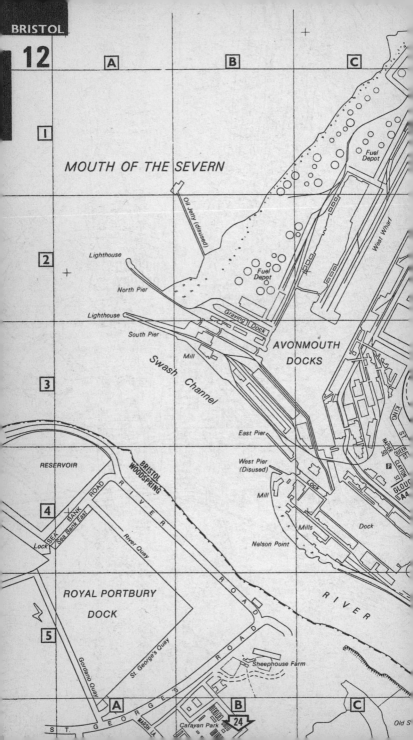

A B C

1

MOUTH OF THE SEVERN

Oil Jetty (disused)

Fuel Depot

West Wharf

2

Lighthouse

North Pier

Fuel Depot

Lighthouse

South Pier

Graving Dock

AVONMOUTH

DOCKS

Mill

Swash Channel

3

East Pier

West Pier
(Disused)

RESERVOIR

BRISTOL

WOODSPRING

RIVER

SEA BANK ROAD

Sea Bank East

4

Lock

River Quay

Mill

Mills

Dock

Nelson Point

ROAD

ROYAL PORTBURY

DOCK

RIVER

5

Gordano Quay

St. George's Quay

ROAD

Sheephouse Farm

A B C

ST. GEORGE'S

MARSH LA.

Caravan Park

24

Old S

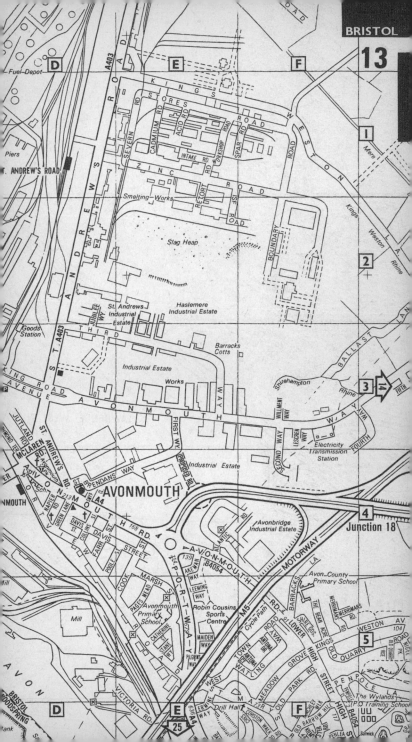

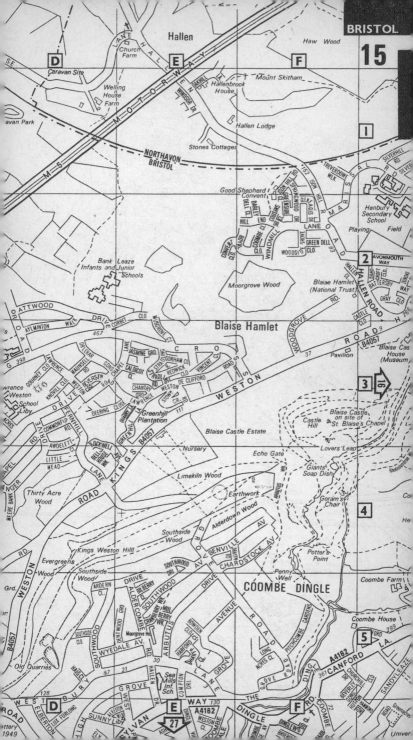

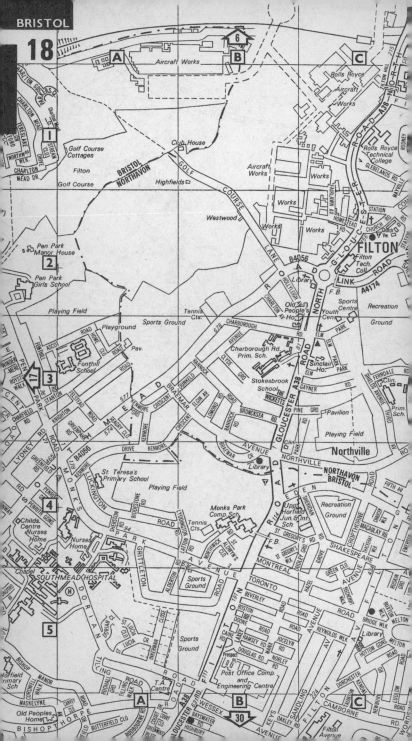

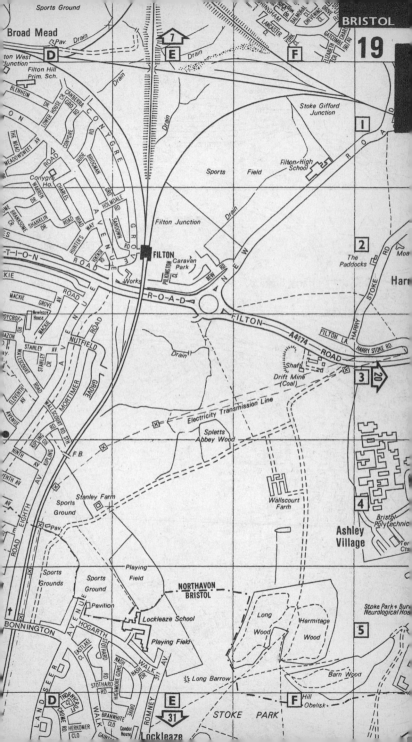

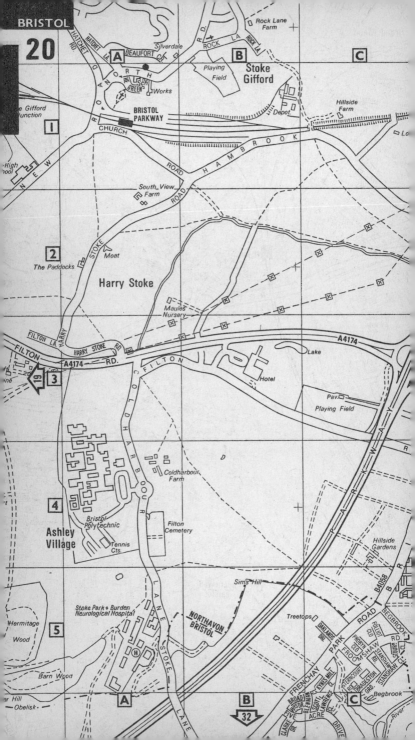

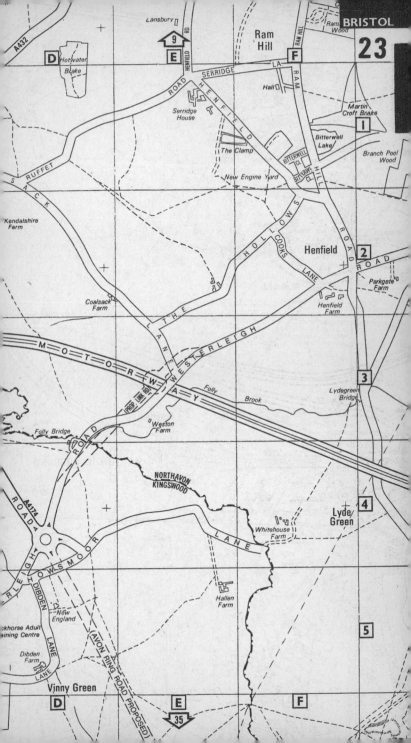

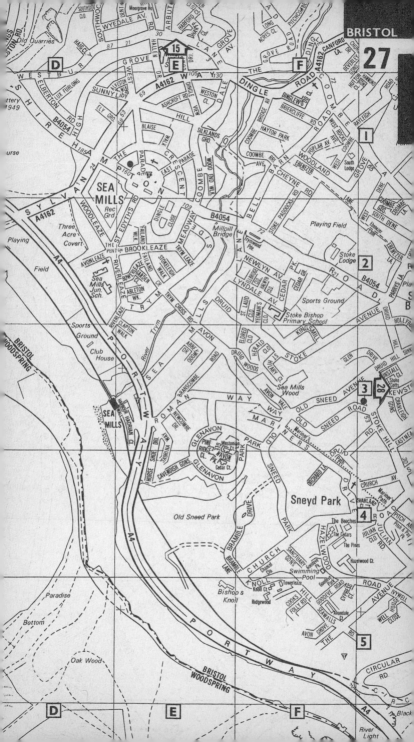

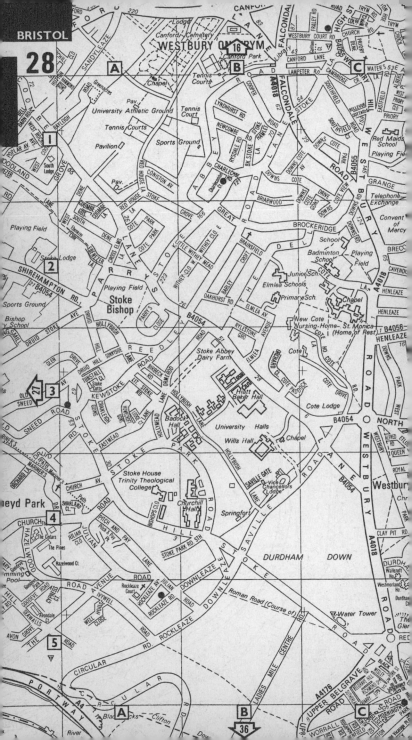

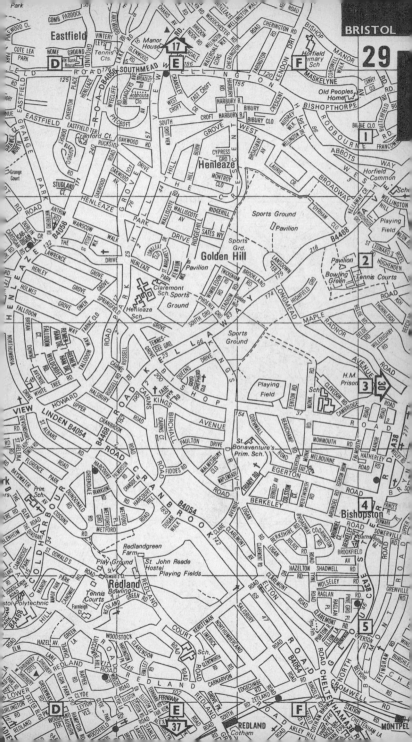

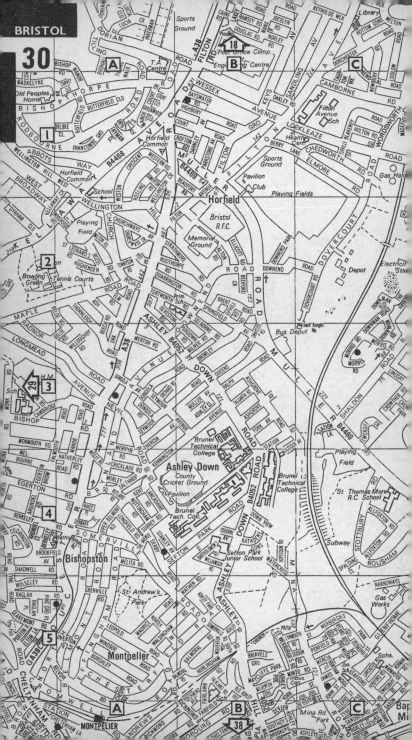

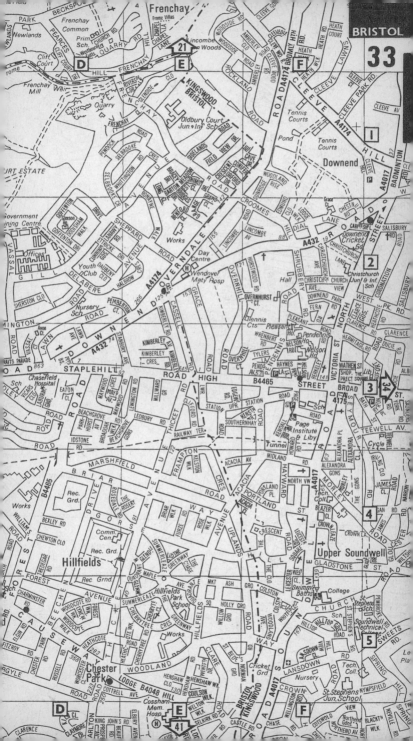

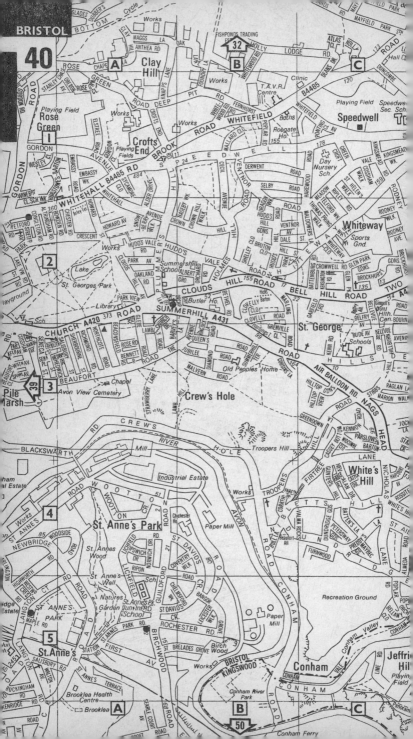

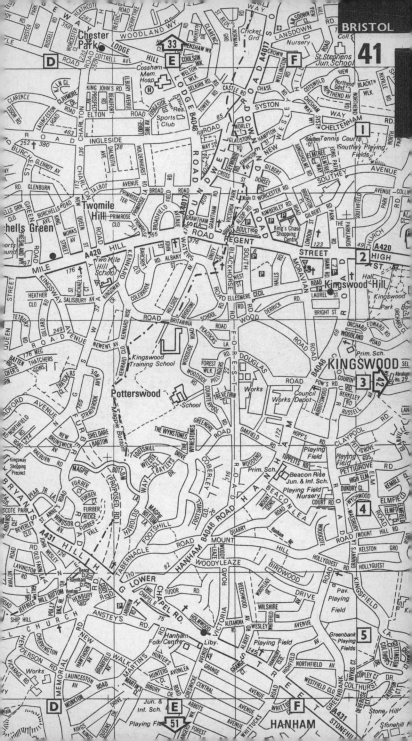

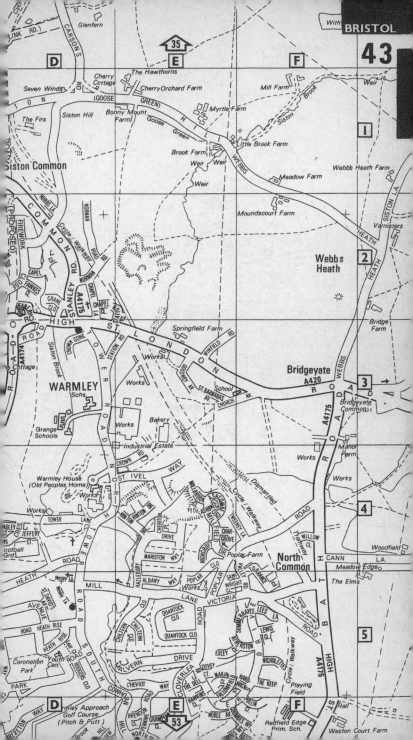

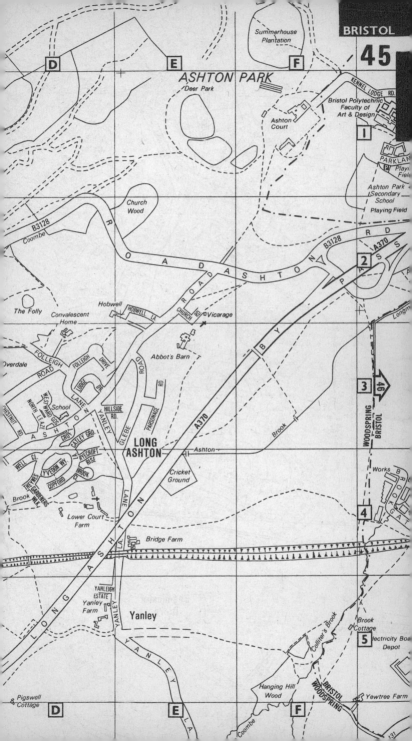

Summerhouse Plantation

D **E** **F**

ASHTON PARK

Deer Park

KENNEL LODGE RD.

Bristol Polytechnic Faculty of Art & Design

Ashton Court

1

PARKLAN

Playing Field

Ashton Park Secondary School

Playing Field

Church Wood

B3128

Coombe

R O A D A S H T O N

B3128

A370

2

BY PASS

A

The Folly

Convalescent Home

Hobwell

HOBWELL LA

CHURCH RD

Vicarage

Longm

Abbot's Barn

FOLLEIGH

Overdale

FOLLEIGH

DRIVE

ROAD

LODGE

DRI

ROAD

B Y

Brook

3

46

WOODSPRING

BRISTOL

CHESTNUT RD

NORTH LEAZE

WEST WARD GDNS

School

HILLSIDE RD.

YANLEY

GLEBE

PARSONAGE RD

A370

CROSS

CATLEY GRO

Ashton

WELL CL

RYECROFT RISE

THYMES

YVERDON WY

BROOK

COPFFORD

GARDENERS

WALK

Brook Walk

Brook

LONG ASHTON

Cricket Ground

Works

Brook

4

BROOK CAT

Lower Court Farm

Bridge Farm

L A N E

LONG ASHTON

YANLEIGH ESTATE

Yanley Farm

Yanley

YANLEY

Collier's Brook

Brook Cottage

Electricity Boa Depot

5

Pigswell Cottage

YANLEY LA

Hanging Hill Wood

BRISTOL

WOODSPRING

Yewtree Farm

Coombe

D **E** **F**

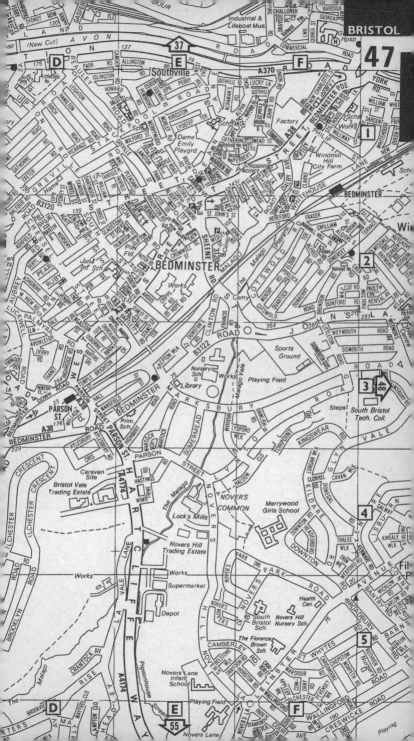

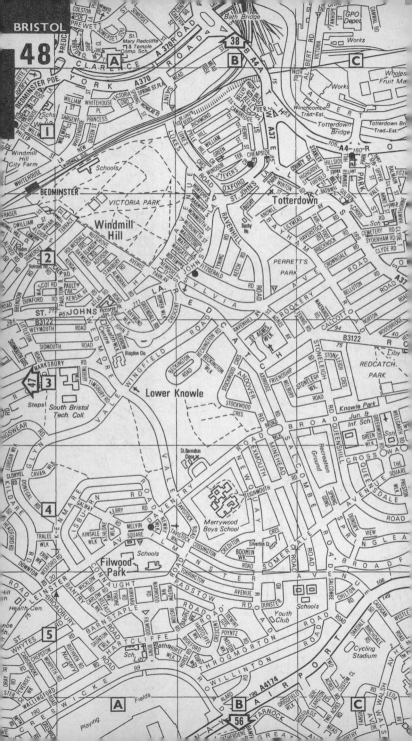

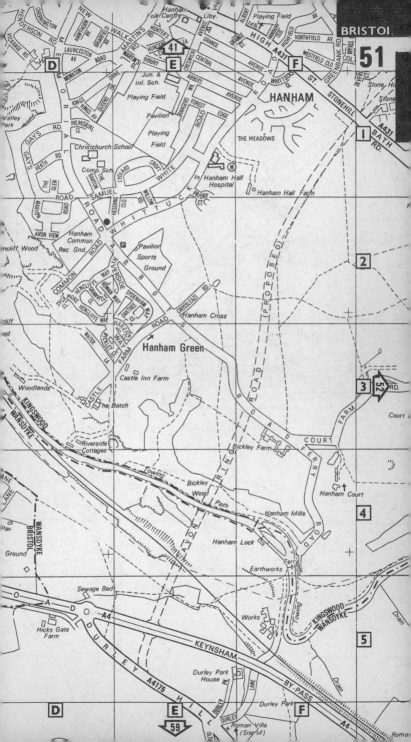

HANHAM

Hanham Folk Centre

Hanham Hall Hospital

Hanham Hall Farm

THE MEADOWS

Christchurch School

Hanham Common Rec. Gnd.

Pavilion Sports Ground

Hanham Cross

Hanham Green

Castle Inn Farm

Woodlands

The Batch

Riverside Cottages

Bickley Farm

Bickley Wood

Hanham Mills

Hanham Lock

Hanham Court

Earthworks

KINGSWOOD WANSDYKE

WANSDYKE BRISTOL

Ground

Hicks Gate Farm

Sewage Bed

Works

KEYNSHAM

BY-PASS

Durley Park House

Durley Park

Roman Villa (Site of)

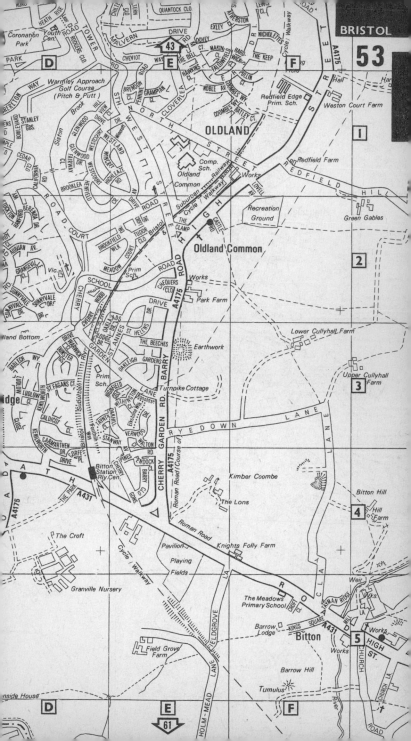

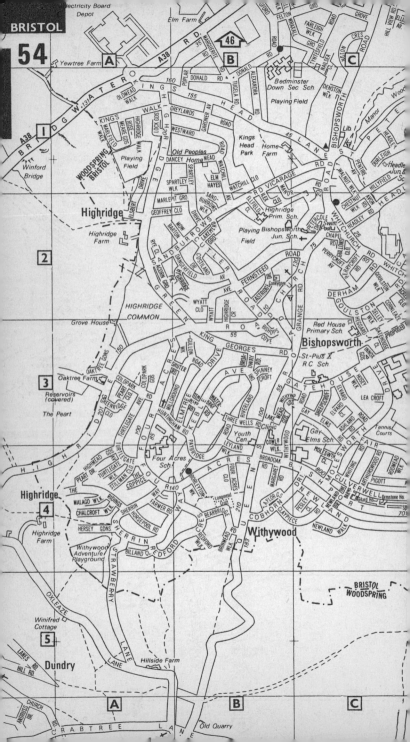

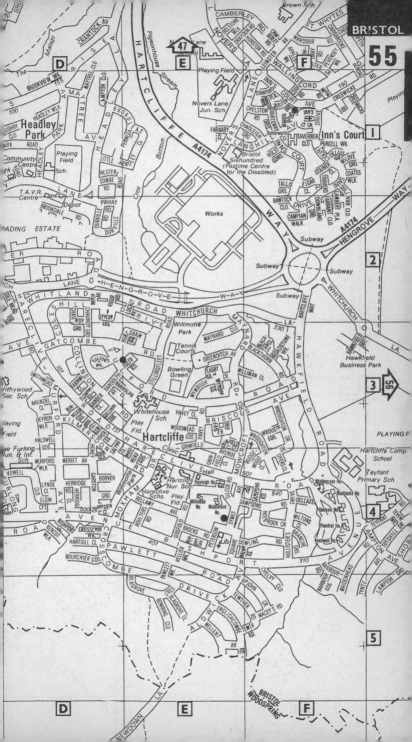

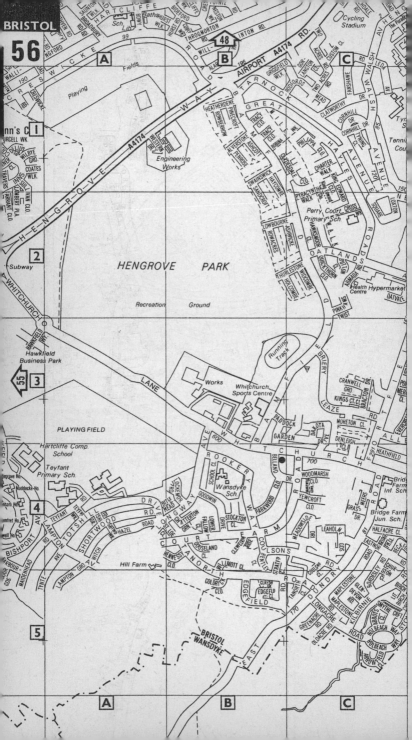

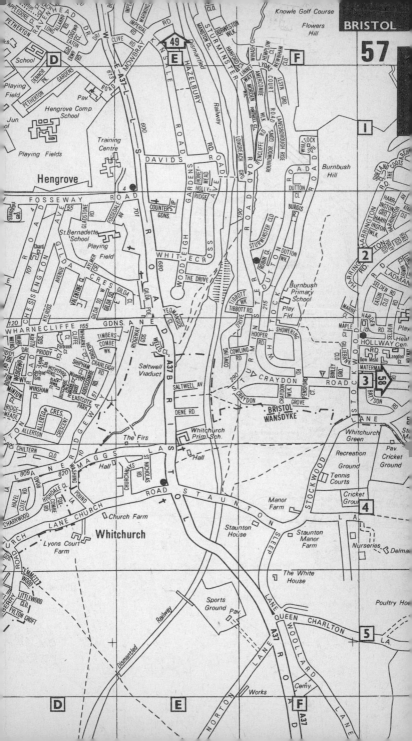

Golf Course

Playing Fields

Pavilion

Farm

STOCKWOOD

Scotland

A **B** 50 **C**

Playing Fields

Oakleaze

1

Burnbush Hill

WHITTOCK RD

LOCK RD

The Coots

ARCHER WK

SINGER RD

THE COOTS

ASHWELL

CORNISH CL

Stockwood

HOLSOM

WARMAN RD

WARMAN CLOSE

CLOSE

ROAD

Stockwood Farm

STOCKWOOD RD

STOCKWOOD LANE

HARRINGTON

HARRINGTON GRO

HARRINGTON WLK

ROAD

ATKINS CLO

HOLSOM

CURSALL

CURSALL WLK

Riding School

Stockwood Lodge

Sh Mut

2

HARRINGTON

ROAD

THE CHASE

LANCEY

COTTLE RD

DERRICKE RD

COTTLE CLO

DERRICKE

ROAD

SWANE

MATTHEWS

The Further Covert

Wood House

LADMAN

PHINE CLO

CHESTNUT

CHESTNUT

ROAD

Rec Grd

CANTELL GRO

SELDEN RD

EATON CLO

Waycroft School

BACKNELL

BACKNELL

PHINE

ROAD

WARREN GDNS

TOWNSEND RD

ROAD

TOWNSEND

TOWNSHOND CLO

MARNE

HARTGILL

MAPLE CL

SELDEN RD

Playing Field

Health Cen.

STOCKWOOD

BIFFIELD GDNS

BRISTOL WANSDYKE

OLD

GILLARD CT

Lib.

HOLLWAY Cen.

Bow Mead

Langdon Cl.

BIFFIELD

BIFFIELD GDNS

57 **3**

MATERMAN

GOSLET

WOOLLEY

HOLLWAY

ROAD

BIFFIELD CLO

4

BATSON

ROAD

BURFORD GRO

Drain

STOCKWOOD LA ST

Whitchurch Green

Pav.

Stockwood Green Junior Mixed & Infants School

Community Centre

ENGINEHOUSE

Recreation Ground

Cricket Ground

Tennis Courts

Cricket Grd

STAUNTON

LA

Staunton Manor Farm

Nurseries

Delmar

aite

Queen Charlton

Charlton Farm

Further Mead

Poultry House

Tennis Court

Manor Farm

5

QUEEN

Manor House

CHARLTON

LANE

HIGHWALL LANE

DAPWELL LANE

f

WOOLLARD LA

sy

A **B** **C**

Wind Pump

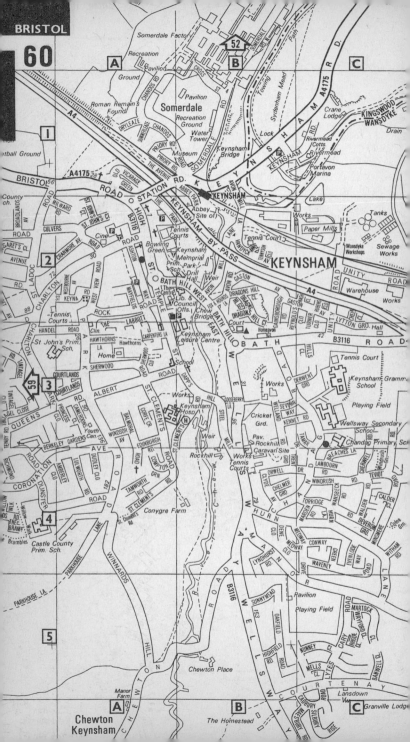

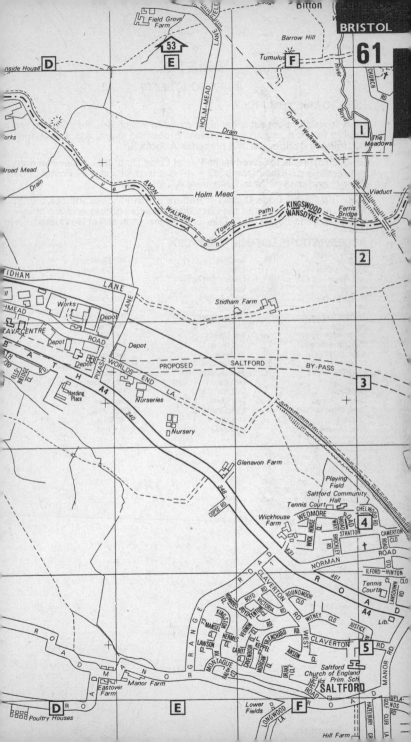

Bitton

Field Grove Farm

Barrow Hill

Tumulus

D | E | **F**

nside House

CHURCH RD

The Meadows

I

Works

Broad Mead

Drain

HOLM MEAD

Drain

Holm Mead

Cycle / Walkway

Viaduct

AVON WALKWAY

(Towing Path)

KINGSWOOD WANSDYKE

Ferris Bridge

2

TIDHAM LANE

HMEAD

Works

Depot

Stidham Farm

LANE

AV CENTRE

Depot

ROAD

Depot

PROPOSED

SALTFORD

BY-PASS

3

Depot

Depot

PIXASH

WORLDS END LA

ELLS-BRIDGE CL

A4

Harding Place

Nurseries

240

Nursery

Glenavon Farm

Playing Field

Saltford Community Hall

Tennis Court

4

WEDMORE

CHELWOOD RD

COPSE RD

248

Wickhouse Farm

WICK HOUSE CL

BROAD WAY

STRATTON

BROCKLEY RD

CAMERTON CLO

ROAD

NORMAN

ROAD

461

ILFORD-HINTON

Tennis Courts

LANSDOWN CL

A4

D

R O A D

CLAVERTON

ROUNDMOOR CLO

WITNEY CLO

JUSTICE

Lib.

CLAVERTON

5

GRANGE ROAD

HOWARD

KINGSTON

BOYD

VICTORIA RD

RD

WEST

CL

MANOR RD

MANSE CL

HERMES

VERNON

RD

BOTTOMLEY

FRENCHAY RD

KEPPEL

ANSON

HAZELBURY RD

GOLF CLUB LA

UPLANDS CL

LAWSON CL

CAVENDISH CL

MORGAN

CL

CABOT

MONTAGUE

DRAKE

CL

Saltford Church of England Prim. Sch

R O A D

D

M

A N O R

Manor Farm

Eastover

Poultry Houses

E

Lower Fields

LONGWOOD LA

F

SALTFORD

Hill Farm

BRISTOL

INDEX TO STREETS

HOW TO USE THIS INDEX

(a) A strict alphabetical order is followed in which Av., Rd., St., etc. are read in full and as part of the name preceding them, e.g. Abbotsford Rd. follows Abbots Clo. but precedes Abbots Rd.

(b) Each street is followed by its Postal Code District Number and map reference, e.g. Abbeydale. BS17 – 4A 8 is in the Bristol 17 Postal Code District and is to be found in square 4A on page 8.

N.B. The Postal Code District Numbers given in these indices are, in fact, only the first part of the Postcode to each address and are meant to indicate the Postal Code District in which each street is situated.

ABBREVIATIONS USED IN THIS INDEX

All: Alley
App: Approach
Arc: Arcade
Av: Avenue
Bk: Back
BA: Bath
Boulevd: Boulevard
Bri: Bridge
BS: Bristol
B'way: Broadway
Bldgs: Buildings
CF: Cardiff
Chyd: Churchyard
Cir: Circus
Clo: Close
Comn: Common
Cotts: Cottages
Ct: Court
Cres: Crescent

Dri: Drive
E: East
Embkmt: Embankment
Est: Estate
Gdns: Gardens
Ga: Gate
GL: Gloucester
Gt: Great
Grn: Green
Gro: Grove
Ho: House
Ind: Industrial
Junct: Junction
La: Lane
Lit: Little
Lwr: Lower
Mans: Mansions
Mkt: Market
M: Mews

Mt: Mount
NP: Newport
N: North
Pal: Palace
Pde: Parade
Pk: Park
Pas: Passage
Pl: Place
Rd: Road
S: South
Sq: Square
Sta: Station
St: Street
Ter: Terrace
Up: Upper
Vs: Villas
Wlk: Walk
W: West
Yd: Yard

BRISTOL

Ashton Ga Rd. BS3 – 1C 46
Ashton Ga Ter. BS3 – 1C 46
Ashton Ga Underpass. BS3 – 1B 46
Ashton Rd. BS18 & BS3 – 2F 45 to
   1C 46
Ashton Vale Rd. BS3 – 2A 46
Ashton Way. BS18 – 2A 60
Ashville Rd. BS3 – 1C 46
Ash Wlk. BS10 – 2D 17
Ashwell Clo. BS14 – 1A 58
Ashwicke. BS14 – 2C 56
Assembly Rooms La. BS1 – 4F 37
Astry Clo. BS11 – 4C 14
Atchley St. BS5 – 3D 39
Atherston. BS15 – 5F 43
Athlone Wlk. BS4 – 4A 48
Atkins Clo. BS14 – 2A 58
Atlantic Rd. BS11 – 4E 13
Atlas Clo. BS5 – 5C 32
Atlas Rd. BS3 – 2A 48
Atlas St. BS2 – 5D 39
Attwood Dri. BS11 – 2D 15
Aubrey Rd. BS3 – 2D 47
Auburn Av. BS15 – 2D 53
Auburn Rd. BS6 – 1D 37
Audrey Wlk. BS9 – 1F 29
Aust La. BS9 – 5C 16
Avalon Rd. BS5 – 5D 41
Avebury Rd. BS3 – 3A 46
Avendall. BS11 – 1A 26
Avening Rd. BS15 – 3C 40
Avenue, The. BS5 – 3B 40
Avenue, The. BS7 – 4A 30
Avenue, The. BS8 – 2C 36
Avenue, The. BS9 – 5A 28
Avenue, The. BS12 – 4E 7
   (Little Stoke)
Avenue, The. BS12 – 1D 7
   (Patchway)
Avenue, The. BS17 – 2A 10
Avenue, The. BS18 – 1A 60
Averay Rd. BS16 – 4E 31
Avonbridge Ind. Est. BS11 – 4F 13
Avon Clo. BS18 – 2B 60
Avon Ct. BS16 – 3D 33
Avon Cres. BS1 – 5C 36
Avondale Ct. BS9 – 5F 27
Avon Gro. BS9 – 5F 27
Avonlea. BS15 – 5E 41
Avonleaze. BS9 – 2D 27
Avonleigh Rd. BS3 – 3D 47
Avon Mill La. BS18 – 2B 60
Avonmouth Rd. BS11 – 4D to 5F 13
Avonmouth Way. BS10 – 2A 16
Avonmouth Way. BS11 – 3E 13
Avon Pk. BS5 – 3F 39
Avon Rd. BS13 – 2C 54
Avon Rd. BS18 – 2B 60
Avon Rd. BS20 – 2E 25
Avonside Rd. BS4 – 4E 39
Avonside Trading Est. BS4 – 4E 39
Avon St. BS2 – 4B 38
Avon Vale BS9 – 3F 27
Avonvale Rd. BS5 – 4D 39
Avon View BS15 – 2D 51
Avon Way. BS9 – 3E 27
Avonwood Clo. BS11 – 1A 26
Awdelett Clo. BS11 – 3D 15
Axbridge Rd. BS4 – 3B 48
Aylard Ho. BS13 – 4C 54
Aylesbury Cres. BS3 – 3D 47
Aylesbury Rd. BS3 – 3D 47
Aylmer Cres. BS14 – 2D 57
Aylminton Wlk. BS11 – 3D 15

Backfields. BS2 – 2A 38
Backfields La. BS2 – 2A 38
Back La. BS17 – 3F 9
Back La. BS20 – 3E & 3F 25
Bk. of Kingsdown Pde. BS6 – 2F 37

Back Rd. BS3 – 1C 46
Bk. Stoke La. BS9 – 1B 28
Backwell Wlk. BS13 – 5B 46
Badenham Gro. BS11 – 5B 14
Baden Rd. BS15 – 3C 42
Baden Rd. BS5 – 3E 39
Bader Clo. BS17 – 1B 10
Badgers La. BS12 – 1F 5
Badgers Wlk. BS4 – 3F 49
Badgeworth. BS17 – 5A 10
Badminton Rd. BS2 – 1B 38
Badminton   Rd.
   BS16 & BS17 – 1A 34 to 2F 9
Baglyn Av. BS15 – 4B 34
Bagnell Clo. BS14 – 3A 58
Bagnell Rd. BS14 – 3A 58
Bakersfield. BS15 – 2C 52
Balaclava Rd. BS16 – 4B 32
Baldwin St. BS1 – 4F 37
Balfour Rd. BS3 – 2D 47
Ballast La. BS11 – 3F 13
Balmain St. BS4 – 1C 48
Balmoral Clo. BS12 – 5F 7
Balmoral Ct. BS17 – 2C 34
Balmoral Rd. BS6 – 5B 30
Balmoral Rd. BS15 – 3B 52
Balmoral Rd. BS13 – 3A 60
Baltic Pl. BS20 – 3F 25
Bamfield, BS14 – 1B to 3B 56
Bampton Clo. BS13 – 1D 55
Banfield Clo. BS11 – 4C 14
Bangor Gro. BS4 – 5B 40
Bangrove Wlk. BS11 – 5A 14
Banister Gro. BS4 – 1F 55
Bank Pl. BS20 – 3F 25
Bank Rd. BS15 – 2F 41
Bankside. BS16 – 3B 34
Bankside Rd. BS4 – 2F 49
Bannerleigh Rd. BS8 – 4A 36
Bannerman Rd. BS5 – 2D 39
Banner Rd. BS6 – 1A 38
Bantock Clo. BS4 – 2F 55
Bantry Rd. BS4 – 5A 48
Banwell Clo. BS13 – 5C 46
Banwell Clo. BS18 – 5C 60
Banwell Rd. BS3 – 2C 46
Baptist St. BS2 – 1C 38
Barbour Gdns. BS13 – 5F 55
Barbour Rd. BS13 – 4F 55
Barcroft Clo. BS15 – 2E 41
Barker Wlk. BS5 – 2C 38
Barlands Ho. BS10 – 2B 16
Barley Clo. BS17 – 2D 9
   (Frampton Cotterell)
Barley Clo. BS17 – 1C 34
   (Mangotsfield)
Barley Croft. BS9 – 2B 28
Barnabas St. BS2 – 1A 38
Barnard Wlk. BS18 – 3F 59
Barnes St. BS5 – 3F 39
Barnhill Rd. BS17 – 2E 11
Barnstaple Rd. BS4 – 5A 48
Barnstaple Wlk. BS4 – 5B 48
Barnwood Clo. BS15 – 2B 42
Barnwood Rd. BS17 – 4A 10
Barossa Pl. BS1 – 5F 37
Barracks La. BS11 – 5F 13
Barratt St. BS5 – 1D 39
Barrington Clo. BS15 – 1A 42
Barrow Hill Cres. BS11 – 1E 25
Barrow Hill Rd. BS11 – 1F 25
Barrowmead Dri. BS11 – 5A 14
Barrow Rd. BS5 – 3C 38
Barrows, The. BS13 – 4C 54
Barr's Ct. BS1 – 3A 38
Barrs Ct Av. BS15 – 5C 42
Barrs Ct Rd. BS15 – 5C 42
Barry Clo. BS15 – 4E 53
Barry Rd. BS15 – 3E 53
Bartlett's Rd. BS3 – 2E 47

Bartley St. BS3 – 1F 47
Barton Clo. BS17 – 5A 8
Barton Grn. BS5 – 3D 39
Barton Hill Rd. BS5 – 4D 39
Barton Hill Trading Est.
   BS5 – 4D 39
Barton Ho. BS5 – 4E 39
Bartonia Gro. BS4 – 3F 49
Barton Manor. BS2 – 4C 38
Barton Meadow Est. BS16 – 1E 33
Barton Rd. BS2 – 4B 38
Barton St. BS1 – 2F 37
Barton, The. BS15 – 1D 51
Barton Vale. BS2 – 4B & 4C 38
Barwick. BS11 – 1A 26
Batches, The. BS3 – 3D 47
Bates Clo. BS5 – 2C 38
Bath Bldgs. BS6 – 1A 38
Bath Hill E. BS18 – 2B 60
Bath Hill W. BS18 – 2A 60
Bath Rd. BS4 – 5B 38 to 5D 51
Bath Rd. BS15 – 1A 52 to 5F 53
   (Hanham)
Bath Rd. BS15 – 5F 43
   (Oldland)
Bath Rd. BS18 – 3B 60 to 5F 61
Bath St. BS3 – 1C 46
Bath St. BS16 – 3A 34
Bathurst Pde. BS1 – 5F 37
Bathwell Rd. BS4 – 1C 48
Batley Ct. BS15 – 1F 53
Battenburg Rd. BS5 – 2C 40
Batten Rd. BS5 – 3D 41
Batten's La. BS5 – 4C 40
Battersby Way. BS10 – 2A 16
Battersea Rd. BS5 – 2E 39
Battson Rd. BS14 – 3A 58
Baugh Gdns. BS16 – 4A 22
Baugh Rd. BS16 – 4A 22
Bay Gdns. BS5 – 5E 31
Bayham Rd. BS4 – 2B 48
Bayleys Dri. BS15 – 4E 41
Baynham Ct. BS15 – 5D 41
Baynton Ho. BS5 – 3C 38
Baynton Rd. BS3 – 1C 46
Bayswater Av. BS6 – 4D 29
Bayswater Rd. BS7 – 1B 30
Beachgrove Gdns. BS16 – 3D 33
Beachgrove Rd. BS16 – 3D 33
Beachley Wlk. BS11 – 1F 25
Beaconlea. BS15 – 4F 41
Beaconsfield Rd. BS4 – 2D 49
Beaconsfield Rd. BS5 – 3A 40
Beaconsfield Rd. BS8 – 1C 36
Beaconsfield St. BS5 – 4D 39
Beale Clo. BS14 – 2A 58
Beam St. BS5 – 3E 39
Bean Acre, The. BS11 – 5F 13
Bearbridge Rd. BS13 – 4B 54
Beauchamp Rd. BS7 – 3F 29
Beaufort All. BS5 – 4B 40
Beaufort Av. BS17 – 1A 10
Beaufort Bldgs. BS8 – 3B 36
Beaufort Clo. BS5 – 3F 39
Beaufort Ct. BS16 – 5C 22
Beaufort Cres. BS12 – 1A 20
Beaufort Ho. BS5 – 3D 39
Beaufort Pl. BS16 – 4D 21
Beaufort Rd. BS5 – 3F 39
Beaufort Rd. BS7 – 1B 30
Beaufort Rd. BS8 – 1C 36
Beaufort Rd. BS11 – 1D 41
Beaufort Rd. BS5 – 5C 22
   (Blackhorse)
Beaufort Rd. BS16 – 3A 34
   (Staple Hill)
Beaufort Rd. BS17 – 2C 8
   (Frampton Cotterell)
Beaufort Rd. BS17 – 1A 10
   (Yate)

Beaufort St. BS3 – 3E 47
Beauley Rd. BS3 – 5D 37
Beaumont Clo. BS15 – 2C 52
Beaumont St. BS5 – 2C 38
Beaumont Ter. BS5 – 2C 38
Beaver Clo. BS17 – 3B 8
Beazer Clo. BS16 – 4F 33
Beckford Gdns. BS14 – 4C 56
Beckington Rd. BS3 – 3B 48
Beckington Wlk. BS3 – 3B 48
Beckspool Rd. BS16 – 5D to
    3D 21
Bedford Cres. BS7 – 2B 30
Bedford Pl. BS2 – 3F 37
Bedminster Down Rd.
    BS13 – 4C 46
Bedminster Pde. BS3 – 1F 47
Bedminster Pl. BS3 – 1F 47
Bedminster Rd. BS3 – 3D 47
Beech Clo. BS15 – 5C 42
Beechcroft Wlk. BS7 – 5C 18
Beechen Dri. BS16 – 5D 33
Beeches Gro. BS4 – 3F 49
Beeches, The. BS9 – 4F 27
Beeches, The. BS15 – 3E 53
Beechmount Gro. BS14 – 5D 49
Beech Rd. BS7 – 3A 30
Beechwood Av. BS15 – 5F 41
Beechwood Clo. BS14 – 5E 49
Beechwood Rd. BS16 – 3C 32
Beechwood Rd. BS20 – 3C 24
Beesmoor Rd. BS17 – 3D 9
Begbrook Dri. BS16 – 2B 32
Begbrook La. BS16 – 1B 32
Begbrook Pk. BS16 – 5C 20
Beggar Bush La. BS8 &
    BS18 – 1A 44
Beggarswell Clo. BS2 – 2B 38
Belfast Wlk. BS4 – 5A 48
Belfry All. BS5 – 2C 40
Belfry Av. BS5 – 2C 40
Belgrave Hill. BS8 – 5C 28
Belgrave Pl. BS8 – 3C 36
Belgrave Rd. BS8 – 2D 37
Bellamy Av. BS13 – 4E 55
Bellamy Clo. BS5 – 5C 40
Belland Dri. BS14 – 4B 56
Bell Barn Rd. BS9 – 2F 27
Bellevue. BS8 – 4D 37
Bellevue Av. BS5 – 3C 40
Bellevue Clo. BS15 – 3A 42
Bellevue Cotts. BS8 – 4D 37
Bellevue Cotts. BS9 – 1C 28
Bellevue Cres. BS8 – 4D 37
Bellevue Pk. BS4 – 3F 49
Bellevue Rd. BS4 – 1B 48
Bellevue Rd. BS5 – 1E 39
    (Lower Easton)
Bellevue Rd. BS5 – 2C 40
    (Whiteway)
Bellevue. BS15 – 3A 42
Bellevue Ter. BS4 – 3F 49
    (Brislington)
Bellevue Ter. BS4 – 1B 48
    (Totterdown)
Bellevue Ter. BS8 – 4D 37
Bell Hill. BS16 – 3E 31
Bell Hill Rd. BS5 – 2B 40
Bellhouse Wlk. BS11 – 4D 15
Bell La. BS1 – 3F 37
Bell Rd. BS17 – 3E 9
Belluton Rd. BS4 – 2C 48
Belmont Rd. BS4 – 1E 49
Belmont Rd. BS6 – 5A 30
Belmont St. BS5 – 1D 39
Beloe Rd. BS7 – 3A 30
Belroyal Av. BS4 – 2B 50
Belstone Wlk. BS4 – 5E 47
Belton Rd. BS5 – 2D 39
Belvedere Rd. BS6 – 4D 29

Belvoir Rd. BS6 – 5A 30
Bence Ct. BS5 – 5D 41
Benford Clo. BS16 – 2E 33
Bennett Rd. BS5 – 3A 40
Bennett Way. BS8 – 5B 36
Bensaunt Gro. BS10 – 1F 17
Bentley Clo. BS14 – 4B 56
Benville Av. BS9 – 4E 15
Berchel Ho. BS3 – 1E 47
Berenda Dri. BS15 – 2D 53
Berkeley Av. BS7 – 4F 29
Berkeley Av. BS8 – 3E 37
Berkeley Clo. BS16 – 5B 22
Berkeley Grn. BS16 – 4D 21
Berkeley Gdns. BS18 – 3F 59
Berkeley Grn. BS16 – 4D 21
Berkeley Pl. BS8 – 3D 37
Berkeley Rd. BS6 – 3C 28
Berkeley Rd. BS7 – 4F 29
Berkeley Rd. BS15 – 3F 41
Berkeley Rd. BS16 – 5C 32
    (Mayfield Park)
Berkeley Rd. BS16 – 3F 33
    (Staple Hill)
Berkeley Sq. BS8 – 3E 37
Berkeley St. BS5 – 5E 31
    (in two parts)
Berkshire Rd. BS7 – 4F 29
Berners Clo. BS4 – 1F 55
Berrow Wlk. BS3 – 3A 48
Berry Croft. BS3 – 1F 47
Berry La. BS7 – 1B 30
Berwick La. BS12 – 2A 4
Berwick Rd. BS5 – 1D 39
Beryl Gro. BS14 – 5D 49
Beryl Rd. BS3 – 2D 47
Bethel Rd. BS5 – 2B 40
Betjeman Ct. BS15 – 5C 42
Beverley Av. BS16 – 4B 22
Beverley Clo. BS5 – 4D 41
Beverley Gdns. BS9 – 5F 15
Beverley Rd. BS7 – 5B 18
Beverstone. BS15 – 2E 41
Beverston Gdns. BS11 – 3D 15
Bevington Clo. BS12 – 1A 6
Bexley Rd. BS16 – 4D 33
Bibstone. BS15 – 2C 42
Bibury Av. BS12 – 2D 7
Bibury Clo. BS9 – 1F 29
Bibury Cres. BS9 – 1F 29
Bibury Cres. BS15 – 5E 41
Bickerton Clo. BS10 – 1B 16
Bickford Clo. BS15 – 4C 42
Bickley Clo. BS15 – 3D 51
Biddestone Rd. BS7 – 4A 18
Bideford Cres. BS4 – 5B 48
Bidwell Clo. BS10 – 2D 17
Bifield Clo. BS14 – 3A 58
Bifield Gdns. BS14 – 3A 58
Bifield Rd. BS14 – 3A 58
Bilberry Clo. BS9 – 5E 15
Bilbie Clo. BS10 – 1A 30
Billand Clo. BS13 – 4A 54
Bindon Dri. BS10 – 1F 17
Binley Gro. BS14 – 3F 57
Binmead Gdns. BS13 – 3D 55
Birbeck Rd. BS9 – 3A 28
Birchall Rd. BS6 – 3E 29
Birch Clo. BS12 – 3A 6
Birch Ct. BS18 – 4E 59
Birch Croft. BS14 – 5C 56
Birchdale Rd. BS14 – 5C 48
Birch Rd. BS3 – 1D 47
Birch Rd. BS15 – 4A 34
Birch Rd. BS17 – 1B 10
Birchwood Rd. BS4 – 2A 50
Birdale Clo. BS10 – 1A 16
Birdwell La. BS18 – 4B 44
Birdwell Rd. BS18 – 4B 44
Birdwood. BS15 – 4F 41

Birkdale. BS17 – 3B 10
Birkin St. BS2 – 4C 38
Bishop Manor Rd. BS10 – 5F 17
Bishop Rd. BS7 – 3E 29
Bishops Clo. BS9 – 4A 28
Bishops Cove. BS13 – 3B 54
Bishop St. BS2 – 2A 38
Bishopsworth Rd. BS13 – 1C 54
Bishopthorpe Rd. BS10 – 1F 29
Bishport Av. BS13 – 4C 54 to 4F 55
Bishport Clo. BS13 – 4D 55
Bishport Grn. BS13 – 4E 55
Bisley. BS17 – 4A 10
Bitterwell Clo. BS17 – 1F 23
Bittle Mead. BS14 – 4B 56
Blackberry Hill. BS16 – 2A 32
Black Boy Hill. BS8 – 5C 28
Blackdown Ct. BS14 – 3D 57
Blackfriars. BS1 – 3F 37
Blackhorse Hill. BS12 &
    BS10 – 1D 5
Blackhorse La. BS16 – 4B 22
Blackhorse Pl. BS17 – 2C 34
Blackhorse Rd. BS15 – 2E 41
Blackhorse Rd. BS17 – 5C 22
Blackmoor Rd. BS8 – 5A 26
Blackmoors La. BS3 – 2A 46
Blackswarth Rd. BS5 – 3F 39
Blackthorn Clo. BS13 – 3F 55
Blackthorn Rd. BS13 – 3F 55
Blackthorn Wlk. BS15 – 1A 42
Blagdon Clo. BS3 – 3A 48
Blagrove Clo. BS13 – 5E 55
Blagrove Cres. BS13 – 5E 55
Blaisdon. BS17 – 5B 10
Blaisdon Clo. BS10 – 3C 16
Blaise Wlk. BS9 – 1E 27
Blakeney Rd. BS7 – 1C 30
Blakeney Rd. BS12 – 1A 6
Blake Rd. BS7 – 2D 31
Blandford Clo. BS9 – 1D 29
Blenheim Dri. BS12 – 1D 19
Blenheim Dri. BS17 – 1A 10
Blenheim Rd. BS6 – 4D 29
Blenheim St. BS5 – 1C 38
Blenman Clo. BS16 – 1B 32
Blethwin Clo. BS10 – 3B 16
Bloomfield Rd. BS4 – 1E 49
Bloy St. BS5 – 2E 39
Bodmin Wlk. BS4 – 4B 48
Bolton Rd. BS7 – 4A 30
Bond St. BS1 – 3A 38
Bonnington Wlk. BS7 – 5D 19
Bonville Rd. BS4 – 4A 50
Booth Rd. BS3 – 1E 47
Boot La. BS3 – 1F 47
Bordesley Rd. BS14 – 5C 56
Borleyton Wlk. BS13 – 4B 54
Borver Gro. BS13 – 4D 55
Boscombe Cres. BS16 – 5B 22
Boston Rd. BS7 – 5B 18
Boswell St. BS5 – 5E 31
Botham Dri. BS4 – 4F 49
Boucher Pl. BS2 – 5C 30
Boulters Rd. BS13 – 4E 55
Boulton's Rd. BS15 – 2F 41
Boundary Rd. BS11 – 2F 13
Boundary Rd. BS17 – 3F 9
Bourchier Gdns. BS13 – 4D 55
Bourne Clo. BS15 – 2D 41
Bourne Clo. BS17 – 3A 8
Bourne Rd. BS15 – 2C 40
Bourneville Rd. BS5 – 2F 39
Bourton Av. BS12 – 1E 7
Bourton Clo. BS12 – 2E 7
Bourton Wlk. BS13 – 5C 46
Bouverie St. BS5 – 2D 39
Boverton Rd. BS12 – 1D 19
Bowden Clo. BS9 – 5E 15
Bowden Pl. BS16 – 5B 22

Chard Ct. BS14 – 2D 57
Chardstock Av. BS9 – 4E 15
Charfield Rd. BS10 – 4E 17
Chargrove. BS15 – 4E 43
Chargrove. BS17 – 5A 10
Charis Av. BS10 – 5E 17
Charlcombe Ct. BS9 – 1B 28
Charlcombe Rd. BS9 – 1B 28
Charles Av. BS12 – 5F 7
Charles Pl. BS8 – 5C 36
Charles Rd. BS12 – 2D 19
Charles St. BS1 – 2F 37
Charlotte St. BS1 – 4E 37
Charlotte St. BS2 – 3B 38
Charlotte St S. BS1 – 4E 37
Charlton Av. BS12 – 2B 18
Charlton Gdns. BS10 – 1F 17
Charlton Rd. BS10 – 2C 16
Charlton Mead Ct. BS10 – 1F 17
Charlton Mead Dri. BS10 – 1F 17
Charlton Pk. BS18 – 3F 59
Charlton Pl. BS10 – 1F 17
Charlton Rd. BS10 – 3D to 1F 17
Charlton Rd. BS15 – 1D 41
Charlton Rd. BS18 – 5D 59 to 2A 60
Charminster Rd. BS16 – 5D 33
Charnell Rd. BS16 – 3A 34
Charnhill Brow. BS17 – 3C 34
Charnhill Cres. BS17 – 4B 34
Charnhill Dri. BS17 – 3B 34
Charnhill Ridge. BS17 – 3C 34
Charnhill Vale. BS17 – 3B 34
Charnwood. BS17 – 3C 34
Charnwood Rd. BS14 – 4D 57
Charterhouse Rd. BS5 – 2F 39
Charter Wlk. BS14 – 1C 56
Chase Rd. BS15 – 1F 41
Chatcombe. BS17 – 4C 10
Chatsworth Rd. BS4 – 1D 49
Chatsworth Rd. BS16 – 5C 32
Chatterton Grn. BS14 – 4B 56
Chatterton Rd. BS17 – 2A 10
Chatterton Sq. BS1 – 5B 38
Chatterton St. BS1 – 5B 38
Chaucer Wlk. BS7 – 4C 18
Chaundy Gro. BS13 – 2D 55
Chavenage. BS15 – 2C 42
Cheapside. BS2 – 2B 38
Cheapside St. BS3 – 1B 48
Cheddar Gro. BS13 – 5C 46
Chedworth. BS15 – 5A 34
Chedworth Rd. BS7 – 1C 30
Cheese La. BS2 – 4A 38
Chelford Gro. BS12 – 2D 7
Chelmer Gro. BS18 – 4B 60
Chelmsford Wlk. BS4 – 5A 40
Chelsea Clo. BS18 – 2C 60
Chelsea Pk. BS5 – 2E 39
Chelsea Rd. BS5 – 1D 39
Chelston Rd. BS4 – 1F 55
Cheltenham La. BS6 – 1A 38
Cheltenham Rd. BS6 – 5F 29
Chelvy Clo. BS13 – 5F 55
Chelwood Rd. BS11 – 1F 25
Chelwood Rd. BS18 – 4F 61
Chepstow Dri. BS16 – 3B 22
Chepstow Rd. BS4 – 5F 47
Chepstow Wlk. BS18 – 3F 59
Chequers Clo. BS15 – 2E 53
Cherington. BS17 – 5B 10
Cherington Rd. BS10 – 5E 17
Cheriton Pl. BS9 – 1D 29
Cheriton Pl. BS15 – 4E 43
Cherrington. BS15 – 5D 41
Cherry Garden La. BS15 – 2D 53
Cherry Garden Rd. BS15 – 4E 53
Cherry Gdns. BS15 – 4E 53
(in two parts)
Cherry Gro. BS17 – 1C 34
Cherry La. BS1 – 2A 38

Cherry Orchard La. BS5 – 2B 40
Cherry Rd. BS17 – 3D 11
Cherry Rd. BS18 – 3B 44
Cherrytree Clo. BS16 – 5E 33
Cherry Tree Clo. BS18 – 4E 59
Cherrytree Cres. BS16 – 5E 33
Cherrytree Rd. BS16 – 5E 33
Cherry Wood. BS15 – 2D 53
Chertsey Rd. BS6 – 1D 37
Cherwell Rd. BS18 – 4C 60
Chesham Way. BS15 – 1F 41
Cheshire Clo. BS17 – 1B 10
Chessell St. BS3 – 2D 47
Chessington Av. BS14 – 2D 57
Chesterfield Av. BS6 – 5A 30
Chesterfield Rd. BS6 – 5A 30
Chesterfield Rd. BS16 – 2A 34
Chester Pk Rd. BS16 – 5D 33
Chester Rd. BS5 – 2A 40
Chesters. BS15 – 1C 52
Chester St. BS5 – 5D 31
Chestnut Clo. BS14 – 2A 58
Chestnut Ct. BS17 – 3C 34
Chestnut Dri. BS17 – 3E 11
Chestnut Rd. BS15 – 4B 34
Chestnut Rd. BS16 – 2F 33
Chestnut Rd. BS18 – 3D 45
Chestnut Wlk. BS13 – 2C 54
Chestnut Way. BS15 – 5B 34
Chestwood Ho. BS5 – 4E 39
Chetwode Clo. BS10 – 2F 17
Chevening Clo. BS12 – 5F 7
Cheviot Way. BS15 – 5E 43
Chewton Clo. BS16 – 4D 33
Chewton Rd. BS18 – 5A 60
Cheyne Rd. BS9 – 1F 27
Chichester Ho. BS4 – 4B 40
Chichester Way. BS17 – 1B 10
Chillington Ct. BS12 – 1A 6
Chiltern Clo. BS14 – 4D 57
Chiltern Clo. BS15 – 5E 43
Chilton Rd. BS4 – 5C 48
Chine, The. BS16 – 2F 31
Chine View. BS16 – 4B 22
Chiphouse Rd. BS15 – 5A 34
Chipperfield Dri. BS15 – 1B 42
Chippings, The. BS16 – 2F 31
Chisbury St. BS5 – 5E 31
Chock La. BS9 – 5C 16
Christchurch Av. BS16 – 2F 33
Christchurch La. BS16 – 2F 33
Christchurch Rd. BS8 – 3C 36
Christmas Steps. BS1 – 3F 37
Christmas St. BS1 – 3F 37
Church Av. BS5 – 1D 39
Church Av. BS9 – 4A 28
Church Av. BS15 – 3F 43
Church Clo. BS10 – 2A 16
Church Clo. BS17 – 2D 9
Churchdown Wlk. BS11 – 2A 26
Church Dri. BS5 – 3A 40
Church Hill. BS4 – 3F 49
Churchill Dri. BS9 – 5F 15
Churchill Rd. BS4 – 1E 49
Churchlands Rd. BS3 – 3D 47
Church La. BS1 – 4A 38
Church La. BS3 – 1F 47
Church La. BS5 – 2F 39
Church La. BS8 – 4D 37
Church La. BS10 – 2A 16
Church La. BS14 – 4D 57
Church La. BS15 – 5F 53
Church La. BS16 – 2A & 4B 22
Church Leaze. BS11 – 2F 25
Church Path. BS3 – 2E 47
Church Path. BS6 & BS2 – 5B 30
Church Path. BS8 – 5C 36
Churchpath Rd. BS20 – 3E 25
Church Pl. BS20 – 3F 25
Church Rd. BS3 – 1E 47

Church Rd. BS5 – 3E 39
Church Rd. BS7 – 2A 30
Church Rd. BS8 – 4A 36
Church Rd. BS9 – 4F 27
(Sneyd Park)
Church Rd. BS9 – 5C 16
(Westbury on Trym)
Church Rd. BS12 – 1C 4
(Easter Compton)
Church Rd. BS12 – 2C 18
(Filton)
Church Rd. BS12 – 1A 20
(Stoke Gifford)
Church Rd. BS13 – 2B 54
Church Rd. BS14 – 4D 57
Church Rd. BS15 – 5F 53
(Bitton)
Church Rd. BS15 – 5D 41
(Jeffries Hill)
Church Rd. BS15 – 2A 42
(Kingswood Hill)
Church Rd. BS16 – 5D 21
(Frenchay)
Church Rd. BS16 – 5F 33
(Upper Soundwell)
Church Rd. BS17 – 1C 8 to 2F 9
(Frampton Cotterell)
Church Rd. BS17 – 1A 22
(Winterbourne Down)
Church Rd. BS17 – 1C to 2C 10
(Yate)
Church Rd. BS18 – 5A 54
(Dundry)
Church Rd. BS18 – 2E 45
(Long Ashton)
Church Rd. BS20 – 3C 24
(Easton-in-Gordano)
Church Rd. BS20 – 4A 24
(Portbury)
Church St. BS1 – 4A 38
Church St. BS5 – 4D 39
(Barton Hill)
Church St. BS5 – 1D 39
(Lower Easton)
Church View. BS12 – 2C 18
Church View. BS16 – 2F 33
Church Wlk. BS20 – 3E 25
Churchways. BS14 – 4E 57
Churchways Av. BS7 – 2A 30
Churchways Cres. BS7 – 2A 30
Churston Clo. BS14 – 4C 56
Circular Rd. BS9 & BS8 – 5A 28
City Rd. BS2 – 2A 38
Clamp, The. BS15 – 2E 53
Clanage Rd. BS3 – 1A 46
Clapton Rd. BS20 – 4A 24
Clapton Wlk. BS9 – 3E 27
Clare Av. BS7 – 4E 29
Claremont Av. BS7 – 4E 29
Claremont Rd. BS7 – 4F 29
Claremont St. BS5 – 1C 38
Claremont Ter. BS5 – 3F 39
Clarence Av. BS16 – 3A 34
Clarence Gdns. BS16 – 2F 33
Clarence Pl. BS2 – 2E 37
Clarence Rd. BS1 – 5A 38
Clarence Rd. BS2 – 3C 38
Clarence Rd. BS15 – 1D 41
Clarence Rd. BS16 – 2F 33
Clarendon Rd. BS6 – 5E 29
Clare Rd. BS5 – 1D 39
Clare Rd. BS6 – 1F 37
Clare Rd. BS15 – 5E 33
Clare St. BS1 – 4F 37
Clare St. BS5 – 2E 39
Clarke Dri. BS16 – 1B 32
Clarke St. BS3 – 1F 47
Clark St. BS5 – 2C 38
Clatworthy Dri. BS14 – 1C 56
Clavell Rd. BS10 – 2B 16

BRISTOL

Coronation Pl. BS1 – 4F 37
Coronation Rd. BS3 – 1C 46
Coronation Rd. BS15 – 5C 42
  (Cadbury Heath)
Coronation Rd. BS15 – 3B 42
  (Woodstock)
Coronation Rd. BS16 – 2A 34
Corsley Wlk. BS4 – 5B 48
Corston Wlk. BS11 – 1F 25
Cossham Rd. BS5 – 3F 39
Cossham St. BS17 – 3C 34
Cossham Wlk. BS5 – 1C 40
Cossington Rd. BS4 – 4B 48
Cossins Rd. BS6 – 4D 29
Costiland Dri. BS13 – 2B 54
Cote Bank Ho. BS9 – 5D 17
Cote Dri. BS9 – 3C 28
Cote Ho La. BS9 – 3C 28
Cote La. BS9 – 2C 28
Cote Lea Pk. BS9 – 5D 17
Cote Paddock. BS9 – 3B 28
Cote Pk. BS9 – 2A 28
Cote Rd. BS9 – 3C 28
Cotham Brow. BS6 – 1F 37
Cotham Gdns. BS6 – 2D 37
Cotham Gro. BS6 – 1F 37
Cotham Hill. BS6 – 2D 37
Cotham Lawn Rd. BS6 – 2E 37
Cotham Pk. BS6 – 1E 37
Cotham Pk N. BS6 – 1E 37
Cotham Rd. BS6 – 2E 37
Cotham Rd S. BS6 – 2F 37
Cotham Side. BS6 – 2F 37
Cotham Vale. BS6 – 1E 37
Cotman Wlk. BS7 – 2D 31
Cotrith Gro. BS10 – 1A 16
Cotswold Rd. BS3 – 2F 47
Cotswold Rd. BS17 – 3E 11
Cotswold View. BS15 – 1F 41
Cottage Pl. BS2 – 2F 37
Cottington Ct. BS15 – 5A 42
Cottisford Rd. BS5 – 4D 31
Cottle Gdns. BS14 – 2B 58
Cottle Rd. BS14 – 2B 58
Cottonwood Dri. BS15 – 2C 52
Cottrell Av. BS15 – 5D 33
Cottrell Rd. BS5 – 4E 31
Coulson's Clo. BS14 – 5C 56
Coulson's Rd. BS14 – 4B 56
Coulson Wlk. BS15 – 5E 33
Counterpool Rd. BS15 – 3E 41
Counterslip Gdns. BS14 – 2E 57
Countess Wlk. BS16 – 2F 31
County St. BS18 – 1B 48
Court Clo. BS10 – 1A 30
Courtenay Cres. BS4 – 1F 55
Courtenay Rd. BS18 – 5B 60
Court Farm Rd. BS14 – 4B 56
Court Farm Rd. BS15 – 3F 51
Courtfield Gro. BS16 – 3C 32
Court Hay. BS20 – 4D 25
Courtlands. BS18 – 3A 60
Courtlands La. BS3 – 1A 46
Courtney Rd. BS15 – 3A 42
Courtney Way. BS15 – 3B 42
Court Rd. BS7 – 1B 30
Court Rd. BS15 – 3F 41
  (Kingswood)
Court Rd. BS15 – 2D 53
  (Oldland)
Court Rd. BS17 – 2B 8
Courtside. BS15 – 3B 42
Courtside M. BS6 – 1E 37
Cousins Clo. BS10 – 2F 15
Cousins La. BS5 – 3B 40
Coventry Wlk. BS4 – 4B 40
Coverdale Dri. BS15 – 2C 52
Cowdray Rd. BS4 – 5F 47
Cowhorn Hill. BS15 – 1E 53
Cowler Wlk. BS13 – 3B 54

Cowling Dri. BS14 – 3E 57
Cowling Rd. BS14 – 3F 57
Cowmead Wlk. BS2 – 1C 38
Cowper Rd. BS6 – 1E 37
Cowper St. BS5 – 3E 39
Cox Ct. BS15 – 1B 52
Crabtree La. BS18 – 5A 54
Crabtree Wlk. BS5 – 5F 31
Cradock Clo. BS15 – 1C 52
Cranberry Wlk. BS9 – 5E 15
Cranbourne Rd. BS12 – 2B 6
Cranbrook Rd. BS6 – 4E 29
Crandell Clo. BS10 – 1B 16
Crane Clo. BS15 – 2D 43
Cranham. BS17 – 4A 10
Cranham Clo. BS15 – 5B 34
Cranham Dri. BS12 – 1E 7
Cranham Rd. BS10 – 5E 17
Cranleigh Ct Rd. BS17 – 2A 10
Cranleigh Gdns. BS9 – 3A 28
Cranleigh Rd. BS14 – 3D 57
Cranmore Av. BS18 – 2F 59
Cranmore Cres. BS10 – 3F 17
Cranside Av. BS6 – 4E 29
Cransley Cres. BS9 – 1E 29
Crantock Av. BS13 – 5D 47
Crantock Rd. BS17 – 2B 10
Cranwell Gro. BS14 – 3C 56
Craven Way. BS15 – 5B 42
Craydon Gro. BS14 – 3F 57
Craydon Rd. BS14 – 3F 57
Craydon Wlk. BS14 – 3F 57
Crediton Cres. BS4 – 4B 48
Crescent Rd. BS16 – 1E 33
Crescent, The. BS9 – 1E 29
  (Henleaze)
Crescent, The. BS9 – 1E 27
  (Sea Mills)
Crescent, The. BS16 – 4F 33
  (Upper Soundwell)
Crest, The. BS4 – 3E 49
Creswicke Av. BS15 – 5E 41
Creswicke Rd. BS4 – 1F 55
Crew's Hole Rd. BS5 – 3A 40
Cribbs Causeway. BS10 – 5B 4
Cricklade Rd. BS7 – 4A 30
Cripps Rd. BS3 – 2E 47
Crispin Way. BS15 – 5B 34
Crockerne Dri. BS20 – 4E 25
Croft Av. BS16 – 4E 31
Croft Clo. BS15 – 5F 53
Crofton Av. BS7 – 1B 30
Crofts End Rd. BS5 – 1A 40
Croft, The. BS15 – 2E 53
Croft, The. BS16 – 2B 34
Croft View. BS9 – 1E 29
Crokeswood Wlk. BS11 – 4C 14
Crome Rd. BS7 – 1D 31
Cromer Rd. BS5 – 1E 39
Cromwell Ct. BS15 – 5A 42
Cromwell Rd. BS5 – 2C 40
Cromwell Rd. BS6 – 5F 29
Cromwells Hide. BS16 – 3A 32
Cromwell St. BS3 – 2E 47
Croomes Hill. BS16 – 2F 33
Cropthorne Rd. BS7 – 4C 18
Crosby Row. BS8 – 4C 36
Crosscombe Dri. BS13 – 4D 55
Crosscombe Wlk. BS13 – 4D 55
Cross Elms La. BS9 – 2A 28
Crossfield Rd. BS16 – 4A 34
Cross Lanes. BS20 – 3D 25
Crossleaze Rd. BS15 – 2E 51
Crossley Clo. BS17 – 3B 8
Crossman Av. BS17 – 5A 8
Cross St. BS5 – 1E 41
Cross St. BS18 – 5B 52
Cross Wlk. BS14 – 2C 56
Crossways Rd. BS4 – 4C 48
Crow La. BS1 – 4F 37

Crow La. BS10 – 2B 16
Crowndale Rd. BS4 – 2C 48
Crown Gdns. BS15 – 3D 43
Crown Hill. BS5 – 2A 40
Crown Hill Wlk. BS5 – 2B 40
Crown La. BS16 – 4F 33
Crownleaze. BS16 – 4F 33
Crown Rd. BS15 – 5F 33
  (Cockshot Hill)
Crown Rd. BS15 – 4E 43
  (Warmley)
Crowther Pk. BS7 – 3C 30
Crowther Rd. BS7 – 3C 30
Crowthers Av. BS17 – 1C 10
Crowther St. BS3 – 2D 47
Croydon St. BS5 – 2D 39
Cuckoo La. BS17 – 2B 22
Cuffington Av. BS4 – 1F 49
Culverhill Rd. BS17 – 3E 11
Culvers Rd. BS18 – 2F 59
Culver St. BS1 – 4E 37
Culverwell Rd. BS13 – 4C 54
Cumberland Basin Rd. BS8 – 5B 36
Cumberland Clo. BS1 – 5C 36
Cumberland Gro. BS6 – 1B 38
Cumberland Pl. BS8 – 4B 36
Cumberland Rd. BS1 – 5B 36 to
  5F 37
Cumberland St. BS2 – 2A 38
Cunningham Gdns. BS16 – 2D 33
Cunnington Clo. BS15 – 4C 52
Curland Gro. BS14 – 3D 57
Curlew Clo. BS16 – 1B 32
Custom Clo. BS14 – 5C 48
Cutler Rd. BS13 – 2B 54
Cypress Ct. BS9 – 5F 27
Cypress Gro. BS9 – 1E 29

Daisy Rd. BS5 – 1E 39
Dakota Dri. BS14 – 3C 56
Dalby Av. BS3 – 1F 47
Dale St. BS2 – 2B 38
Dale St. BS5 – 2B 40
Dalkeith Av. BS15 – 1D 41
Dalrymple Rd. BS2 – 1A 38
Dalston Rd. BS3 – 1D 47
Dalton Sq. BS2 – 2A 38
Dampier Rd. BS3 – 2C 46
Danbury Cres. BS10 – 4E 17
Danbury Wlk. BS10 – 4E 17
Dancey Mead. BS13 – 1B 54
Dangerfield Av. BS13 – 2B 54
Dapps Hill. BS18 – 3B 60
Dapwell La. BS18 – 5C 58
Dark La. BS9 – 5C 16
Darley Dell Clo. BS10 – 2F 15
Darnley Av. BS7 – 1B 30
Dartmoor St. BS3 – 1D 47
Dartmouth Wlk. BS18 – 3F 59
Daubeny Clo. BS16 – 2D 33
Daventry Rd. BS4 – 4A 48
Davey St. BS2 – 2B 38
David's Rd. BS14 – 1E 57
David St. BS2 – 3B 38
Davin Cres. BS20 – 4E 25
Davis St. BS11 – 4D 13
Dawley Clo. BS17 – 3A 8
Dawlish Rd. BS3 – 3F 47
Dawn Rise. BS15 – 1B 42
Days Rd. BS2 & BS5 – 4C 38
Deacon Clo. BS17 – 4A 8
Dean Cres. BS3 – 1E & 1F 47
Deanery Rd. BS1 – 4E 37
Deanery Rd. BS15 – 2C 42
Dean La. BS3 – 1E 47
Dean Rd. BS17 – 1A 10
Deans Dri. BS5 – 5C 32
Deans Mead. BS11 – 4C 14
Dean St. BS2 – 2A 38
Dean St. BS3 – 1E 47

East St. BS11 – 3C 12
E. View. BS17 – 1B 34
East Wlk. BS17 – 2C 10
Eastwood Cres. BS4 – 1B 50
Eastwood Rd. BS4 – 1B 50
Eaton Clo. BS14 – 2A 58
Eaton Clo. BS16 – 3D 33
Eaton Cres. BS8 – 3C 36
Eaton St. BS3 – 2E 47
Ebenezer La. BS9 – 1F 27
Ebenezer St. BS5 – 3F 39
Ebenezer Ter. BS1 – 4D 37
Eccleston Ho. BS5 – 4D 39
Eden Gro. BS7 – 4C 18
Edgecombe Clo. BS15 – 2B 42
Edgecumbe Rd. BS6 – 5F 29
Edgefield Clo. BS14 – 5B 56
Edgefield Rd. BS14 – 5B 56
Edgeware Rd. BS3 – 1E 47
Edgeware Rd. BS16 – 3E 33
Edgewood Clo. BS14 – 5D 49
Edgewood Clo. BS15 – 2C 52
Edgeworth. BS17 – 5A 10
Edinburgh Rd. BS18 – 3A 60
Edington Gro. BS10 – 2C 16
Edmund Clo. BS16 – 2F 33
Edna Av. BS4 – 2A 50
Edward Rd. BS4 – 1D 49
Edward Rd. BS15 – 3A 42
Edward St. BS5 – 5F 31
(Eastville)
Edward St. BS5 – 3E 39
(Moorfields)
Effingham Rd. BS6 – 5A 30
Egerton Brow. BS7 – 4F 29
Egerton La. BS7 – 4F 29
Egerton Rd. BS7 – 4F 29
Eggshill La. BS17 – 2B 10
Eighth Av. BS7 – 4D 19
Eirene Ter. BS20 – 3F 25
Elberton. BS15 – 2C 42
Elberton Rd. BS9 – 1D 27
Elbury Av. BS15 – 1E 41
Elderberry Wlk. BS10 – 2E 17
Elderwood Dri. BS15 – 2C 52
Elderwood Rd. BS14 – 5D 49
Eldon Ter. BS3 – 2F 47
Eldonwall Trading Est. BS4 – 5E 39
Eldon Way. BS4 – 5E 39
Eldred Clo. BS9 – 3F 27
Eleventh Av. BS7 – 3D 19
Elfin Rd. BS16 – 2C 32
Elgar Clo. BS4 – 1F 55
Elgin Av. BS7 – 3B 18
Elgin Croft. BS13 – 4D 55
Elgin Pk. BS6 – 5D 29
Elgin Rd. BS16 – 3D 33
Elizabeth Cres. BS12 – 5F 7
Elkstone Wlk. BS15 – 3E 53
Ellacombe Rd. BS15 – 3A 52
Elibridge Clo. BS9 – 2F 27
Ellenborough La. BS11 – 1A 26
Ellesmere Rd. BS4 – 4F 49
Ellesmere Rd. BS15 – 2F 41
Ellfield Clo. BS13 – 2B 54
Ellicott Rd. BS7 – 2F 49
Ellinghurst Clo. BS10 – 2C 16
Elliott Av. BS16 – 4E 21
Ellis Av. BS13 – 5C 46
Elliston La. BS6 – 5E 29
Elliston Rd. BS6 – 5E 29
Ellsbridge Clo. BS18 – 3D 61
Ellsworth Rd. BS10 – 2B 16
Elm Clo. BS12 – 3F 7
Elm Clo. BS17 – 3E 11
Elm Ct. BS18 – 4E 59
Elmcroft Cres. BS7 – 3C 30
Elmdale Gdns. BS16 – 3C 32
Elmdale Rd. BS3 – 3D 47
Elmdale Rd. BS8 – 3D 37

Elmfield Clo. BS15 – 4A 42
Elmfield Rd. BS9 – 5C 16
Elmgrove Av. BS5 – 2D 39
Elmgrove Dri. BS17 – 1C 10
Elmgrove Rd. BS6 – 1F 37
Elmgrove Rd. BS16 – 4A 32
Elm Hayes. BS13 – 1B 54
Elmhurst Av. BS5 – 4F 31
Elmhurst Gdns. BS18 – 4C 44
Elm La. BS6 – 5D 29
Elmlea Av. BS9 – 3B 28
Elmleigh Av. BS17 – 2D 35
Elmleigh Clo. BS17 – 2C 34
Elmleigh Rd. BS17 – 2C 34
Elmore. BS15 – 5B 34
Elmore. BS17 – 4A 10
Elmore Rd. BS7 – 1C 30
Elmore Rd. BS12 – 1B 6
Elm Pk. BS12 – 3C 18
Elm Rd. BS7 – 2A 30
Elm Rd. BS15 – 4A 42
Elms Gro. BS12 – 1D 7
Elm Tree Av. BS15 – 5C 22
Elmtree Clo. BS15 – 1F 41
Elmtree Dri. BS13 – 3B 54
Elmtree Way. BS15 – 1F 41
Elmwood. BS17 – 3C 10
Elsbert Dri. BS13 – 2A 54
Elstree Rd. BS5 – 1A 40
Elton La. BS7 – 5F 29
Elton Rd. BS7 – 5F 29
Elton Rd. BS8 – 3D 37
Elton Rd. BS15 – 1D 41
Elton St. BS2 – 2B 38
Elvard Clo. BS13 – 3C 54
Elvard Rd. BS13 – 3C 54
Elvaston Rd. BS3 – 2A 48
Ely Gro. BS9 – 1D 27
Embassy Rd. BS5 – 1A 40
Embassy Wlk. BS5 – 1A 40
Embleton Rd. BS10 – 3D 17
Emerson Sq. BS7 – 4C 18
Emery Rd. BS4 – 3B 50
Emlyn Rd. BS5 – 1E 39
Emmett Wood. BS14 – 5D 57
Enfield Rd. BS16 – 4C 32
Enginehouse La. BS18 – 4C 58
England's Cres. BS17 – 3A 8
Englishcombe Rd. BS13 – 5E 55
Ennerdale Rd. BS10 – 3F 17
Epney Clo. BS12 – 1B 6
Epsom Clo. BS16 – 4B 22
Epworth Rd. BS10 – 2C 16
Erin Wlk. BS4 – 4F 47
Ermine Way. BS11 – 1E 25
Ermleet Rd. BS6 – 5E 29
Ernest Barker Clo. BS5 – 3D 39
Ernestville Rd. BS16 – 4B 32
Ervine Ter. BS2 – 2B 38
Essery Rd. BS5 – 1E 39
Essex St. BS3 – 1F 47
Esson Rd. BS15 – 1D 41
Estoril. BS17 – 3C 10
Estune Wlk. BS18 – 3C 44
Etloe Rd. BS6 – 3C 28
Eton Rd. BS4 – 2F 49
Ettricke Dri. BS16 – 2D 33
Eugene St. BS2 – 2F 37
Eugene St. BS5 – 2B 38
Evans Rd. BS6 – 5D 29
Evelyn Rd. BS10 – 5E 17
Evenlode Way. BS18 – 4C 60
Evercreech Rd. BS14 – 3C 56
Everest Av. BS16 – 4A 32
Everest Rd. BS16 – 3A 32
Eve Rd. BS5 – 2D 39
Exchange Av. BS1 – 4F 37
Exeter Bldgs. BS6 – 5D 29
Exeter Rd. BS3 – 1D 47
Exley Clo. BS15 – 5E 43

Exmoor St. BS3 – 1D 47
Exmouth Rd. BS4 – 4B 48
Exton Clo. BS14 – 3D 57
Eyenlode Gdns. BS11 – 2B 26
Eyers La. BS2 – 3B 38

Faber Gro. BS13 – 3E 55
Factory Rd. BS17 – 3B 8
Failand Cres. BS9 – 2E 27
Failand La. BS20 & BS8 – 4A 24
Failand Wlk. BS9 – 2E 27
Fairacre Clo. BS7 – 2D 31
Fairfax Ct. BS1 – 3A 38
Fairfax St. BS1 – 3F 37
Fairfield Pl. BS3 – 1D 47
Fairfield Rd. BS3 – 1E 47
Fairfield Rd. BS6 – 1B 38
Fairfoot Rd. BS4 – 2C 48
Fairford Clo. BS15 – 5B 34
Fairford Cres. BS12 – 2E 7
Fairford Rd. BS11 – 1F 25
Fair Furlong. BS13 – 3C 54
Fairhave. BS17 – 3C 10
Fairhaven Rd. BS6 – 3E 29
Fair Lawn. BS15 – 1C 52
Fairlawn Av. BS12 – 2C 18
Fairlawn Rd. BS6 – 5B 30
Fairlyn Dri. BS15 – 4B 34
Fairoaks. BS15 – 2C 52
Fair View Dri. BS6 – 1E 37
Fairview Rd. BS15 – 2B 42
Fairway. BS4 – 4F 49
Fairway Clo. BS15 – 1D 53
Falcon Clo. BS9 – 4B 16
Falcondale Rd. BS9 – 5B 16
Falcondale Wlk. BS9 – 4C 16
Falcon Dri. BS12 – 2A 6
Falfield Rd. BS4 – 2E 49
Falfield Wlk. BS10 – 4E 17
Falkland Rd. BS6 – 5B 30
Fallodon Ct. BS9 – 3D 29
Fallodon Way. BS9 – 2D 29
Fallowfield. BS15 – 5E 43
Falmouth Rd. BS7 – 4F 29
Fane Clo. BS10 – 2C 16
Fanshawe Rd. BS14 – 1C 56
Faraday Rd. BS8 – 5B 36
Far Handstones. BS15 – 1C 52
Farington Rd. BS10 – 5F 17
Farleigh Rd. BS18 – 4F 59
Farleigh Wlk. BS13 – 5C 46
Farley Clo. BS12 – 3E 7
Farm Ct. BS16 – 1A 34
Farmer Rd. BS13 – 4A 54
Farm La. BS12 – 1B 4
Farm Rd. BS16 – 1A 34
Farmwell Clo. BS13 – 3D 55
Farnaby Clo. BS4 – 1E 55
Farndale Rd. BS5 – 4C 40
Farne Clo. BS9 – 3D 29
Farnleigh Ct. BS6 – 5D 29
Farrant Clo. BS4 – 2F 55
Farringford Ho. BS5 – 5F 31
Farrs La. BS1 – 5F 37
Farr St. BS11 – 4D 13
Fawkes Clo. BS15 – 2D 43
Featherstone Rd. BS16 – 4A 32
Feeder Rd. BS2 & BS4 – 5B 38 to 4F 39
Felix Rd. BS5 – 2D 39
Felstead Rd. BS10 – 3A 18
Felton Gro. BS13 – 5B 46
Fenbrook Clo. BS16 – 3D 21
Fenhurst Gdns. BS18 – 4B 44
Fennel Gro. BS10 – 2C 16
Fenswood Clo. BS18 – 4A 44
Fenswood Rd. BS18 – 4A 44
Fenton Clo. BS18 – 5F 61
Fenton Rd. BS7 – 3F 29
Fermaine Av. BS4 – 2B 50

Gipsy Patch La. BS12 – 4D 7
Glades, The. BS5 – 5A 32
Gladstone Dri. BS16 – 4A 34
Gladsone La. BS17 – 3E 9
Gladstone Rd. BS14 – 2D 57
Gladstone Rd. BS15 – 1F 41
Gladstone St. BS3 – 2D 47
Gladstone St. BS5 – 3F 39
Gladstone St. BS16 – 4F 33
Glaisdale Rd. BS16 – 2C 32
Glanville Gdns. BS15 – 4A 42
Glass Ho La. BS2 – 5D 39
Glebelands Rd. BS12 – 1C 18
Glebemoor Dri. BS17 – 3F 9
Glebe Rd. BS5 – 2A 40
Glebe Rd. BS18 – 3E 45
Glebe Wlk. BS18 – 3E 59
Gleeson Ho. BS16 – 2D 33
Glena Av. BS4 – 3D 49
Glenarm Rd. BS4 – 3A 50
Glenavon Pk. BS9 – 4E 27
Glenburn Rd. BS15 – 1D 41
Glencoyne Sq. BS10 – 3E 17
Glendale. BS8 – 4B 36
Glendale. BS16 – 4A 22
  (Bromley Heath)
Glendale. BS16 – 4E 33
  (Hillfields)
Glendare Ho. BS5 – 4E 39
Glendare St. BS5 – 4E 39
Glendevon Rd. BS14 – 5C 56
Glen Dri. BS9 – 3F 27
Gleneagles. BS17 – 3C 10
Gleneagles Dri. BS10 – 2F 15
Glenfall. BS17 – 4B 10
Glenfrome Ho. BS5 – 5D 31
Glenfrome Rd. BS2 & BS5 – 5C 30
  to 3E 31
Glen La. BS4 – 3F 49
Glen Pk. BS5 – 5E 31
  (Eastville)
Glen Pk. BS5 – 2C 40
  (Whiteway)
Glen Pk Gdns. BS5 – 2C 40
Glenroy Av. BS15 – 1D 41
Glenside Clo. BS16 – 1E 33
Glen, The. BS6 – 4D 29
Glen, The. BS15 – 1D 51
Glen, The. BS17 – 2B 10
Glentworth Rd. BS6 – 5E 29
Glentworth Rd. BS8 – 4D 37
Glenview Rd. BS4 – 3F 49
Glenwood. BS16 – 5E 33
Glenwood Dri. BS15 – 1D 53
Glenwood Rd. BS10 – 5E 17
Gloster Av. BS5 – 5F 31
Gloucester Clo. BS12 – 5F 7
Gloucester La. BS2 – 3B 38
Gloucester Rd. BS7 – 5F 29 to
  1B 30
Gloucester Rd. BS11 – 4C 12
Gloucester Rd. BS12 – 3C 6
Gloucester Rd. BS14 – 4A 34
Gloucester Rd N. BS7 & BS12 – 3B
  to 1C 18
Gloucester Row. BS8 – 3B 36
Gloucester St. BS2 – 2A 38
Gloucester St. BS5 – 5F 31
Gloucester St. BS8 – 3B 36
Glyn Vale. BS3 – 4F 47
Godfrey Ct. BS15 – 1B 52
Goffenton Dri. BS16 – 2D 33
Goldcrest Rd. BS17 – 5C 10
Golden Hill. BS6 – 2E 29
Golden St. BS4 – 1C 48
Goldney Av. BS8 – 4C 36
Goldney Av. BS15 – 3E 43
Goldney La. BS8 – 4C 36
Goldney Rd. BS8 – 4C 36

Goldsbury Wlk. BS11 – 4C 14
Goldsmiths Ho. BS2 – 4B 38
Golf Club La. BS18 – 5F 61
Golf Course La. BS12 – 1B 18
Goodeve Pk. BS9 – 4F & 5F 27
Goodeve Rd. BS9 – 5F 27
Goodhind St. BS5 – 2C 38
Goodneston Rd. BS16 – 4C 32
Goodring Hill. BS11 – 4C 14
Good Shepherd Clo. BS7 – 3E 29
Goodwin Dri. BS14 – 4B 56
Gooseberry La. BS18 – 3B 60
Goose Grn. BS15 – 1D 43
Goose Grn Way. BS17 – 2C 10
Gooseland Clo. BS14 – 4B 56
Gordano Gdns. BS20 – 3D 25
Gordon Av. BS5 – 1F 39
Gordon Clo. BS5 – 1A 40
Gordon Rd. BS2 – 1B 38
Gordon Rd. BS5 – 1F 39
Gordon Rd. BS8 – 3D 37
Gore Rd. BS3 – 2C 46
Gore's Marsh Rd. BS3 – 3C 46
Gorham Clo. BS11 – 3E 15
Gorlands Rd. BS17 – 3F 11
Gorlangton Clo. BS14 – 5C 48
Gorse Hill. BS16 – 4D 33
Gorse La. BS8 – 4D 37
Gosforth Rd. BS10 – 3D 17
Goslet Rd. BS14 – 3A 58
Gotley Rd. BS4 – 3F 49
Goulston Rd. BS13 – 2C 54
Goulston Wlk. BS13 – 2C 54
Goulter St. BS5 – 4D 39
Gourney Clo. BS11 – 3D 15
Grace Clo. BS17 – 2F 11
Grace Ct. BS16 – 2F 33
Grace Dri. BS15 – 2B 42
Grace Pk. Rd. BS4 – 4F 49
Grace Rd. BS16 – 2E 33
Graeme Clo. BS16 – 4C 32
Graham Rd. BS3 – 2E 47
Graham Rd. BS5 – 2D 39
Graham Rd. BS16 – 1B 34
Grampian Clo. BS15 – 1E 53
Granby Hill. BS8 – 4B 36
Grange Av. BS12 – 3E 7
Grange Av. BS15 – 5E 41
Grange Clo N. BS9 – 1D 29
Grange Ct. BS9 – 1D 29
Grange Ct. BS15 – 5F 41
Grange Ct Rd. BS9 – 1C 28
Grange Dri. BS16 – 2E 33
Grange Pk. BS9 – 1D 29
Grange Pk. BS16 – 4E 21
Grange Rd. BS8 – 3C 36
Grange Rd. BS13 – 3C 54
Grange Rd. BS18 – 5E 61
Grangeville Clo. BS15 – 2D 53
Grangewood Clo. BS16 – 2E 33
Granny's La. BS15 – 4F 41
Grantham La. BS15 – 2E 41
Grantham Rd. BS15 – 2E 41
Grantson Clo. BS4 – 3A 50
Granville Clo. BS15 – 2D 51
Granville St. BS5 – 4E 39
Grasmere Clo. BS10 – 4C 16
Grassington Dri. BS17 – 3E 11
Grass Meers Dri. BS14 – 4C 56
Gratitude Rd. BS5 – 1E 39
Gravel Hill Rd. BS17 – 1C 10
Graveney Clo. BS4 – 4F 49
Gray Clo. BS10 – 2A 16
Grayle Rd. BS10 – 2C 16
Gt. Ann St. BS2 – 3B 38
Gt. Brockeridge. BS9 – 2B 28
Gt. Dowles. BS15 – 1C 52
Gt. George St. BS1 – 4E 37
Gt. George St. BS2 – 3B 38

Gt. Hayles Rd. BS14 – 1B 56
Gt. Leaze. BS15 – 1C 52
Gt. Western La. BS5 – 4E 39
Gt. Western Way. BS1 – 4B 38
Greenacre Rd. BS14 – 5C 56
Greenacres. BS9 – 1A 28
Greenbank Av. E. BS5 – 1E 39
Greenbank Av. W. BS5 – 1D 39
Greenbank Rd. BS3 – 1C 46
Greenbank Rd. BS5 – 1E 39
Greenbank Rd. BS15 – 1F 51
Greenbank View. BS5 – 5E 31
Green Clo. BS7 – 5C 18
Green Croft. BS5 – 1C 40
Greendale Rd. BS3 – 2A 48
Greendale Rd. BS6 – 4D 29
Green Dell Clo. BS10 – 2F 15
Greenditch Av. BS13 – 3E 55
Greendown. BS5 – 3C 40
Green Dragon Rd. BS17 – 4A 8
Greenfield Av. BS10 – 5F 17
Greenfield Rd. BS10 – 4F 17
Green Hayes. BS17 – 4F 11
Greenhill Gro. BS3 – 3C 46
Greenhill La. BS11 – 3E 15
Greenlands Rd. BS10 – 1A 16
Greenlands Way. BS10 – 1A 16
Green La. BS11 – 4D 13
Green La. BS17 – 3A 8
Greenleaze. BS4 – 4D 49
Greenleaze Av. BS16 – 4F 21
Greenleaze Clo. BS16 – 4F 21
Greenmore Rd. BS4 – 3D 49
Greenore. BS15 – 3E 41
Greenpark Rd. BS10 – 3A 18
Greenridge Clo. BS13 – 3A 54
Greens Hill. BS16 – 5A 32
Green Side. BS17 – 2C 34
Greenside Clo. BS10 – 2F 15
Green St. BS3 – 1B 48
Green, The. BS11 – 1A 26
Green, The. BS12 – 1A 20
Green, The. BS15 – 5A 34
Green, The. BS20 – 4A 26
Greenview. BS15 – 3C 52
Green Wlk. BS4 – 3C 48
Greenway Bush La. BS3 – 1C 46
Greenway Dri. BS10 – 4F 17
Greenway Pk. BS10 – 4F 17
Greenway Rd. BS6 – 5D 29
Greenways. BS15 – 1B 42
Greenways Rd. BS17 – 1A 10 to
  1D 11
Greenway, The. BS16 – 5E 33
Greenwood Clo. BS10 – 1A 30
Greenwood Rd. BS4 – 3C 48
Gregory Ct. BS15 – 4C 42
Grenville Clo. BS5 – 3B 40
Grenville Rd. BS6 – 5A 30
Greve Ct. BS15 – 1B 52
Greville Rd. BS3 – 1D 47
Greville St. BS3 – 1E 47
Greyfriars. BS1 – 3F 37
Greylands Rd. BS13 – 1B 54
Greystoke. BS10 – 4D 17
Greystoke Gdns. BS10 – 4C 16
Greystones. BS16 – 4A 22
Griggfield Wlk. BS14 – 1B 56
Grimsbury Rd. BS15 – 3C 42
Grindell Rd. BS5 – 3F 39
Grinfield Av. BS13 – 3E 55
Grinfield Ct. BS13 – 3E 55
Grinfield Clo. BS13 – 4E 55
Grittleton Rd. BS7 – 4A 18
Grosvenor Rd. BS2 – 2B 38
Grosvenor Wlk. BS2 – 1B 38
Grove Av. BS1 – 5F 37
Grove Av. BS9 – 5E 15
Grove Av. BS16 – 4B 32
Grove Bank. BS16 – 4E 21

Grove Leaze. BS11 – 1F 25
Grove Pk. BS4 – 3F 49
Grove Pk. BS6 – 5E 29
Grove Pk Av. BS4 – 3F 49
Grove Pk Rd. BS4 – 3F 49
Grove Pk Ter. BS16 – 4B 32
Grove Rd. BS6 – 5C 28
Grove Rd. BS9 – 4E 15
Grove Rd. BS16 – 3B 32
Grove, The. BS1 – 5F 37
Grove, The. BS12 – 2D 7
Grove, The. BS15 – 1C 52
Grove View. BS16 – 2A 32
Grumwell Clo. BS11 – 1A 26
Guernsey Av. BS4 – 1A 50
Guildford Rd. BS4 – 5A 40
Guinea La. BS16 – 3C 32
Guinea St. BS1 – 5F 37
Gullimores Gdns. BS13 – 3D 55
Gullivers Pl. BS17 – 4E 11
Gullons Clo. BS13 – 2C 54
Gullon Wlk. BS13 – 3B 54
Gullybrook La. BS5 – 4D 39
Gully, The. BS17 – 3B 8
Gunter's Hill. BS5 – 4C 40
Guthrie Rd. BS8 – 2B 36
Gwilliam St. BS3 – 2F 47
Gwyn St. BS2 – 2A 38
Gypsy La. BS17 – 2F 23

Haberfield Hill. BS20 – 5A 26
Hadley Ct. BS15 – 4D 43
Hadrian Clo. BS9 – 3E 27
Haig Clo. BS9 – 5D 15
Halbrow Cres. BS16 – 2E 33
Haldon Clo. BS3 – 4F 47
Halfacre Clo. BS14 – 4C 56
Halfacre La. BS4 – 4D 57
Halifax Rd. BS17 – 1A 10
Hallards Clo. BS11 – 5B 14
Hallen Clo. BS10 – 2F 15
Hallen Dri. BS9 – 5E 15
Hallen Rd. BS10 – 1E 15
Hall's Rd. BS15 – 2F 41
Hall St. BS3 – 3D 47
Halsbury Rd. BS2 – 2F 37
Halsbury Rd. BS6 – 3D 29
Halstock Av. BS16 – 4B 32
Halston Dri. BS2 – 2B 38
Halswell Gdns. BS13 – 3D 55
Halwyn Clo. BS9 – 2F 27
Hambrook La. BS12 &
  BS16 – 1B 20
Ham Grn. BS20 – 4F 25
Hamilton Rd. BS3 – 1D 47
Hamilton Rd. BS5 – 2C 38
Ham La. BS16 – 2A 32
Hammersmith Rd. BS5 – 2F 39
Hammond Clo. BS4 – 4F 49
Hammond Gdns. BS9 – 1A 28
Hampden Rd. BS4 – 2D 49
Hampstead Rd. BS4 – 2E 49
Hampton Clo. BS15 – 5C 42
Hampton La. BS6 – 2D 37
Hampton Pk. BS6 – 1D 37
Hampton Rd. BS6 – 1D 37
Hampton St. BS15 – 1F 41
Hanbury Clo. BS15 – 5F 41
Hanbury Rd. BS8 – 3C 36
Handel Av. BS5 – 3F 39
Handel Rd. BS18 – 3F 59
Hanford Ct. BS14 – 5E 49
Hanford Way. BS15 – 2D 53
Hanham Mt. BS15 – 4F 41
Hanham Rd. BS15 – 4F 41
Hanover Ct. BS1 – 3A 38
Hanover Ho. BS2 – 3C 38
Hanover Pl. BS1 – 5D 37
Hanover St. BS5 – 3E 39
Happerton La. BS20 – 5E 25

Harbour Wall. BS9 – 3E 27
Harbury Rd. BS9 – 1E 29
Harcombe Hill. BS17 – 1A 22
Harcombe Rd. BS17 – 5A 8
Harcourt Av. BS5 – 4C 40
Harcourt Hill. BS6 – 4E 29
Harcourt Rd. BS6 – 4D 29
Hardenhuish Rd. BS4 – 5F 39
Harden Rd. BS14 – 2A 58
Harding Pl. BS18 – 3D 61
Hardings Ter. BS5 – 3B 40
Hardwick Clo. BS4 – 2A 50
Hardwick Clo. BS15 – 5F 43
Hardwicke. BS17 – 4A 10
Hardwick Rd. BS20 – 3E 25
Hardy Av. BS3 – 1C 46
Hardy Rd. BS3 – 3D 47
Hareclive Rd. BS13 – 2D 55
Harefield Clo. BS15 – 3E 51
Harescombe. BS17 – 4C 10
Harewood Rd. BS5 – 1C 40
Harford Clo. BS9 – 5E 15
Harford Dri. BS16 – 3E 21
Harlech Way. BS15 – 3D 53
Harley Pl. BS8 – 3B 36
Harmer Clo. BS10 – 2B 16
Harnhill Clo. BS13 – 3D 55
Harolds Way. BS5 – 4E 41
Harptree Ct. BS15 – 1B 52
Harptree Gro. BS3 – 3D 47
Harrington Av. BS14 – 2A 58
Harrington Gro. BS14 – 2A 58
Harrington Rd. BS14 – 2A 58
Harrington Wlk. BS14 – 2A 58
Harris Barton. BS17 – 3C 8
Harris Ct. BS15 – 1B 52
Harrowdene Rd. BS4 – 2D 49
Harrow Rd. BS4 – 2F 49
Harry Stoke Rd. BS12 – 3A 20
Hartcliffe Rd. BS4 – 5A 48
Hartcliffe Wlk. BS4 – 5B 48
Hartcliffe Way. BS3 & BS13 – 4E 47
Hartfield Av. BS6 – 2E 37
Hartgill Clo. BS13 – 4D 55
Hartington Pk. BS6 – 5E 29
Hartland Ho. BS5 – 4E 39
Hartley Clo. BS17 – 3F 11
Harvey's La. BS5 – 3A 40
Haskins Ct. BS15 – 1C 52
Haslemere Ind. Est. BS11 – 2E 13
Hassell Dri. BS2 – 3C 38
Hastings Rd. BS3 – 4E 47
Hatchet La. BS12 – 5F 7 & 1A 20
Hathway Wlk. BS5 – 2C 38
Hatherley. BS17 – 4B 10
Hatters La. BS17 – 3F 11
Hatherley Rd. BS7 – 4A 30
Haven, The. BS15 – 1A 42
Haverstock Rd. BS4 – 2C 48
Hawburn Clo. BS4 – 3F 49
Haweswater. BS10 – 3D 17
Hawkesbury Rd. BS16 – 4A 32
Hawkesley Dri. BS12 – 4F 7
Hawkfield Business Pk.
  BS14 – 3F 55
Hawkfield Rd. BS13 – 3F 55
Hawkfield Way. BS14 – 3F 55
Hawkins Clo. BS15 – 5E 43
Hawksmoor Clo. BS14 – 2C 56
Hawthorn Av. BS15 – 5D 41
Hawthorn Clo. BS12 – 2A 6
Hawthorne St. BS4 – 2C 48
Hawthorns. BS18 – 3A 60
Hawthorns La. BS18 – 3A 60
Haycombe. BS14 – 1B 56
Haydon Gdns. BS7 – 2D 31
Hayes Clo. BS2 – 3C 38
Hayes Ct. BS12 – 3C 6
Hayleigh Ho. BS13 – 4E 55
Haymarket, The. BS1 – 3F 37

Haynes La. BS16 – 3F 33
Haytor Pk. BS9 – 1F 27
Hayward Rd. BS5 – 3E 39
Hayward Rd. BS16 – 4F 33
Hazel Av. BS6 – 5D 29
Hazelbury Gro. BS18 – 5F 61
Hazelbury Rd. BS14 – 5E 49
Hazel Cote Rd. BS14 – 4D 57
Hazeldene Rd. BS12 – 3C 6
Hazel Gro. BS7 – 5C 18
Hazelton Rd. BS7 – 4F 29
Hazelwood Ct. BS9 – 4F 27
Hazelwood Rd. BS9 – 4F 27
Hazlebury Dri. BS15 – 5E 43
Headford Av. BS5 – 3D 41
Headford Rd. BS4 – 4F 47
Headley La. BS13 – 2C 54 to 5E 47
Headley Pk Av. BS13 – 1D 55
Headley Pk Rd. BS13 – 1C 54
Headley Rd. BS13 – 2C 54
Headley Wlk. BS13 – 1D 55
Heart Meers. BS14 – 3D 57
Heath Clo. BS17 – 4A 8
Heathcote Dri. BS17 – 3F 3
Heathcote Rd. BS16 – 5D 33
  (Chester Park)
Heathcote Rd. BS16 – 2A 34
  (Staple Hill)
Heathcote Wlk. BS16 – 5E 33
Heath Ct. BS16 – 5F 21
Heather Av. BS17 – 3D 9
Heather Clo. BS15 – 2D 41
Heatherdene. BS14 – 1B 56
Heathfield Clo. BS18 – 3E 59
Heathfield Cres. BS14 – 4C 56
Heath Gdns. BS16 – 5F 21
Heath Gdns. BS17 – 4E 9
Heath Ridge. BS18 – 3C 44
Heath Rise. BS15 – 5D 43
Heath Rd. BS5 – 4D 31
Heath Rd. BS15 – 1D 51
Heath Rd. BS16 – 5F 21
Heath St. BS5 – 5E 31
Heath Wlk. BS16 – 5F 21
Heber St. BS5 – 3E 39
Hebron Rd. BS3 – 2E 47
Hedgemead Clo. BS16 – 2F 31
Hedgemead View. BS16 – 2F 31
Hedwick Av. BS5 – 3F 39
Hedwick St. BS5 – 3F 39
Heggard Clo. BS13 – 3C 54
Hellier Wlk. BS13 – 4E 55
Hemmings Pde. BS5 – 3D 39
Hemplow Clo. BS14 – 5F 49
Hempton La. BS12 – 1C 6
Henacre Rd. BS11 – 5B 14
Henbury Ct. BS10 – 2A 16
Henbury Gdns. BS10 – 3A 16
Henbury Hill. BS9 – 4B 16
Henbury Rd. BS9 – 4B 16
Henbury Rd. BS10 – 2A 16
Henbury Rd. BS15 – 5D 41
Hencliffe Rd. BS14 – 1F 57
Hencliffe Way. BS15 – 2D 51
Henderson Rd. BS15 – 5D 41
Hendre Rd. BS3 – 3C 46
Henfield Cres. BS15 – 1D 53
Henfield Rd. BS17 – 5E 9 to 2F 23
Hengaston St. BS3 – 2D 47
Hengrove Av. BS14 – 5D 49
Hengrove La. BS14 – 5C 48
Hengrove Rd. BS4 – 3C 48
Hengrove Way. BS13 &
  BS14 – 2D 55 to 1B 56
Henleaze Av. BS9 – 2C 28
Henleaze Gdns. BS9 – 2C 28
Henleaze Pk. BS6 – 2E 29
Henleaze Pk Dri. BS9 – 2D 29
Henleaze Rd. BS9 – 3C 28 to 1D 29
Henleaze Ter. BS9 – 1D 29

BRISTOL

Henley Gro. BS9 – 2D 29
Hennessy Clo. BS14 – 4B 56
Henrietta St. BS2 – 2F 37
Henrietta St. BS5 – 1D 39
Henry St. BS3 – 1B 48
Henry Williamson Ct. BS15 – 5B 42
Henshaw Clo. BS15 – 5E 33
Henshaw Rd. BS15 – 5E 33
Henshaw Wlk. BS15 – 5E 33
Hensman's Hill. BS8 – 4C 36
Hepburn Rd. BS2 – 2A 38
Herald Clo. BS9 – 3F 27
Herapath St. BS5 – 4E 39
Herbert St. BS3 – 1E & 1F 47
Herbert St. BS5 – 5F 31
   (Eastville)
Herbert St. BS5 – 2E 39
   (Redfield)
Hercules Clo. BS12 – 3F 7
Hereford Rd. BS2 – 5C 30
Hereford St. BS3 – 2F 47
Herkomer Clo. BS7 – 1D 31
Hermes Clo. BS18 – 5E 61
Hermitage Clo. BS11 – 1A 26
Hermitage Rd. BS16 – 3F 33
Heron Rd. BS5 – 1D 39
Heron Way. BS17 – 4C 10
Herridge Clo. BS13 – 4D 55
Herridge Rd. BS13 – 4D 55
Hersey Gdns. BS13 – 4A 54
Hesding Clo. BS15 – 2E 51
Hestercombe Rd. BS13 – 1D 55
Heyford Av. BS5 – 4D 31
Heyron Wlk. BS13 – 3D 55
Heywood Rd. BS20 – 3F 25
Heywood Ter. BS20 – 3E 25
Hick's Barton. BS5 – 2B 40
Hicks Common Rd. BS17 – 5A 8
Hicks Ct. BS15 – 1B 52
Higham St. BS4 – 1B 48
Highbury Rd. BS3 – 3E 47
Highbury Rd. BS7 – 1B 30
Highbury Vs. BS2 – 2F 37
Highcroft. BS15 – 4E 43
Highdale Clo. BS14 – 4D 57
High Elm. BS15 – 4A 42
Highett Dri. BS5 – 2C 38
Highfield Av. BS15 – 5F 41
Highfield Gdns. BS15 – 3E 53
Highfield Gro. BS7 – 2F 29
Highfield Rd. BS17 – 3D 11
Highfield Rd. BS18 – 5B 60
High Gro. BS9 – 1D 27
Highgrove St. BS4 – 1C 48
High Kingsdown. BS2 – 2E 37
Highland Cres. BS8 – 5C 28
Highland Sq. BS8 – 5C 28
Highlands Rd. BS18 – 3C 44
Highleaze Rd. BS15 – 1D 53
Highmead Gdns. BS13 – 4A 54
Highmore Gdns. BS7 – 5E 19
Highnam Clo. BS12 – 1D 7
High Pk. BS14 – 4D 49
Highridge Cres. BS13 – 2B 54
Highridge Grn. BS13 – 1A 54
Highridge Pk. BS13 – 2B 54
Highridge Rd. BS3 – 3D 47
Highridge Rd. BS13 – 4A 54
Highridge Wlk. BS13 – 1A 54
High St. BS1 – 4F 37
High St. BS5 – 1D 39
High St. BS8 – 5C 28
High St. BS9 – 5C 16
High St. BS11 – 1F 25
High St. BS15 – 5F 53
   (Bitton)
High St. BS15 – 4D 41
   (Hanham)
High St. BS15 – 2A 42
   (Kingswood Hill)

High St. BS15 – 2E 53
   (Oldland)
High St. BS15 – 3D 43
   (Warmley)
High St. BS16 – 3E 33
High St. BS17 – 3E 11
   (Chipping Sodbury)
High St. BS17 – 4A 8
   (Winterbourne)
High St. BS18 – 2A 60
   (Keynsham)
High St. BS20 – 4A 24
Highview Rd. BS15 – 5A 34
Highwall La. BS18 – 5B 58
Highway. BS17 – 2D 11
Highwood La. BS10 – 3D 5
Highwood Rd. BS12 – 3A 6
Highworth Cres. BS17 – 4B 10
Highworth Rd. BS4 – 5F 39
Hill Av. BS3 – 2A 48
Hill Burn. BS9 – 1E 29
Hillburn Rd. BS5 – 3C 40
Hill Crest. BS4 – 4D 49
Hill End Dri. BS10 – 2F 15
Hillfields Av. BS16 – 5E 33
Hill Gro. BS9 – 1E 29
Hillgrove St. BS2 – 2A 38
Hillgrove St N. BS2 – 2F 37
Hill Ho Rd. BS16 – 2B 34
Hill Lawn. BS4 – 2F 49
Hill Rd. BS18 – 5A 54
Hills Barton. BS13 – 4C 46
Hillsborough Rd. BS4 – 1E 49
Hills Clo. BS18 – 3C 60
Hillsdon Rd. BS9 – 5B 16
Hillside. BS6 – 2E 37
Hillside. BS8 – 4D 37
Hillside. BS17 – 3B 34
Hillside Av. BS15 – 2E 41
Hillside Clo. BS17 – 3E 9
Hillside La. BS17 – 3E 9
Hillside Rd. BS5 – 3C 40
Hillside Rd. BS18 – 3D 45
Hillside Rd. BS4 – 1C 48
Hill St. BS1 – 4E 37
Hill St. BS3 – 1B 48
Hill St. BS5 – 2B 40
Hill St. BS15 – 2B 42
Hilltop Gdns. BS5 – 3C 40
Hilltop Gdns. BS16 – 5F 33
   (in two parts)
Hilltop Rd. BS16 – 5F 33
Hilltop View. BS5 – 3C 40
Hill View. BS8 – 4D 37
Hill View. BS9 – 2E 29
Hill View. BS16 – 5F 33
Hill View Clo. BS15 – 1D 53
Hill View Rd. BS13 – 5C 46
Hillyfield Rd. BS13 – 1C 54
Hinton Clo. BS18 – 5F 61
Hinton Dri. BS15 – 4E 43
Hinton La. BS8 – 4B 36
Hinton Rd. BS5 – 1E 39
Hinton Rd. BS16 – 3C 32
Hobb's La. BS1 – 4E 37
Hobbs La. BS15 – 2D 43
Hobhouse Clo. BS9 – 1E 29
Hobwell La. BS18 – 2E 45
Hockey's La. BS16 – 4C 32
Hogarth Wlk. BS7 – 5D 19
Hogues Wlk. BS13 – 4D 55
Holbeach Way. BS14 – 5C 56
Holbrook Cres. BS13 – 4F 55
Holcombe. BS14 – 2C 56
Holcombe Gro. BS18 – 2F 59
Holdenhurst Rd. BS15 – 1E 41
Holders Wlk. BS18 – 4B 44
Holford Ct. BS14 – 3D 57
Hollidge Gdns. BS3 – 1F 47
Hollis Clo. BS18 – 4C 44

Hollister's Dri. BS13 – 4F 55
Hollow Rd. BS15 – 2A 42
Hollows, The. BS17 – 2F 23
Hollway Clo. BS14 – 3A 58
Hollway Rd. BS14 – 3A 58
Hollybush La. BS9 – 2A to 4B 28
Holly Clo. BS5 – 5C 32
Holly Cres. BS15 – 1A 42
Holly Grn. BS15 – 1B 42
Holly Gro. BS16 – 5E 33
Hollyguest Rd. BS15 – 4F 41
Holly Hill Rd. BS15 – 2A 42
Hollyleigh Av. BS12 – 2B 18
Holly Lodge Rd. BS5 – 5B 32
Hollymead La. BS9 – 3A 28
Hollyridge. BS14 – 1E 57
Holly Wlk. BS18 – 4F 59
Hollywood La. BS12 & BS10 – 2C 4
Hollywood Rd. BS4 – 2F 49
Holmdale Rd. BS12 – 2D 19
Holmesdale Rd. BS3 – 2A 48
Holmes Gro. BS9 – 2D 29
Holmes Hill Rd. BS5 – 2B 40
Holmes St. BS5 – 4D 39
Holm-Mead La. BS15 – 1E 61
Holmoak Rd. BS18 – 4E 59
Holmwood. BS15 – 5E 41
Holmwood Clo. BS17 – 4A 8
Holroyd Ho. BS3 – 2F 47
Holsom Clo. BS14 – 2A 58
Holsom Rd. BS14 – 2B 58
Holst Gdns. BS4 – 1F 55
Holton Rd. BS7 – 1C 30
Homeavon Ct. BS18 – 3B 60
Home Clo. BS10 – 3A 18
Homefield Dri. BS16 – 3C 32
Home Ground. BS9 – 5D 17
Homeleaze Rd. BS10 – 2F 17
Home Mead. BS15 – 1C 52
Homestead Gdns. BS16 – 4D 21
Homestead Rd. BS12 – 2C 18
Honey Garston Clo. BS13 – 4D 55
Honey Garston Rd. BS13 – 4D 55
Honey Hill Rd. BS15 – 2B 42
Honeymead. BS14 – 1E 57
Honey Way. BS15 – 2B 42
Honiton Rd. BS16 – 5C 32
Hooper Rd. BS14 – 3F 57
Hopechapel Hill. BS8 – 4B 36
Hope Ct. BS1 – 5D 36
Hope Rd. BS3 – 2E 47
Hopeton Rd. BS2 – 4B 30
Hopewell Gdns. BS11 – 5B 14
Hopland Clo. BS15 – 2D 53
Hopp's Rd. BS15 – 3F 41
Horesham Gro. BS13 – 3E 55
Horfield Rd. BS2 – 3F 37
Horley Rd. BS2 – 1C 38
Hornbeam Wlk. BS18 – 4E 59
Horsefair, The. BS1 – 3A 38
Horsepool Rd. BS13 – 4A 54
Horse Shoe Dri. BS9 – 4E 27
Horseshoe La. BS17 – 3E 11
Horse St. BS17 – 3F 11
   (in two parts)
Horton Rd. BS17 – 2F 11
Horton St. BS2 – 4B 38
Horwood Ct. BS15 – 1C 52
Hosey Wlk. BS13 – 3C 54
Hospital Rd. BS20 – 4F 25
Host St. BS1 – 3F 37
Hottom Gdns. BS7 – 5C 18
Hot Water La. BS15 – 4B 34
Hotwell Rd. BS8 – 3A 36 to 4D 37
Houlton St. BS2 – 2B 38
Hounds Clo. BS17 – 3F 11
Hounds Rd. BS17 – 3F 11
Hovers La. BS17 – 1E 9
Howard Av. BS5 – 2A 40
Howard Clo. BS18 – 5E 61

BRISTOL

Kingsland Rd Bri. BS2 – 4C 38
Kingsleigh Ct. BS15 – 3B 42
Kingsleigh Pk. BS15 – 3B 42
Kingsley Rd. BS5 – 1E 39
Kingsley Rd. BS6 – 5F 29
Kingsmarsh Ho. BS5 – 3D 39
Kingsmead Rd. BS5 – 1C 40
Kingsmead Wlk. BS5 – 1C 40
Kingsmill. BS9 – 3F 27
Kings Pde Av. BS8 – 1D 37
Kings Pde M. BS8 – 1C 36
King Sq. BS2 – 2F 37
King Sq. Av. BS2 – 2F 37
King's Rd. BS4 – 2E 49
King's Rd. BS8 – 3C 36
Kings Sq. BS15 – 5F 53
Kingston Av. BS18 – 5E 61
Kingston Clo. BS17 – 1C 34
Kingston Dri. BS17 – 1C 34
Kingston Rd. BS3 – 1E 47
King St. BS1 – 4F 37
King St. BS5 – 1E 39
King St. BS11 – 3C 12
King St. BS15 – 2D 41
King's Wlk. BS13 – 1A 54
Kingsway. BS12 – 4E 7
Kingsway. BS15 – 4D 41
Kingsway Av. BS15 – 2D 41
Kingsway Cres. BS15 – 2D 41
Kingsway Shopping Precinct.
 BS5 – 4D 41
Kingswear Rd. BS3 – 3F 47
Kings Weston Av. BS11 – 5F 13
Kings Weston La. BS11 – 1E 13 to
 5C 14
Kings Weston Rd. BS11 &
 BS10 – 5C 14 to 3A 16
King William Av. BS1 – 4F 37
King William St. BS3 – 1D 47
Kinsale Rd. BS4 – 5E 49
Kinsale Wlk. BS4 – 4A 48
Kinvara Rd. BS4 – 5A 48
Kipling Rd. BS7 – 4D 19
Kirkby Rd. BS11 – 4C 14
Kirkstone Gdns. BS10 – 3E 17
Kirtlington Rd. BS5 – 4D 31
Knapps La. BS5 – 1A 40
Knighton Rd. BS10 – 3A 18
Knole La. BS10 – 2C 16
Knoll Ct. BS9 – 5F 27
Knoll Hill. BS9 – 5F 27
Knovill Clo. BS11 – 3D 15
Knowle Rd. BS4 – 2B 48
Knowsley Rd. BS16 – 4A 32
Kylross Av. BS14 – 2D 57
Kynes Mill Clo. BS16 – 5C 20

Labbott, The. BS18 – 3A 60
Laburnum Gro. BS16 – 3D 33
Laburnum Rd. BS15 – 5E 41
Laburnum Wlk. BS18 – 4E 59
Lacey Rd. BS14 – 2A 58
Ladies Mile Centre Rd. BS9 – 1B 36
Ladman Gro. BS14 – 2A 58
Ladman Rd. BS14 – 2A 58
Ladysmith Rd. BS6 – 3D 29
Lake Mead Gdns. BS13 – 3B 54
Lakemead Gro. BS13 – 2B 54
Lake Rd. BS10 – 5E 17
Lakeside. BS16 – 5A 32
Lake View Rd. BS5 – 2F 39
Lakewood Cres. BS10 – 5D 17
Lakewood Rd. BS10 – 5D 17
Lambert Pl. BS4 – 2F 55
Lamb Hill. BS5 – 3A 40
Lambley Rd. BS5 – 3A 40
Lambourn Clo. BS3 – 2F 47
Lambourn Rd. BS18 – 4C 60
Lambrook Rd. BS16 – 3B 32
Lamb St. BS2 – 3B 38

Lampeter Rd. BS9 – 5C 16
Lampton Av. BS13 – 4A 56
Lampton Gro. BS13 – 5A 56
Lampton Rd. BS18 – 4B 44
Lanaway Rd. BS16 – 2D 33
Lancashire Rd. BS7 – 4A 30
Lancaster Clo. BS12 – 5F 7
Lancaster Rd. BS2 – 5C 30
Lancaster Rd. BS17 – 1C 10
Lancaster St. BS5 – 3E 39
Landrail Wlk. BS16 – 1B 32
Landseer Av. BS7 – 1D 31
Land, The. BS17 – 3E 9
Lanercost Rd. BS10 – 3E 17
Lanesborough Rise. BS14 – 1F 57
Lanes Rd. BS18 – 5A 54
Langdale Rd. BS16 – 4B 32
Langdon Ct. BS14 – 3A 58
Langfield Clo. BS10 – 1A 16
Langford Rd. BS13 – 5B 46
Langford Way. BS15 – 3A 42
Langham Rd. BS4 – 3D 49
Langhill Av. BS4 – 1F 55
Langley Cres. BS3 – 4A 46
Langthorn Clo. BS17 – 3D 9
Langton Ct Rd. BS5 – 5F 39
Langton Pk. BS3 – 1E 47
Langton Rd. BS4 – 5F 39
Lansdown. BS17 – 4B 10
Lansdown Clo. BS15 – 5F 33
Lansdown Pl. BS8 – 3C 36
Lansdown Rd. BS5 – 2C 38
Lansdown Rd. BS6 – 1E 37
Lansdown Rd. BS8 – 3C 36
Lansdown Rd. BS15 – 5F 33
Lansdown Rd. BS18 – 5F 61
Lansdown Ter. BS6 – 2F 29
Lansdown View. BS2A 42
Laphams Ct. BS15 – 1B 52
Lapwing Gdns. BS16 – 1A 32
Larch Rd. BS15 – 4A 34
Larch Way. BS12 – 3A 6
Larkfield. BS17 – 3F 9
Larks Field. BS16 – 3F 31
Larksleaze Rd. BS15 – 3A 52
Lasbury Gro. BS13 – 3E 55
Latchmoor Ho. BS13 – 5C 46
Latimer Clo. BS4 – 1A 50
Latton Rd. BS7 – 4B 18
Launceston Av. BS15 – 5D 41
Launceston Rd. BS15 – 1D 41
Laurels, The. BS17 – 2C 34
Laurel St. BS15 – 2F 41
Laurie Cres. BS9 – 1F 29
Laurie Lee Ct. BS15 – 5B 42
Lavers Clo. BS15 – 4A 42
Lavington Rd. BS5 – 4D 41
Lawford Av. BS12 – 4E 7
Lawfords Ga. BS2 – 3B 38
Lawford St. BS2 – 3B 38
Lawn Av. BS16 – 3D 33
Lawn Rd. BS16 – 3D 33
Lawns Rd. BS17 – 2C 10
Lawns, The. BS11 – 1A 26
Lawnwood Rd. BS5 – 2D 39
Lawrence Av. BS5 – 1D 39
Lawrence Gro. BS9 – 2D 29
Lawrence Hill. BS5 – 3D 39
Lawrence Hill Trading Est.
 BS5 – 3E 39
Lawrence Weston Rd.
 BS11 – 1A 14 to 3E 15
Lawson Clo. BS18 – 5E 61
Laxey Rd. BS7 – 5B 18
Lays Dri. BS18 – 3E 59
Lea Croft. BS13 – 3C 54
Leaholme Gdns. BS14 – 4C 56
Leaman Clo. BS17 – 3E 11
Leap Vale. BS16 – 4C 22
Leap Valley Cres. BS16 – 4B 22

Lear Clo. BS15 – 5D 43
Leda Av. BS14 – 5C 48
Ledbury Rd. BS16 – 3E 33
Lee Clo. BS12 – 2B 6
Leeming Way. BS11 – 5E 13
Lees Hill. BS15 – 1A 42
Lees La. BS15 – 5F 43
Leicester Sq. BS16 – 4F 33
Leicester St. BS3 – 1F 47
Leicester Wlk. BS4 – 5B 40
Leigh Rd. BS8 – 2D 37
Leigh St. BS3 – 1C 46
Leighton Rd. BS3 – 1D 47
Leighton Rd. BS4 – 3D 49
Leinster Av. BS4 – 5F 47
Lemon La. BS2 – 2B 38
Lena Av. BS5 – 1E 39
Lena St. BS5 – 1D 39
Lenover Gdns. BS13 – 3D 55
Leonard La. BS1 – 4F 37
Leonard Rd. BS5 – 3E 39
Leonard's Av. BS5 – 1E 39
Leopold Rd. BS6 – 5A 30
Lescren Way. BS11 – 3F 13
Lewington Rd. BS16 – 3E 33
Lewins Mead. BS1 – 3F 37
Lewin St. BS3 – 3F 39
Lewis Clo. BS15 – 5F 43
Lewis Rd. BS13 – 5C 46
Lewis St. BS2 – 5D 39
Lewton La. BS17 – 3A 8
Leyland Wlk. BS13 – 4B 54
Leyton Vs. BS6 – 1D 37
Lichfield Rd. BS4 – 4A 40
Lilac Clo. BS10 – 3E 17
Lilac Ct. BS18 – 4E 59
Lillian St. BS5 – 2E 39
Lilliput Av. BS17 – 4E 11
Lilstock Av. BS7 – 3B 30
Lilton Wlk. BS13 – 4C 46
Lilymead Av. BS4 – 2B 48
Lilypond Av. BS4 – 2B 48
Lime Clo. BS10 – 2D 17
Lime Ct. BS18 – 4E 59
Limerick Rd. BS6 – 5E 29
Lime Rd. BS3 – 1D 47
Lime Rd. BS15 – 5C 40
Lime Tree Gro. BS20 – 4F 25
Lincoln Clo. BS18 – 3E 59
Lincoln St. BS5 – 4D 39
Lincombe Av. BS16 – 2F 33
Lincombe Rd. BS16 – 2E 33
Linden Clo. BS14 – 2A 58
Linden Clo. BS16 – 5C 32
Linden Clo. BS17 – 4A 8
Linden Rd. BS6 – 3D 29
Lindrea St. BS3 – 2D 47
Lindsay Rd. BS7 – 3C 30
Link Rd. BS12 – 2C 18
Link Rd. BS17 – 2C 10
Linnell Clo. BS7 – 1D 31
Linnet Clo. BS12 – 2A 6
Linnet Way. BS14 – 1F 57
Lintern Cres. BS15 – 4D 43
Lintham Dri. BS15 – 4B 42
Lisburn Rd. BS4 – 4A 48
Litfield Pl. BS8 – 3B 36
Litfield Rd. BS8 – 3B 36
Lit. Ann St. BS2 – 3B 38
Lit. Birch Croft. BS14 – 5C 56
Lit. Bishop St. BS2 – 2A 38
Lit. Caroline Pl. BS8 – 5B 36
Littlecross Ho. BS3 – 1D 47
Littledean. BS17 – 5C 10
Lit. Dowles. BS15 – 1C 52
Lit. George St. BS2 – 3B 38
Lit. Headley Clo. BS13 – 1D 55
Lit. King St. BS1 – 4F 37
Lit. Mead. BS11 – 4D 15
Lit. Paradise. BS3 – 1F 47

Montague Rd. BS18 – 5E 61
Montague St. BS1 – 2F 37
Montgomery St. BS3 – 1B 48
Montreal Av. BS7 – 4B 18
Montrose Av. BS6 – 1E 37
Montrose Pk. BS4 – 3F 49
Montroy Clo. BS9 – 1E 29
Moon St. BS2 – 2A 38
Moor Croft Dri. BS15 – 1B 52
Moordell Clo. BS17 – 3A 10
Moorend Gdns. BS11 – 5B 14
Moorend Rd. BS16 – 1F 21
Moorfields Ho. BS5 – 3E 39
Moor Gro. BS11 – 4B 14
Moorgrove Ho. BS9 – 5E 15
Moorhill St. BS5 – 1D 39
Moorhouse La. BS20 – 1C 14
Moorings, The. BS20 – 3E 25
Moorland Rd. BS17 – 3A 10
Moorlands Rd. BS16 – 5B & 5C 32
Moorpark Av. BS17 – 2A 10
Moravian Rd. BS15 – 2F 41
Morden Wlk. BS14 – 1F 57
Moreton Clo. BS14 – 3C 56
Moreton St. BS2 – 2B 38
Morgan Clo. BS16 – 5F 61
Morgan St. BS2 – 2B 38
Morley Av. BS17 – 3C 34
Morley Clo. BS16 – 4F 33
Morley Rd. BS3 – 1E 47
Morley Rd. BS16 – 4F 33
Morley Sq. BS7 – 4A 30
Morley St. BS2 – 1B 38
Morley St. BS5 – 3D 39
Morley Ter. BS15 – 1F 41
Mornington Rd. BS8 – 1C 36
Morpeth Rd. BS4 – 5F 47
Morris Rd. BS7 – 3C 30
Morse Rd. BS5 – 3E 39
Mortimer Rd. BS8 – 3C 36
Mortimer Rd. BS12 – 3D 19
Morton St. BS5 – 3D 39
Mountbatten Clo. BS17 – 1B 10
Mount Clo. BS17 – 2B 8
Mount Cres. BS17 – 5A 8
Mount Gdns. BS15 – 4F 41
Mount Hill Rd. BS15 – 4E 41
Mt. Pleasant. BS20 – 3F 25
Mt. Pleasant Ter. BS3 – 1E 47
Mow Barton. BS13 – 2B 54
Mow Barton. BS17 – 2B 10
Mowbray Rd. BS14 – 5E 49
Mowcroft Rd. BS13 – 4E 55
Moxham Dri. BS13 – 4D 55
Muirfield. BS17 – 4C 10
Mulberry Clo. BS15 – 2A 42
Mulberry Dri. BS15 – 2A 42
Mulberry Wlk. BS9 – 5E 15
Muller Av. BS7 – 3B 30
Muller Rd. BS7 & BS5 – 1B 30 to 4E 31
Mulready Clo. BS7 – 2E 31
Murford Av. BS13 – 3D 55
Murford Wlk. BS13 – 4D 55
Murray St. BS3 – 1E 47
Musgrove Clo. BS11 – 3E 15
Myrtle Dri. BS11 – 2A 26
Myrtle Rd. BS2 – 2E 37
Myrtle St. BS3 – 1D 47

Nags Head Hill. BS5 – 3C 40
Nailsea Clo. BS13 – 5C 46
Nailsworth Av. BS17 – 3B 10
Napier Ct. BS1 – 5D 36
Napier Miles Rd. BS11 – 5C 14
Napier Rd. BS5 – 5D 31
Napier Rd. BS6 – 5D 29
Napier Rd. BS11 – 4D 13
Napier Sq. BS11 – 3C 12
Napier St. BS5 – 4D 39

Narroways Rd. BS2 – 5C 30
Narrow La. BS16 – 4A 34
Narrow Plain. BS2 – 4A 38
Narrow Quay. BS1 – 5F 37
Naseby Wlk. BS5 – 2B 40
Nash Clo. BS18 – 2C 60
Nash Dri. BS7 – 5E 19
Neath Rd. BS5 – 2F 39
Nelson Ho. BS16 – 3F 33
Nelson Rd. BS16 – 3F 33
   (in two parts)
Nelson St. BS1 – 3F 37
Nelson St. BS3 – 3C 46
Neston Wlk. BS4 – 5B 48
Natham Ind. Est. BS5 – 4F 39
Netham Rd. BS5 – 3F 39
Nettlestone Clo. BS10 – 1A 16
Nevalan Dri. BS5 – 4C 40
Neville Rd. BS15 – 1A 42
Nevil Rd. BS7 – 3A 30
Newbridge Clo. BS4 – 5F 39
Newbridge Rd. BS4 – 4F 39
Newbridge Trading Est.
   BS4 – 5F 39
New Brunswick Av. BS5 – 3D 41
New Buildings. BS16 – 3B 32
Newbury Rd. BS7 – 1C 30
New Charlotte St. BS3 – 1F 47
New Cheltenham Rd. BS15 – 1F 41
Newcombe Dri. BS9 – 3E 27
Newcombe Rd. BS9 – 1B 28
Newdown La. BS18 – 5E 55
Newent Av. BS15 – 3D 41
New Fosseway Rd. BS14 – 2D 57
Newfoundland Rd. BS2 – 2B 38
Newfoundland St. BS2 – 3A 38
Newfoundland Way. BS2 – 2B 38
Newgate. BS1 – 3A 38
New John St. BS3 – 2E 47
New Kingsley Rd. BS2 – 4B 38
Newland Dri. BS13 – 4C 54
Newland Rd. BS13 – 4C 54
Newlands Av. BS17 – 3E 9
Newlands Rd. BS18 – 4F 59
Nowlands, The. BS16 – 5D 21
Newland Wlk. BS13 – 4C 54
Newleaze Ho. BS12 – 3D 19
Newlyn Av. BS9 – 2F 27
Newlyn Wlk. BS4 – 4D 49
Newlyn Way. BS17 – 2D 11
Newmarket Av. BS1 – 3F 37
Newmarket Way. BS16 – 4B 22
Newnham Clo. BS14 – 5F 49
Newnham Pl. BS12 – 1B 6
Newport Rd. BS20 – 3E 25
Newport St. BS3 – 2A 48
Newquay Rd. BS4 – 4B 48
New Queen St. BS3 – 1A 48
New Queen St. BS15 – 2D 41
New Rd. BS12 – 2E 19
New Rd. BS20 – 3F 25
Newry Wlk. BS4 – 4A 48
Newsome Av. BS20 – 3E 25
New Stadium Rd. BS5 – 5D 31
New Station Rd. BS16 – 3C 32
New St. BS2 – 3B 38
New Thomas St. BS2 – 4B 38
Newton Clo. BS15 – 1C 42
Newton Dri. BS15 – 5C 42
Newton Rd. BS15 – 5C 42
Newton St. BS5 – 2C 38
New Wlk. BS15 – 5D 41
Niblett Clo. BS15 – 4B 42
Niblett's Hill. BS5 – 4B 40
Nibley Rd. BS11 – 2F 25
Nicholas La. BS5 – 4C 40
Nicholas Rd. BS5 – 1D 39
Nicholas St. BS3 – 1A 48
Nicholettes. BS15 – 5F 43
Nicholls La. BS17 – 3A 8

Nigel Pk. BS11 – 5A 14
Nightingale Clo. BS17 – 4C 8
Nine Tree Hill. BS1 – 2A 38
Ninth Av. BS7 – 4D 19
Noble Av. BS15 – 1E 53
Norfolk Av. BS2 – 2A 38
Norfolk Av. BS6 – 5A 30
Norfolk Gro. BS18 – 4E 59
Norland Rd. BS8 – 3B 36
Norley Rd. BS7 – 5B 18
Normanby Rd. BS5 – 2D 39
Norman Gro. BS15 – 5F 33
Norman Rd. BS2 – 5C 30
Norman Rd. BS15 – 2D 43
Norman Rd. BS18 – 4F 61
Normanton Rd. BS8 – 1C 36
Norrisville Rd. BS6 – 1A 38
Northavon Business Centre.
   BS17 – 1A 10
Northcote Rd. BS5 – 3A 40
Northcote Rd. BS8 – 1B 36
Northcote Rd. BS16 &
   BS17 – 2B 34
Northcote St. BS5 – 1D 39
N. Devon Rd. BS16 – 3C 32
Northend Av. BS15 – 1F 41
Northend Gdns. BS15 – 1F 41
Northend Rd. BS15 – 1A 42
Northfield. BS17 – 4B 10
Northfield Av. BS15 – 5F 41
Northfield Ho. BS3 – 1E 47
Northfield Rd. BS5 – 3D 41
N. Green St. BS8 – 4B 36
North Gro. BS20 – 4E 25
Northleach Wlk. BS11 – 2B 26
N. Leaze. BS18 – 3D 45
Northover Clo. BS9 – 4B 16
Northover Rd. BS9 – 4B 16
North Pde. BS17 – 2C 10
N. Park. BS15 – 1A 42
North Rd. BS3 – 1C 46
North Rd. BS6 – 5F 29
North Rd. BS8 – 4A 36
North Rd. BS12 – 1A 20
North Rd. BS17 – 3B 8
North St. BS1 – 2A 38
North St. BS3 – 1C 46
North St. BS15 – 1E 53
North St. BS16 – 2F 33
Northumberland Rd. BS6 – 5E 29
Northumbria Dri. BS9 – 3D 29
N. View. BS6 – 3C 28
N. View. BS16 – 2A 34
   (Staple Hill)
N. View. BS16 – 4F 33
   (Upper Soundwell)
Northville Rd. BS7 – 4B 18
North Wlk. BS17 – 2C 10
Northwick Rd. BS7 – 4B 18
Northwoods Wlk. BS10 – 1F 17
Norton Clo. BS15 – 3B 42
Norton La. BS14 – 5E 57
Norton Rd. BS4 – 2C 48
Norwich Dri. BS4 – 4A 40
Nottingham Rd. BS7 – 4A 30
Nottingham St. BS3 – 2A 48
Nova Scotia Pl. BS1 – 5C 36
Nover's Cres. BS4 – 5E 47
Nover's Hill. BS3 & BS4 – 4E 47
Nover's Hill Trading Est.
   BS3 – 3E 47
Nover's La. BS4 – 1E 55
Nover's Pk Dri. BS4 – 5E 47
Nover's Pk Rd. BS4 – 5F 47
Nover's Rd. BS4 – 5E 47
Nugent Hill. BS6 – 1F 37
Nunney Clo. BS18 – 5C 60
Nursery Gdns. BS10 – 2C 16
Nursery, The. BS3 – 2D 47
Nutfield Gro. BS12 – 3D 19

Nutgrove Av. BS3 – 2A 48
Nuthatch Dri. BS16 – 1B 32
Nuthatch Gdns. BS16 – 1B 32
Nympsfield. BS15 – 5A 34

Oak Clo. BS12 – 3F 7
Oak Clo. BS17 – 1A 10
Oakdale Av. BS16 – 5F 21
Oakdale Clo. BS16 – 5A 22
Oakdale Ct. BS16 – 5F 21
Oakdale Rd. BS14 – 5C 48
Oakdale Rd. BS16 – 4A 22
Oakdene Av. BS5 – 4F 31
Oakenhill Rd. BS4 – 3A 50
Oakenhill Wlk. BS4 – 3A 50
Oakfield Gro. BS8 – 2D 37
Oakfield Pl. BS8 – 2D 37
Oakfield Rd. BS8 – 2C 36
Oakfield Rd. BS15 – 3F 41
Oakfield Rd. BS18 – 5B 60
Oak Gro. BS20 – 3E 25
Oakhanger Dri. BS11 – 4D 15
Oakhill Av. BS15 – 3E 53
Oakhill La. BS10 – 1E 15
Oakhurst Rd. BS9 – 2B 28
Oakland Rd. BS5 – 2A 40
Oakland Rd. BS6 – 1D 37
Oaklands Clo. BS17 – 2D 35
Oaklands Rd. BS15 – 3D 53
Oaklands Dri. BS16 – 5C 20
Oaklands Rd. BS17 – 2C 34
Oak La. BS5 – 5B 32
Oakleaze. BS17 – 3E 9
Oakleigh Av. BS5 – 2F 39
Oakleigh Gdns. BS15 – 3E 53
Oakley Rd. BS7 – 1B 30
Oakmeade Pk. BS4 – 3D 49
Oakridge Clo. BS15 – 3C 42
Oak Rd. BS7 – 3A 30
Oaktree Clo. BS15 – 2E 51
Oaktree Gdns. BS13 – 3A 54
Oak Tree Wlk. BS18 – 4F 59
Oakwood Av. BS9 – 1D 29
Oakwood Rd. BS9 – 1D 29
Oatlands Av. BS14 – 2C 56
Oatvale Rd. BS14 – 2C 56
Oberon Av. BS4 – 1A 40
Okebourne Clo. BS10 – 1D 17
Okebourne Rd. BS10 – 1D 17
Oldacre Rd. BS14 – 5C 56
Old Ashley Hill. BS6 – 5B 30
Old Barrow Hill. BS11 – 1F 25
Old Bread St. BS2 – 4B 38
Old Bristol Rd. BS18 – 1E 59
Oldbury Ct. Dri. BS16 – 2C 32
Oldbury Ct. Rd. BS16 – 3C 32
Old Farm La. BS5 – 4D 41
Oldfield Pl. BS8 – 5B 36
Oldfield Rd. BS8 – 5C 36
Old Gloucester Rd. BS16 – 1D 21 to 4C 20
Old Keynsham Rd. BS18 – 1B 60
Oldlands Av. BS17 – 3E 9
Old Market St. BS2 – 3A & 3B 38
Oldmead Wlk. BS13 – 1A 54
Old Pk. BS2 – 3E 37
Old Pk. Rd. BS11 – 5F 13
Old Priory Rd. BS20 – 3D 25
Old Quarry Rise. BS11 – 5A 14
Old Quarry Rd. BS11 – 5F 13
Old Sneed Av. BS9 – 3F 27
Old Sneed Pk. BS9 – 3F 27
Old Sneed Rd. BS9 – 3F 27
Old Vicarage Grn. BS18 – 1A 60
Old Vicarage Pl. BS8 – 1C 36
Olveston Dri. BS7 – 2A 30
Olympus Clo. BS12 – 4F 7
Olympus Rd. BS10 – 2F 5
Oram Ct. BS15 – 1B 52
Orange St. BS2 – 2B 38

Orchard Av. BS1 – 4E 37
Orchard Boulevd. BS15 – 1C 52
Orchard Clo. BS9 – 3B 28
Orchard Clo. BS15 – 2A 42
Orchard Clo. BS17 – 2C 10
Orchard Clo. BS18 – 2E 59
Orchard Ct. BS5 – 3F 39
Orchard Cres. BS11 – 1F 25
Orchard Gdns. BS15 – 2B 42
Orchard La. BS1 – 4E 37
Orchard La. BS9 – 4F 27
Orchard Lea. BS20 – 3F 25
Orchard Rd. BS5 – 5C 40
(Jeffries Hill)
Orchard Rd. BS5 – 2B 40
(St. George)
Orchard Rd. BS7 – 3A 30
Orchard Rd. BS15 – 3A 42
Orchard Rd. BS17 – 3F 9
Orchard Rd. BS18 – 3B 44
(Providence)
Orchard Sq. BS5 – 3F 39
Orchards, The. BS15 – 3B 42
Orchard St. BS1 – 4E 37
Orchard Vale. BS15 – 3B 42
Orford Dri. BS16 – 1E 33
Orion Dri. BS12 – 4F 7
Orland Way. BS15 – 2C 52
Orlebar Gdns. BS11 – 3D 15
Ormerod Rd. BS9 – 3A 28
Ormsley Clo. BS12 – 2E 7
Ormstone Ho. BS13 – 4C 54
Orpen Gdns. BS7 – 2D 31
Orpheus Av. BS12 – 4F 7
Orwell Dri. BS18 – 4B 60
Orwell St. BS3 – 2A 48
Osborne Av. BS7 – 4B 30
Osborne Clo. BS12 – 5F 7
Osborne Rd. BS3 – 1E 47
Osborne Rd. BS8 – 1C 36
Osborne Ter. BS3 – 3D 47
Osborne Vs. BS2 – 2E 37
Osprey Rd. BS5 – 3E 39
Ottery Clo. BS11 – 3D 15
Overhill. BS20 – 4F 25
Overhill Rd. BS16 – 2E 33
Over La. BS12 – 1D 5
Overndale Rd. BS16 – 2E 33
Overnhill Ct. BS16 – 3E 33
Overnhurst Ct. BS16 – 2F 33
Overton Rd. BS6 – 5A 30
Owen Gro. BS9 – 2D 29
Owen Sq. BS5 – 2E 39
Owen St. BS5 – 2D 39
Owls Head Rd. BS15 – 4A 42
Oxford Pl. BS5 – 1D 39
Oxford Pl. BS8 – 4B 36
Oxford St. BS2 – 2E 37
(Cotham)
Oxford St. BS2 – 4B 38
(The Dings)
Oxford St. BS3 – 1B 48
Oxford St. BS5 – 3E 39
Oxleaze. BS15 – 4F 55
Oxleaze La. BS18 – 5A 54
Ozleworth. BS15 – 2C 42

Paddock Gdns. BS14 – 3C 56
Paddock, The. BS5 – 3C 38
Padmore Ct. BS5 – 3F 39
Padstow Rd. BS4 – 5B 48
Page Clo. BS16 – 3B 34
Page Rd. BS16 – 2E 33
Pages Mead. BS11 – 5E 13
Painswick Av. BS12 – 2D 7
Painswick Dri. BS17 – 3C 10
Palmdale Clo. BS15 – 2B 52
Palmers Clo. BS15 – 4B 42
Palmerston Rd. BS6 – 4E 29
Palmerston St. BS3 – 2E 47

Palmyra Rd. BS3 – 2D 47
Panorama Wlk. BS15 – 5C 40
Parade, The. BS12 – 1B 6
Parade, The. BS14 – 5C 48
Parade, The. BS17 – 3E 11
Paragon, The. BS8 – 4B 36
Parbrook Ct. BS4 – 3D 57
Park Av. BS3 – 2A 48
Park Av. BS5 – 2A 40
(Crofts End)
Park Av. BS5 – 4F 31
(Eastville)
Park Av. BS12 – 1C 6
Park Av. BS17 – 3C 8
(Frampton Cotterell)
Park Av. BS17 – 3A 8
(Winterbourne)
Park Clo. BS15 – 5C 42
(Cadbury Heath)
Park Clo. BS15 – 3A 42
(Kingswood Hill)
Park Cres. BS5 – 2F 39
Park Cres. BS15 – 5C 42
Park Cres. BS16 – 4E 21
Parkers Clo. BS10 – 1F 17
Parkers Clo. BS15 – 4E 53
Parker St. BS3 – 2D 47
Park Farm Ct. BS15 – 1B 52
Parkfield Av. BS5 – 3F 39
Park Gro. BS6 & BS9 – 2E 29
Park Hill. BS11 – 1A 26
Parkhouse La. BS18 – 5E 59
Parkhurst Av. BS16 – 3D 33
Parklands. BS15 – 2F 41
Parklands Rd. BS3 – 1A 46
Park La. BS2 – 3E 37
Park La. BS17 – 5C 8 to 2D 9
Park Pl. BS2 – 3E 37
Park Pl. BS5 – 5A 32
Park Pl. BS8 – 3D 37
Park Rd. BS3 – 5D 37
Park Rd. BS7 – 4B 18
Park Rd. BS11 – 1A 26
Park Rd. BS15 – 5D 43
(Cadbury Heath)
Park Rd. BS15 – 2F 41
(Kingswood)
Park Rd. BS16 – 2A 34
(Staple Hill)
Park Rd. BS16 – 3F 31
(Stapeton)
Park Rd. BS18 – 3A 60
Park Row. BS1 – 3E 37
Park Row. BS17 – 2C 8
Parkside Av. BS17 – 4A 8
Parkside Gdns. BS5 – 3D 31
Parkstone Av. BS7 – 1B 30
Park St. BS1 – 3E 37
Park St. BS4 – 1C 48
(in two parts)
Park St. BS5 – 2B 40
Park St Av. BS1 – 3E 37
Park, The. BS15 – 2F 41
(Kingswood)
Park, The. BS15 – 4D 53
(Willsbridge)
Park, The. BS16 – 4D 21
Park, The. BS18 – 2A 60
Park View. BS15 – 3A 42
Park View Ter. BS5 – 2A 40
Parkwall Cres. BS15 – 1B 52
Parkwall Rd. BS15 – 1B 52
Parkway. – 1C 38 to 1E 21
Park Way. BS15 – 5D 43
Parkwood Clo. BS14 – 4B 56
Parliament St. BS4 – 1C 48
Parnall Rd. BS16 – 4C 32
Parry's Clo. BS9 – 2A 28
Parry's La. BS9 – 2A 28

Parslows Barton. BS5 – 3C 40
Parsonage Rd. BS18 – 3E 45
Parson St. BS3 – 3D to 4E 47
Partition St. BS1 – 4E 37
Passage Leaze. BS11 – 2F 25
Passage Rd. BS10 – 5C 4
Passage Rd. BS10 & BS9 – 1C to 5C 16
Passage St. BS2 – 4A 38
Patchway Industrial Est. BS12 – 3D 7
Paulman Gdns. BS18 – 5B 44
Paul St. BS2 – 2E 37
Paul St. BS3 – 1F 47
Paulton Dri. BS7 – 3E 29
Paultow Av. BS3 – 2A 48
Paultow Rd. BS3 – 2A 48
Pavey Clo. BS13 – 3E 55
Pavey Rd. BS13 – 3E 55
Pawlett Rd. BS13 – 4D 55
Pawlett Wlk. BS13 – 4E 55
Paybridge Rd. BS13 – 4B 54
Payne Dri. BS5 – 3D 39
Peache Rd. BS16 – 1A 34
Peacocks La. BS15 – 3E 41
Pearces Hill. BS16 – 5D 21
Pearl St. BS3 – 2D 47
Pearsall Rd. BS15 – 3A 52
Peart Clo. BS13 – 3A 54
Peart Dri. BS13 – 4A 54
Pear Tree La. BS5 – 4D 41
Peartree La. BS5 – 5B 34
Pegasus Rd. BS10 – 3F 5
Pemberton Ct. BS16 – 2D 33
Pembery Rd. BS3 – 2D 47
Pembroke Av. BS11 – 1A 26
Pembroke Gro. BS8 – 3C 36
Pembroke Pl. BS8 – 5C 36
Pembroke Rd. BS3 – 1E 47
Pembroke Rd. BS8 – 1C 36
Pembroke Rd. BS11 – 1A 26
Pembroke Rd. BS15 – 5A 34
Pembroke St. BS2 – 2A 38
Pembroke Vale. BS8 – 2C 36
Penard Way. BS15 – 3B 42
Pendennis Av. BS16 – 3F 33
Pendennis Ho. BS16 – 3F 33
Pendennis Pk. BS4 – 3F 49
Pendennis Rd. BS16 – 3F 33
Pendock Clo. BS15 – 4E 53
Pendock Rd. BS16 – 1D 33
Pendock Rd. BS17 – 5A 8
Penfield Rd. BS2 – 5C 38
Penlea Ct. BS11 – 1F 25
Pennard Ct. BS14 – 3D 57
Penn Dri. BS16 – 3E 21
Penngrove. BS15 – 2C 52
Pennine Rd. BS15 – 1E 53
Pennlea. BS13 – 1E 55
Penn St. BS1 – 3A 38
Pennywell Rd. BS5 – 3B 38
Pen Pk Rd. BS10 – 2E 17
Penpole Av. BS11 – 1A 26
Penpole Clo. BS11 – 5F 13
Penpole La. BS11 – 5F 13
Penpole Pl. BS11 – 1A 26
Penrith Gdns. BS10 – 4F 17
Penrose. BS14 – 1B 56
Pensfield Pk. BS10 – 1F 17
Pensford Ct. BS14 – 3F 57
Pentagon, The. BS9 – 2D 27
Pentire Av. BS13 – 1C 54
Pepys Clo. BS18 – 5F 61
Percival Rd. BS8 – 3B 36
Perrinpit Rd. BS17 – 1B 8
Perrott Rd. BS15 – 2C 42
Perry Clo. BS17 – 5A 8
Perrycroft Av. BS13 – 2C 54
Perrycroft Rd. BS13 – 2C 54
Perryman's Clo. BS16 – 2C 32

Perry Rd. BS1 – 3E 37
Perry St. BS5 – 2C 38
Pesley Clo. BS13 – 4C 54
Petercole Dri. BS13 – 2C 54
Peterson Sq. BS13 – 4E 55
Peter's Ter. BS5 – 3D 39
Peter St. BS1 – 3A 38
Petersway Gdns. BS5 – 4C 40
Petherton Clo. BS15 – 3A 42
Petherton Gdns. BS14 – 1D 57
Petherton Rd. BS14 – 5D 49
Petticoat La. BS1 – 4A 38
Pettigrove Gdns. BS15 – 4A 42
Pettigrove Rd. BS15 – 4F 41
Pevensey Wlk. BS4 – 5F 47
Peverell Clo. BS10 – 1B 16
Peverell Dri. BS10 – 2B 16
Philadelphia Ct. BS1 – 3A 38
Philippa Clo. BS14 – 1C 56
Philip St. BS2 – 5D 39
Philip St. BS3 – 1F 47
Phippen St. BS1 – 5A 38
Phipps St. BS3 – 1D 47
Phoenix Gro. BS6 – 2E 29
Fhoenix Ho. BS5 – 4D 39
Picton La. BS6 – 1A 38
Picton St. BS6 – 1A 38
Pigott Av. BS13 – 4C 54
Pile Marsh. BS5 – 3F 39
Pilgrims Way. BS11 – 5E 13
Pilgrims Way. BS16 – 4F 21
Pilkington Clo. BS12 – 2E 19
Pillingers Rd. BS15 – 3E 41
Pill Rd. BS20 – 4F 25
Pill St. BS20 – 3F 25
Pine Ct. BS18 – 4E 59
Pinecroft. BS14 – 1B 56
Pine Gro. BS7 – 3C 18
Pine Gro Pl. BS7 – 5F 29
Pine Ridge Clo. BS9 – 3E 27
Pine Rd. BS10 – 2D 17
Pines Rd. BS15 – 4E 53
Pines, The. BS9 – 4F 27
Pinewood. BS15 – 1B 42
Pinewood Clo. BS9 – 5D 17
Pinhay Rd. BS13 – 2D 55
Pinkhams Twist. BS14 – 2C 56
Pipe La. BS1 – 4E 37
(Frogmore St)
Pipe La. BS1 – 5A 38
(Victoria St)
Piper Rd. BS17 – 1C 10
Pippin Ct. BS15 – 1B 52
Pitch & Pay La. BS9 – 4A 28
Pitch & Pay Pk. BS9 – 4A 28
Pitchcombe. BS17 – 4A 10
Pitchcombe Gdns. BS9 – 5F 15
Pitch La. BS6 – 1F 37
Pithay. BS1 – 3F 37
Pithay Ct. BS1 – 3F 37
Pitt Rd. BS7 – 2A 30
Pixash La. BS18 – 3D 61
Players Clo. BS16 – 1D 21
Playford Gdns. BS11 – 5A 14
Pleasant Ho. BS16 – 3F 33
Pleasant Rd. BS16 – 2F 33
Plummers Hill. BS5 – 2A 40
Plumpton Ct. BS16 – 4B 22
Polden Ho. BS3 – 2F 47
Polly Barnes Hill. BS5 – 5D 41
Polygon Rd. BS8 – 4B 36
Polygon, The. BS8 – 4B 36
Pomfret Gdns. BS13 – 4F 55
Pomfrett Gdns. BS14 – 3A 58
Pomphrey Hill. BS17 – 3D 35
Ponsford Rd. BS4 – 4D 49
Ponting Clo. BS5 – 1C 40
Poole St. BS11 – 4D 13
Pool Rd. BS15 – 5A 34
Poplar Av. BS9 – 1F 27

Poplar Clo. BS15 – 5E 43
Poplar Pl. BS16 – 5C 32
Poplar Rd. BS5 – 1B 40
Poplar Rd. BS5 & BS15 – 5C 40
Poplar Rd. BS13 – 1B 54
Poplar Rd. BS15 – 5E 43
Poplars, The. BS20 – 3E 25
Poplar Ter. BS15 – 2A 42
Porlock Rd. BS3 – 2F 47
Portbury By-Pass. BS20 – 4A 24
Portbury Gro. BS11 – 1F 25
Portbury La. BS20 – 4A 24
Portbury Wlk. BS11 – 1F 25
Portishead Way. BS3 – 2A 46
Portland Ct. BS1 – 5D 37
Portland Pl. BS16 – 4F 33
Portland Sq. BS2 – 2A 38
Portland St. BS2 – 2E 37
Portland St. BS8 – 3B 36
Portland St. BS16 – 4F 33
Portmeirion Clo. BS14 – 3C 56
Port View. BS20 – 3E 25
Portview Rd. BS11 – 4D 13
Portwall La. BS1 – 5A 38
Portwall La. E. BS1 – 5A 38
Portway. BS11 BS9 & BS8 – 5E 13 to 3A 36
Portway La. BS17 – 2F 11
Post Office La. BS5 – 2A 40
Pound Dri. BS16 – 3B 32
Pound La. BS16 – 3B 32
Pound Rd. BS15 – 5A 34
Pountney Dri. BS5 – 2D 39
Pow's Rd. BS15 – 3F 41
Poynte Ct. BS15 – 2B 52
Poyntz Rd. BS4 – 5B 48
Prattens La. BS16 – 3F 33
Preddy's La. BS5 – 4C 40
Prescott. BS17 – 4A 10
Press Moor Dri. BS15 – 1B 52
Prestbury. BS17 – 4A 10
Preston Wlk. BS4 – 4C 48
Prestwick Clo. BS4 – 4F 49
Pretoria Rd. BS12 – 2B 6
Prewett St. BS1 – 5A 38
Priddy Ct. BS14 – 3D 57
Priddy Dri. BS14 – 3D 57
Priestwood Clo. BS10 – 2C 16
Primrose Clo. BS15 – 2E 41
Primrose La. BS15 – 2E 41
Primrose Ter. BS15 – 2E 41
Princes' Bldgs. BS8 – 4B 36
Princes Ct. BS15 – 1B 52
Princes' La. BS8 – 4B 36
Prince's Pl. BS7 – 4A 30
Princess Clo. BS18 – 3A 60
Princess Gdns. BS16 – 2F 31
Princess Row. BS2 – 2F 37
Princess St. BS2 – 4C 38
Princess St. BS3 – 1A 48
Prince's St. BS2 – 2B 38
Princess Victoria St. BS8 – 4B 36
Prince St. BS1 – 5F 37
Priors Lea. BS17 – 2B 10
Priory Av. BS9 – 1C 28
Priory Ct. BS15 – 1E 51
Priory Ct Rd. BS9 – 1C 28
Priory Dene. BS9 – 5C 16
Priory Gdns. BS11 – 1F 25
Priory Gdns. BS20 – 4D 25
Priory Rd. BS4 – 3D 49
Priory Rd. BS8 – 3D 37
Priory Rd. BS11 – 1F 25
Priory Rd. BS18 – 1A 60
Priory Rd. BS20 – 4D 25
(Easton-in-Gordano)
Priory Rd. BS20 – 4A 24
(Portbury)
Priory Wlk. BS20 – 4A 24
Pritchard St. BS2 – 2A 38

Probyn Clo. BS16 – 5C 20
Pro-Cathedral La. BS8 – 3D 37
Procter Clo. BS4 – 4F 49
Promenade, The. BS7 – 5F 29
Promenade, The. BS8 – 2B 36
Prospect Av. BS2 – 2F 37
Prospect Av. BS15 – 1D 41
Prospect Clo. BS17 – 2B 8
Prospect Cres. BS15 – 5B 34
Prospect La. BS17 – 2B 8
Prospect Pl. BS5 – 2E 39
Prospect Pl. BS6 – 1F 37
Prospect Pl. BS7 – 5B 18
Providence La. BS18 – 2B 44
Providence Pl. BS2 – 4B 38
Providence Pl. BS3 – 2F 47
Providence Pl. BS5 – 3E 39
Providence View. BS18 – 3C 44
Prudham St. BS5 – 1E 39
Pullin Ct. BS15 – 1F 53
Pump La. BS1 – 5A 38
Pump Sq. BS20 – 3F 25
Purcell Wlk. BS4 – 1F 55
Purdey Rd. BS16 – 4B 32
Purdown Rd. BS7 – 3B 30
Purton Clo. BS15 – 4A 42
Purton Rd. BS7 – 5F 29
Puxley Clo. BS14 – 2A 58
Pyecroft Av. BS9 – 1D 29
Pylle Hill Cres. BS3 – 1B 48
Pynne Clo. BS14 – 2A 58
Pynne Rd. BS14 – 2A 58
Pyracyntha Wlk. BS14 – 2C 56

Quadrant E. BS16 – 5E 33
Quadrant, The. BS6 – 4D 29
Quadrant W. BS16 – 5E 33
Quakers Clo. BS16 – 4F 21
Quakers Friars. BS1 – 3A 38
Quaker's Rd. BS16 – 4F 21
Quantock Clo. BS15 – 5E 43
Quantock Rd. BS3 – 2F 47
Quarrington Rd. BS7 – 2A 30
Quarry Barton. BS16 – 1E 21
Quarry La. BS11 – 3F 15
Quarry La. BS17 – 1A 22
Quarry Rd. BS15 – 4F 41
Quarry Rd. BS16 – 5D 21
Quarry Rd. BS17 – 3E 11
Quarry Steps. BS8 – 5C 28
Quay St. BS1 – 3F 37
Quedgeley. BS17 – 4A 10
Queen Ann Rd. BS5 – 4D 39
Queen Charlotte St. BS1 – 4F 37
Queen Charlton La. BS14 & BS18 – 5F 57 to 5C 58
Queen's Av. BS8 – 3D 37
Queensdale Cres. BS4 – 4C 48
Queensdown Gdns. BS4 – 2E 49
Queen's Dri. BS7 – 3E 29
Queens Dri. BS15 – 1D 51
Queenshill Rd. BS4 – 3C 48
Queensholm Av. BS16 – 4A 22
Queensholm Clo. BS16 – 4A 22
Queensholm Cres. BS16 – 4F 21
Queensholm Dri. BS16 – 4A 22
Queen's Pde. BS1 – 4D 37
Queen Sq. BS1 – 4F 37
Queen Sq Av. BS1 – 4F 37
Queens Rd. BS4 – 3E 49
Queen's Rd. BS5 – 3B 40
Queen's Rd. BS7 – 3B 30
Queen's Rd. BS8 – 3C 36
Queens Rd. BS13 – 4B 54
Queens Rd. BS15 – 1C 52
Queens Rd. BS18 – 3F 59
Queen St. BS2 – 3A 38
Queen St. BS5 – 5F 31
Queen St. BS11 – 4C 12
Queen St. BS15 – 3D 41

Queensway. BS12 – 4E 7
Queen Victoria Rd. BS6 – 3C 28
Queen Victoria St. BS2 – 4C 38
Quickthorn Clo. BS14 – 2C 56
Quilter Gro. BS4 – 1F 55

Rackham Clo. BS7 – 2D 31
Rackhay. BS1 – 4F 37
Radley Rd. BS16 – 3D 33
Radnor Rd. BS7 – 3F 29
Radnor Rd. BS9 – 2D 29
Raeburn Rd. BS5 – 4D 41
Raglan La. BS5 – 3C 40
Raglan Pl. BS7 – 5F 29
Raglan Rd. BS7 – 5F 29
Raglan Wlk. BS18 – 3F 59
Railway Ter. BS16 – 3E 33
Raleigh Clo. BS18 – 5E 61
Raleigh Rd. BS3 – 1C 46
Ralph Rd. BS7 – 3B 30
Ram Hill. BS17 – 5E 9 to 1F 23
Ramsey Rd. BS7 – 5B 18
Randall Clo. BS15 – 5B 34
Randall Rd. BS8 – 4C 36
Randolph Av. BS13 – 3D 55
Randolph Clo. BS13 – 3D 55
Rangers Wlk. BS15 – 1E 51
Rannock Rd. BS7 – 3B 18
Rathbone Clo. BS17 – 5E 9
Ravendale Dri. BS15 – 2D 53
Ravenglass Cres. BS10 – 3E 17
Ravenhead Dri. BS14 – 5D 49
Ravenhill Av. BS3 – 3B 48
Ravenhill Rd. BS3 – 2B 48
Ravenscourt Rd. BS12 – 3D 7
Ravenswood. BS15 – 2C 52
Ravenswood Rd. BS6 – 1E 37
Rayens Clo. BS18 – 4B 44
Rayens Cross Rd. BS18 – 4B 44
Rayleigh Rd. BS9 – 1A 28
Raymend Rd. BS3 – 2A 48
Raymend Wlk. BS3 – 2A 48
Raymill. BS4 – 3C 50
Raymore Rise. BS18 – 4B 44
Raynes Rd. BS3 – 2C 46
Rectory Clo. BS17 – 1C 10
Rectory Gdns. BS10 – 3A 16
Rectory Rd. BS17 – 2C 8
Rectory Rd. BS20 – 4D 25
Redcatch Rd. BS3 & BS4 – 2B 48
Redcliffe Way. BS1 – 4F 37
Redcliff Hill. BS1 – 5A 38
Redcliff Mead La. BS1 – 5A 38
Redcliff Pde. BS1 – 5F 37
Redcliff St. BS1 – 4A 38
Redcross La. BS2 – 3B 38
Redcross St. BS2 – 3B 38
Redding Rd. BS5 – 5D 31
Reddings, The. BS15 – 5B 34
Redfield Hill. BS15 – 1F 53
Redfield Rd. BS12 – 3D 7
Redford Cres. BS13 – 4A 54
Redford Wlk. BS13 – 4B 54
Redhill Clo. BS16 – 4A 32
Redhill Dri. BS16 – 4A 32
Red Ho La. BS9 – 1A 28
Redland Ct Rd. BS6 – 5E 29
Redland Grn Rd. BS6 – 5D 29
Redland Gro. BS6 – 5E 29
Redland Hill. BS6 – 5C 28
Redland Pk. BS6 – 1D 37
Redland Rd. BS6 – 4D 29 to 1F 37
Redland Ter. BS6 – 5D 29
Redlynch La. BS18 – 5E 59
Redshelf Wlk. BS10 – 1E 17
Redwick Clo. BS11 – 3E 15
Redwing Gdns. BS16 – 2A 32
Redwood Clo. BS15 – 2C 52
Reedley Rd. BS9 – 3A 28

Reedling Clo. BS16 – 2A 32
Regency Dri. BS4 – 2C 50
Regent Rd. BS3 – 1F 47
Regent St. BS8 – 4C 36
Regent St. BS15 – 2F 41
Remenham Dri. BS9 – 3D 29
Rene Rd. BS5 – 1D 39
Repton Rd. BS4 – 2E 49
Retort Rd. BS11 – 2E 13
Reynolds Clo. BS18 – 2B 60
Reynolds Wlk. BS7 – 5C 18
Rhode Clo. BS18 – 5C 60
Richeson Clo. BS10 – 3B 16
Richeson Wlk. BS10 – 3B 16
Richmond Av. BS6 – 5B 30
Richmond Clo. BS18 – 4F 59
Richmond Dale. BS8 – 5C 28
Richmond Hill. BS8 – 3D 37
Richmond Hill Av. BS8 – 3D 37
Richmond La. BS8 – 3C 36
Richmond M. BS8 – 3C 36
Richmond Pk Rd. BS8 – 3C 36
Richmond Rd. BS5 – 3A 40
Richmond Rd. BS6 – 1A 38
Richmond Rd. BS17 – 2C 34
Richmond St. BS3 – 1B 48
Richmond Ter. BS8 – 3C 36
Richmond Ter. BS11 – 3D 13
Ride, The. BS15 – 1B 42
Ridgehill. BS9 – 2E 29
Ridgemeade. BS14 – 3D 57
Ridge, The. BS11 – 1A 26
Ridge, The. BS17 – 3E 9
Ridgeway. BS17 – 2D 11
(Chipping Sodbury)
Ridgeway. BS17 – 3E 9
(Frampton Cotterell)
Ridgeway Ct. BS10 – 3C 16
Ridgeway Gdns. BS14 – 3E 57
Ridgeway La. BS14 – 3D 57
Ridgeway Pde. BS5 – 5A 32
Ridgeway Rd. BS16 – 5A 32
Ridgeway Rd. BS18 – 4C 44
Ridgeway, The. BS10 – 3C 16
Ridgewood. BS9 – 5F 27
Ridgewood. BS17 – 2D 11
Ridingleaze. BS11 – 4C 14
Ridings Rd. BS17 – 4E 9
Ridings, The. BS13 – 4A 54
Ridings, The. BS17 – 4E 9
Ringwood Cres. BS10 – 3F 17
Ripley Rd. BS5 – 1C 40
Ripon Rd. BS4 – 4A 40
Risdale Rd. BS3 – 4A 46
Riverland Dri. BS13 – 3B 54
Riverleaze. BS9 – 2E 27
River Rd. BS17 – 3D 11
River Rd. BS20 – 4A 12
Riverside Clo. BS11 – 2B 26
Riverside Rd. BS16 – 1E 33
Riverside Way. BS15 – 2D 51
River St. BS2 – 3B 38
River View. BS16 – 2A 32
Riverwood Rd. BS16 – 4E 21
Riviera Cres. BS16 – 4A 34
Robel Av. BS17 – 1B 8
Robertson's Rd. BS5 – 5D 31
Robert St. BS5 – 1D 39
(Lower Easton)
Robert St. BS5 – 3D 39
(Russell Town)
Robina Wlk. BS14 – 1B 56
Robin Clo. BS14 – 2F 57
Robin Hood La. BS2 – 3E 37
Robinson Dri. BS5 – 2C 38
Robin Way. BS17 – 4D 11
Rochester Rd. BS4 – 5A 40
Rock Clo. BS4 – 3A 50
Rockhill Caravan Site. BS18 – 3B 60
Rock Ho. BS10 – 2E 17

Rockingham Ho. BS11 – 4C 14
Rockland Gro. BS16 – 2F 31
Rockland Rd. BS16 – 1E 33
Rock La. BS12 – 1B 20
Rockleaze. BS9 – 5A 28
Rockleaze Av. BS9 – 5A 28
Rockleaze Ct. BS9 – 5A 28
Rockleaze Rd. BS9 – 5A 28
Rock Rd. BS18 – 2A 60
Rockside Av. BS16 – 4B 22
Rockside Dri. BS9 – 1D 29
Rockside Gdns. BS16 – 4B 22
Rockside Gdns. BS17 – 2E 9
Rockstowes Way. BS10 – 1F 17
Rock, The. BS4 – 2A 50
Rocktowers Way. BS10 – 1F 17
Rockwell Av. BS11 – 4D 15
Rodborough. BS17 – 5A 10
Rodborough Way. BS15 – 3C 42
Rodbourne Rd. BS10 – 1F 29
Rodford Way. BS17 – 4A 10
Rodgers Clo. BS15 – 5D 43
Rodmead Wlk. BS13 – 4C 54
Rodney Av. BS15 – 2C 40
Rodney Cres. BS12 – 1C 18
Rodney Pl. BS8 – 3C 36
Rodney Rd. BS15 – 1C 40
Rodney Wlk. BS15 – 2C 40
Rodway Hill. BS17 – 3C 34
Rodway Hill Rd. BS17 – 3C 34
Rodway Rd. BS12 – 2B 6
Rodway Rd. BS17 – 2C 34
Rodway View. BS15 – 4A 34
Rokeby Av. BS6 – 1E 37
Roman Rd. BS5 – 1D 39
Roman Wlk. BS12 – 5F 7
Roman Way. BS9 – 3E 27
Romney Av. BS7 – 2D 31
Ronald Rd. BS16 – 1B 32
Ronaldson. BS15 – 3E 53
Ronayne Wlk. BS16 – 2E 33
Rookery Rd. BS4 – 2B 48
Rookery Way. BS14 – 4B 56
Rose Acre. BS10 – 1C 16
Roseberry Pk. BS5 – 2F 39
Roseberry Rd. BS5 – 3E 39
Roseberry Ter. BS8 – 4D 37
Rosebery Av. BS2 – 1C 38
Rose Clo. BS17 – 1A 22
Rosedale Rd. BS16 – 4D 33
Rose Grn. Clo. BS5 – 1A 40
Rose Grn Rd. BS5 – 5F 31
Rose La. BS17 – 3E 9
Roselarge Gdns. BS10 – 2C 16
Rosemary La. BS5 – 5E 31
Rose Mead. BS7 – 5C 18
Rosemeare Gdns. BS13 – 1A 54
Rosemont Ter. BS8 – 4C 36
Rose Oak La. BS17 – 3F 9
Rose Rd. BS5 – 3A 40
Rosery Clo. BS9 – 5C 16
Rosery, The. BS16 – 4E 33
Rose St. BS5 – 1A 38
Roseville Av. BS15 – 3C 52
Rose Wlk. BS16 – 4E 33
Rosling Rd. BS7 – 1A 30
Roslyn Rd. BS6 – 1E 37
Rossall Av. BS12 – 3E 7
Rossall Rd. BS4 – 2F 49
Rossiter's La. BS5 – 4C 40
Rounceval St. BS17 – 3E 11
Roundmoor Clo. BS18 – 5F 61
Roundmoor Gdns. BS14 – 1F 57
Roundways. BS17 – 4E 9
Rousham Rd. BS5 – 4C 30
Rowacres. BS14 – 2B 56
Rowan Clo. BS16 – 5C 32
Rowan Ct. BS5 – 3D 39
Rowan Wlk. BS18 – 4E 59

Rowan Way. BS15 – 2D 51
Rowberrow. BS14 – 1B 56
Rowland Av. BS16 – 4E 31
Rowlandson Gdns. BS7 – 1D 31
Rowley St. BS3 – 2E 47
Rownham Clo. BS3 – 1A 46
Rownham Hill. BS8 – 4A 36
Rownham Mead. BS8 – 5C 36
Royal Albert Rd. BS6 – 4C 28
Royal Clo. BS10 – 2F 15
Royal Fort Rd. BS2 – 3E 37
Royal Oak Av. BS1 – 5F 37
Royal Pk. BS8 – 3C 36
Royal Rd. BS17 – 2B 34
Royal York Cres. BS8 – 4B 36
Royal York Vs. BS8 – 4C 36
Royate Hill. BS5 – 5F 31
Roycroft Rd. BS12 – 3D 19
Royston Wlk. BS10 – 3F 17
Rozel Rd. BS7 – 2A 30
Rubens Clo. BS18 – 2C 60
Ruby St. BS3 – 2D 47
Rudford Clo. BS12 – 1D 7
Rudgewood Clo. BS13 – 4F 55
Rudgeleigh Av. BS20 – 3E 25
Rudgeleigh Rd. BS20 – 3E 25
Rudhall Gro. BS10 – 5A 18
Rudthorpe Rd. BS7 – 2A 30
Ruffet Rd. BS17 – 1D 23
Rugby Rd. BS4 – 2F 49
Runnymead Av. BS4 – 3F 49
Runnymede. BS15 – 1A 42
Runswick Rd. BS4 – 2E 49
Rupert St. BS1 – 3F 37
Rupert St. BS5 – 4E 39
Rushton Dri. BS17 – 3F 9
Rushy. BS15 – 1C 52
Ruskin Gro. BS7 – 5C 18
Russell Av. BS15 – 3F 41
Russell Gro. BS6 – 3E 29
Russell Rd. BS6 – 3D 29
Russell Rd. BS16 – 5D 33
Russell Town Av. BS5 – 2D 39
Russ St. BS2 – 4B 38
Rutherford Clo. BS15 – 2C 52
Ruthven Rd. BS4 – 5A 48
Rutland. BS11 – 1A 26
Rutland Av. BS15 – 3C 52
Rutland Rd. BS7 – 4A 30
Ryde Rd. BS4 – 3D 49
Rye Clo. BS13 – 2A 54
Ryecroft Rise. BS18 – 4D 45
Ryecroft Rd. BS17 – 2E 9
Ryedown La. BS15 – 3E 53
Ryland Pl. BS2 – 5C 30
Rylestone Clo. BS17 – 2B 8
Rylestone Gro. BS9 – 3B 28
Rysdale Rd. BS9 – 1B 29

Sabrina Way. BS9 – 4E 27
Sadlier Clo. BS11 – 5C 14
Saffron Clo. BS5 – 2E 39
St Agnes Av. BS4 – 2B 48
St Agnes Wlk. BS4 – 3B 48
St Aidans Clo. BS5 – 4D 41
St Aidans Rd. BS5 – 4C 40
St Albans Rd. BS6 – 3D 29
St Aldwyn's Clo. BS7 – 4B 18
St Andrews. BS17 – 3C 10
St Andrews Ind. Est. BS11 – 2E 13
St Andrew's Rd. BS6 – 1A 38
St Andrew's Rd. BS11 – 4D to
        1E 13
St Annes Av. BS18 – 2F 59
St Anne's Clo. BS15 – 1C 52
St Anne's Dri. BS5 – 3E 53
St Anne's Dri. BS17 – 4E 9
St Anne's Pk Rd. BS4 – 5A 40
St Anne's Rd. BS4 – 4F 39
St Anne's Rd. BS5 – 4D 41

St Anne's Ter. BS4 – 5A 40
St Aubin's Av. BS4 – 2B 50
St Augustine's Pde. BS1 – 4F 37
St Barnabas Av. BS15 – 3E 43
St Barnabas Clo. BS4 – 4B 48
St Bartholomew's Rd. BS7 – 4B 30
St Bede's Rd. BS15 – 5E 33
St Bernard's Rd. BS11 – 2A 26
St Brelade's Gro. BS4 – 5A 40
St Brendan's Way. BS11 – 4D 13
St Briavel's Dri. BS17 – 4A 10
St Catherine's Mead. BS20 – 5F 25
St Catherine's Pl. BS3 – 1F 47
St Clement's Rd. BS18 – 4A 60
        (in two parts)
St David's Av. BS15 – 5C 42
St David's Cres. BS4 – 4B 40
St Dunstan's Rd. BS3 – 3E 47
St Edward's Rd. BS8 – 4D 37
St Edyth's Rd. BS9 – 2E 27
St Fagan's Ct. BS15 – 3D 53
St Francis Dri. BS17 – 4B 8
St Francis Rd. BS3 – 1C 46
St Francis Rd. BS18 – 2E 59
St Gabriel's Rd. BS5 – 2D 39
St George's Hill. BS20 – 4C 24
St George's Rd. BS1 – 4D 37
St George's Rd. BS18 – 2F 59
St George's Rd. BS20 – 1A 24
St Gregory's Rd. BS7 – 4B 18
St Gregory's Wlk. BS7 – 4B 18
St Helena Rd. BS6 – 4D 29
St Helen's Dri. BS15 – 3E 53
St Helen's Wlk. BS5 – 1C 40
St Helier Av. BS4 – 1B 50
St Hilary Clo. BS9 – 3F 27
St Ivel Way. BS15 – 4E 43
St James Barton. BS1 – 3A 38
St James Pde. BS1 – 3F 37
St James Pl. BS17 – 3C 34
St James St. BS17 – 2C 34
St John's Bldgs. BS3 – 1F 47
St John's Ct. BS18 – 2A 60
St John's Cres. BS3 – 3A 48
St John's La. BS3 – 3F 47 to 2B 48
St John's Rd. BS3 – 2E 47
        (Bedminster)
St John's Rd. BS3 – 1F 47
        (Southville)
St John's Rd. BS8 – 1C 36
St John's St. BS3 – 2E 47
St John's Way. BS17 – 2E 11
St Joseph's Rd. BS10 – 2D 17
St Kenya Rd. BS18 – 2A 60
St Ladoc Rd. BS18 – 2F 59
St Laud Clo. BS9 – 2F 27
St Leonard's Rd. BS5 – 1E 39
St Leonard's Rd. BS7 – 2A 30
St Loe Clo. BS14 – 4B 56
St Lucia Clo. BS7 – 5A 18
St Lucia Cres. BS7 – 5A 18
St Luke's Cres. BS3 – 1B 48
St Luke's Gdns. BS4 – 3A 50
St Luke's Rd. BS3 – 1A & 1B 48
St Luke's Steps. BS3 – 1B 48
St Luke St. BS5 – 3D 39
St Margaret's Clo. BS18 – 2F 59
St Margaret's Dri. BS9 – 2E 29
St Mark's Av. BS5 – 1E 39
St Mark's Gro. BS5 – 1D 39
St Mark's Rd. BS5 – 1D 39
St Mark's Ter. BS5 – 1D 39
St Martin's. BS18 – 3C 44
St Martin's Gdns. BS4 – 4D 49
St Martin's Rd. BS4 – 3D 49
St Martin's Wlk. BS4 – 3D 49
St Mary's Rd. BS11 – 5E 13
St Mary's Wlk. BS11 – 1F 25
St Mary's Way. BS17 – 1D 11
St Matthew's Av. BS6 – 2F 37

BRISTOL

St Matthew's Rd. BS6 – 2F 37
St Matthias Pk. BS2 – 3B 38
St Michael's Clo. BS17 – 3A 8
St Michael's Ct. BS15 – 2D 41
St Michael's Hill. BS2 – 2E 37
St Michael's Pk. BS2 – 3E 37
St Nicholas Pk. BS5 – 1D 39
St Nicholas Rd. BS2 – 2B 38
St Nicholas Rd. BS14 – 4E 57
St Nicholas St. BS1 – 4F 37
St Oswald's Ct. BS6 – 4D 29
St Oswald's Rd. BS6 – 4D 29
St Paul's Rd. BS3 – 1F 47
St Paul's Rd. BS8 – 3D 37
St Paul St. BS2 – 2A 38
St Peter's Cres. BS17 – .2D 9
St Peter's Rise. BS13 – 1C 54
St Peter's Wlk. BS9 – 2D 29
St Philip's Rd. BS2 – 3C 38
St Ronan's Av. BS6 – 1E 37
St Silas St. BS2 – 5C 38
St Stephen's Av. BS1 – 4F 37
St Stephen's Clo. BS10 – 3E 17
St Stephen's Clo. BS15 – 4A 34
St Stephen's Rd. BS16 – 5F 33
St Stephen's St. BS1 – 4F 37
St Thomas St. BS1 – 4A 38
St Thomas St E. BS1 – 4A 38
St Vincent's Hill. BS6 – 5C 28
St Vincent's Rd. BS8 – 4C 36
St Vincent's Trading Est.
  BS4 – 4E 39
St Werburgh's Pk. BS2 – 5C 30
St Werburgh's Rd. BS2 – 5B 30
St Whyte's Rd. BS4 – 5F 47
Salcombe Rd. BS4 – 4C 48
Salem Rd. BS17 – 3B 8
Salisbury Av. BS15 – 2D 41
Salisbury Gdns. BS16 – 2A 34
Salisbury Rd. BS4 – 5F 39
Salisbury Rd. BS6 – 5F 29
Salisbury Rd. BS16 – 2A 34
Salisbury St. BS5 – 4D 39
  (Barton Hill)
Salisbury St. BS5 – 3A 40
  (Crew's Hole)
Sally Barn Clo. BS15 – 3A 52
Sallysmead Clo. BS13 – 4D 55
Sallys Way. BS17 – 3A 8
Salthrop Rd. BS7 – 4A 30
Saltmarsh Dri. BS11 – 4C 14
Saltwell Av. BS14 – 3E 57
Sambourne La. BS20 – 3E 25
Samian Way. BS12 – 5F 7
Sampsons Rd. BS13 – 4F 55
Samuel St. BS5 – 2E 39
Samuel White Rd. BS15 – 1D 51
Samuel Wright Clo. BS15 – 5F 43
Sanctuary Gdns. BS9 – 4F 27
Sandbach Rd. BS4 – 1F 49
Sandbed Rd. BS2 – 1C 38
Sandburrows Rd. BS13 – 2A 54
Sandburrows Wlk. BS13 – 2B 54
Sandcroft. BS14 – 2B 56
Sandcroft Clo. BS10 – 2A 16
Sandford Rd. BS8 – 5C 36
Sandgate Rd. BS4 – 1F 49
Sand Hill. BS4 – 1E 49
Sandholme Clo. BS16 – 4A 22
Sandholme Rd. BS4 – 1E 49
Sandhurst. BS17 – 4A 10
Sandhurst Clo. BS12 – 1D 7
Sandhurst Rd. BS4 – 1E 49
Sandling Av. BS7 – 1B 30
Sandown Rd. BS4 – 1F 49
Sandown Rd. BS12 – 2E 19
Sandringham Av. BS16 – 4A 22
Sandringham Pk. BS16 – 5A 22
Sandringham Rd. BS4 – 2F 49
Sandringham Rd. BS12 – 5F 7

Sandringham Rd. BS15 – 3B 52
Sands La. BS17 – 1B 8
Sandwich Rd. BS4 – 1F 49
Sandy La. BS5 – 5E 31
Sandyleaze. BS9 – 5A 16
Sandy Lodge. BS17 – 4C 10
Sandy Pk Rd. BS4 – 1E 49
Sarah St. BS5 – 3D 39
Sargent St. BS3 – 1A 48
Sarum Cres. BS10 – 4E 17
Sassoon Ct. BS15 – 5B 42
Satchfield Clo. BS10 – 3B 16
Satchfield Cres. BS10 – 3B 16
Sates Way. BS9 – 2E 29
Saunders Rd. BS16 – 3A 34
Saunton Wlk. BS4 – 5A 48
Saville Ga. Clo. BS9 – 4B 28
Saville Pl. BS8 – 4C 36
Saville Rd. BS9 – 4B 28
Savoy Rd. BS4 – 1F 49
Saxon Rd. BS2 – 1C 38
School Clo. BS12 – 2E 7
School Clo. BS14 – 4B 56
School Rd. BS4 – 3A 50
  (Brislington)
School Rd. BS4 – 2C 48
  (Totterdown)
School Rd. BS15 – 1C 52
  (Cadbury Heath)
School Rd. BS15 – 2D 53
  (Oldland)
School Rd. BS15 – 2E 41
  (Potterswood)
School Rd. BS17 – 2B 8
School Wlk. BS5 – 1F 39
School Wlk. BS17 – 2C 10
Scott Lawrence Clo. BS16 – 1C 32
Sea Bank Rd. BS20 – 4A 12
Seagry Clo. BS10 – 3A 18
Sea Mills La. BS9 – 3E 27
Searle Ct Av. BS4 – 1A 50
Seaton Rd. BS5 – 1E 39
Seawalls Rd. BS9 – 5F 27
Second Way. BS11 – 3F 13
Seddon Rd. BS2 – 5C 30
Sedgefield Gdns. BS16 – 3B 22
Sedgewick. BS11 – 1A 26
Sefton Pk Rd. BS7 – 4B 30
Selborne Rd. BS7 – 3B 30
Selbrooke Cres. BS16 – 1D 33
Selby Rd. BS5 – 1B 40
Selden Rd. BS14 – 2A 58
Selkirk Rd. BS15 – 1E 41
Selley Wlk. BS13 – 2C 54
Selworthy. BS15 – 3A 42
Selworthy Clo. BS18 – 2F 59
Selworthy Rd. BS4 – 3D 49
Seneca Pl. BS5 – 3F 39
Seneca St. BS5 – 3F 39
Serridge La. BS17 – 1E 23
Seventh Av. BS7 – 4D 19
Severn Rd. BS11 – 1E 13
  (Avonmouth)
Severn Rd. BS11 – 1A 26
  (Shirehampton)
Severn Rd. BS20 – 2E 25
Severn Way. BS12 – 1B 6
Severn Way. BS18 – 3B 60
Sevier St. BS2 – 1B 38
Seymour Av. BS7 – 3A 30
Seymour Rd. BS5 – 1C 38
Seymour Rd. BS7 – 3A 30
Seymour Rd. BS15 – 1E 41
Seymour Rd. BS16 – 3F 33
Shadwell Rd. BS7 – 4F 29
Shaftesbury Av. BS6 – 1A 38
Shaftesbury Ter. BS5 – 3F 39
Shakespeare Av. BS7 – 4C 18
Shaldon Rd. BS7 – 3C 30
Shamrock Rd. BS5 – 5F 31

Shanklin Dri. BS12 – 2D 19
Shapcott Clo. BS4 – 4D 49
Sharland Clo. BS9 – 4A 28
Shaw Clo. BS5 – 2D 39
Sheene Rd. BS3 – 2E 47
Sheepscroft. BS13 – 3C 54
Sheepwood Clo. BS10 – 3C 16
Sheepwood Rd. BS10 – 3C 16
Sheldare Barton. BS5 – 3D 41
Sheldrake Dri. BS16 – 2A 32
Shellard Rd. BS12 – 2C 18
Shellards Rd. BS15 – 2B 52
Shelley Clo. BS5 – 2B 40
Shellmoor Av. BS12 – 1D 7
Shellmor Clo. BS12 – 1E 7
Sheppard Rd. BS16 – 2E 33
Shepton Wlk. BS3 – 3E 47
Sherbourne Clo. BS15 – 1B 42
Sherbourne St. BS5 – 3A 40
Sheridan Rd. BS7 – 4C 18
Sheridan Way. BS15 – 2C 52
Sherrin Way. BS13 – 4A 54
Sherston Clo. BS16 – 2D 33
Sherston Rd. BS7 – 2A 18
Sherwell Rd. BS4 – 2A 50
Sherwood Clo. BS18 – 3A 60
Sherwood Rd. BS15 – 2C 40
Sherwood Rd. BS18 – 3A 60
Shetland Rd. BS10 – 4F 17
Shields Av. BS7 – 3C 18
Shilton Clo. BS15 – 3B 42
Shimsey Clo. BS16 – 1E 33
Shipham Clo. BS14 – 3D 57
Ship Hill. BS15 – 5D 41
Ship La. BS1 – 5A 38
Shipley Rd. BS9 – 5C 16
Shire Gdns. BS11 – 5F 13
Shirehampton Rd. BS9 – 1D 27
Shirehampton Rd. BS11 – 1B 26
Shire Way. BS17 – 5A to 4C 10
Shortlands Rd. BS11 – 4C 14
Short La. BS18 – 3C 44
Short St. BS2 – 5C 38
Shortwood Hill. BS17 – 3F 35
Shortwood Rd. BS13 – 4A 56
Shortwood View. BS15 – 2B 42
Shortwood Wlk. BS13 – 4A 56
Showering Rd. BS14 – 3F 57
Shrubbery Cotts. BS6 – 5D 29
Shrubbery Rd. BS16 – 2F 33
Shuter Rd. BS13 – 3B 54
Sidcot. BS4 – 3C 50
Sideland Clo. BS14 – 1A 58
Sidelands Rd. BS16 – 1E 33
Sidmouth Gdns. BS3 – 3F 47
Sidmouth Rd. BS3 – 3F 47
Signal Rd. BS16 – 3A 34
Silbury Rise. BS18 – 5C 60
Silbury Rd. BS3 – 3A 46
Silcox Rd. BS13 – 4E 55
Silklands Gro. BS9 – 1E 27
Silverhill Rd. BS10 – 1A 16
Silver St. BS1 – 3F 37
Silverthorne La. BS2 – 5C 38
Silverton Ct. BS4 – 4B 48
Sion Hill. BS8 – 4B 36
Sion La. BS8 – 3B 36
Sion Pl. BS8 – 3B 36
Sion Rd. BS3 – 2E 47
Sir John's La. BS5 – 3D 31
Siston Clo. BS15 – 5C 34
Siston Comn. BS15 – 1C 42
  (in two parts)
Siston Hill. BS15 – 1D 43
Siston La. BS15 – 2F 43
Siston Pk. BS15 – 5C 34
Sixth Av. BS7 – 4C 18
Skippon Ct. BS15 – 5A 42
Sleep La. BS14 – 4F 57
Slimbridge Clo. BS17 – 5C 10

Walton Rd. BS11 – 1F 25
Walton St. BS5 – 1D 39
Walwyn Gdns. BS13 – 4E 55
Wansbeck Rd. BS18 – 4C 60
Wanscow Wlk. BS9 – 2D 29
Wansdyke Ct. BS14 – 3D 57
Wansdyke Workshops.
   BS18 – 2C 60
Wapping Rd. BS1 – 5F 37
Warden Rd. BS3 – 1E 47
Wardour Rd. BS4 – 5F 47
Ware Ct. BS17 – 5A 8
Warman Clo. BS14 – 2B 58
Warman Rd. BS14 – 2B 58
Warmington Rd. BS14 – 5E 49
Warminster Rd. BS2 – 5C 30
Warner Clo. BS15 – 4B 42
Warns, The. BS15 – 1C 52
Warren Gdns. BS14 – 3A 58
Warren La. BS18 – 4A 44
Warren Rd. BS12 – 2D 19
Warren Way. BS17 – 1C 10
Warrington Rd. BS4 – 3F 49
Warwick Av. BS2 – 1D 39
Warwick Clo. BS15 – 3D 53
Warwick Rd. BS2 – 1D 39
Warwick Rd. BS6 – 1D 37
Warwick Rd. BS18 – 4F 59
Wasborough. BS11 – 1A 26
Washing Pound La. BS14 – 4D 57
Washington Av. BS5 – 1E 39
Watch Ho Rd. BS20 – 3F 25
Watchill Av. BS13 – 1B 54
Watchill Rd. BS13 – 1B 54
Waterbridge Rd. BS13 – 3B 54
Watercress Rd. BS2 – 4B 30
Waterdale Clo. BS9 – 5E 17
Waterdale Gdns. BS9 – 5E 17
Waterford Rd. BS9 – 2D 29
Water La. BS1 – 4A 38
Water La. BS3 – 2B 48
Water La. BS4 – 4F to 3F 49
Water La. BS15 – 3D 51
Water La. BS20 – 3F 25
Waterloo Pl. BS2 – 3B 38
Waterloo Rd. BS2 – 3B 38
Waterloo St. BS2 – 3B 38
Waterloo St. BS8 – 3B 36
Watermore Clo. BS17 – 2E 9
Waterside Dri. BS12 – 1C 6
Water's La. BS9 – 5C 16
Waters Rd. BS15 – 2E 41
Wathen Rd. BS6 – 5B 30
Wathen St. BS16 – 3F 33
Watkins Yd. BS5 – 5C 16
Watley's End Rd. BS17 – 3A 8
Watling Way. BS11 – 5F 13
Watson Av. BS4 – 1F 49
Watsons Rd. BS15 – 2B 52
Wavell Clo. BS17 – 1B 10
Waveney Rd. BS18 – 4C 60
Waverley Rd. BS6 – 1E 37
Waverley Rd. BS11 – 1A 26
Waverley St. BS2 – 1C 38
Wayfarer. BS10 – 4D 5
Wayford Clo. BS15 – 5C 60
Wayleaze. BS17 – 3F 9
Wayside Clo. BS17 – 3D 9
Weare Ct. BS1 – 5C 36
Webb Clo. BS15 – 4B 42
Webbs Heath. BS15 – 1F 43 to
   3F 43
Webb St. BS5 – 2C 38
Wedgewood Clo. BS14 – 3D 57
Wedgewood Rd. BS16 – 4F 21
Wedmore Clo. BS15 – 3A 42
Wedmore Rd. BS18 – 4F 61
Wedmore Vale. BS3 – 3A 48
Weedon Clo. BS2 – 5C 30
Weight Rd. BS5 – 3E 39

Weir La. BS8 – 1B 44
Welland Rd. BS18 – 3B 60
Well Clo. BS18 – 4D 45
Wellgarth Rd. BS4 – 3C 48
Wellgarth Wlk. BS4 – 3C 48
Well Ho Clo. BS9 – 5A 28
Wellington Av. BS6 – 1A 38
Wellington Cres. BS7 – 1A 30
Wellington Dri. BS9 – 1F 29
Wellington Hill. BS7 – 2A 30
Wellington Hill W. BS9 – 1E 29
Wellington La. BS6 – 1A 38
Wellington Pk. BS8 – 1C 36
Wellington Pl. BS16 – 4D 21
Wellington Rd. BS2 – 3B to 1C 38
Wellington Rd. BS15 – 1F 41
Wellington Rd. BS17 – 1B 10
Wellington Ter. BS8 – 4B 36
Wellington Wlk. BS10 – 5E 17
Wells Clo. BS14 – 3E 57
Wells Rd. BS4 & BS14 – 1B 48 to
   3E 57
Wells St. BS3 – 1C 46
Wellstead Av. BS17 – 3A 10
Wellsway. BS18 – 3B 60
Welsford Av. BS16 – 3F 31
Welsford Rd. BS16 – 3E 31
Welsh Back. BS1 – 4F 37
Welton Wlk. BS15 – 1E 41
Wenmore Clo. BS16 – 4F 21
Wentforth Dri. BS15 – 5E 33
Wentworth. BS17 – 3C 10
Wentworth Rd. BS7 – 4F 29
Wesley Av. BS15 – 5F 41
Wesley Clo. BS5 – 1F 39
Wesley Clo. BS16 – 4F 33
Wesley Hill. BS15 – 1F 41
Wesley La. BS15 – 5D 43
Wesley Pl. BS8 – 5C 28
Wesley St. BS3 – 2E 47
Wesley Rd. BS7 – 4A 30
Wessex Av. BS7 – 1B 30
Wessex Ho. BS2 – 4A 38
Westacre Clo. BS10 – 3C 16
Westbourne Av. BS18 – 2A 60
Westbourne Cotts. BS16 – 5D 21
Westbourne Gro. BS3 – 2E 47
Westbourne Pl. BS8 – 3D 37
Westbourne Rd. BS5 – 2D 39
Westbourne Rd. BS16 – 5B 22
W. Broadway. BS9 – 1F 29
Westbrooke Ct. BS1 – 5C 36
Westbrook Rd. BS4 – 5F 49
Westbury Ct Rd. BS9 – 5C 16
Westbury Hill. BS9 – 5C 16
Westbury La. BS9 – 1D 27
Westbury Pk. BS6 – 3C 28
Westbury Rd. BS9 & BS6 – 1C to
   5C 28
W. Coombe. BS9 – 1F 27
Westcourt Dri. BS15 – 1D 53
W. Croft. BS9 – 1E 29
W. Dene. BS9 – 2A 28
W. Dock Rd. BS20 – 1A 24
W. End. BS2 – 2F 37
W. End. BS3 – 5E 37
Westering Clo. BS17 – 3C 34
Westerleigh Rd. BS16 – 1B 34
Westerleigh Rd. BS16 &
   BS17 – 1A 34 to 2F 23
Westerleigh Rd. BS17 – 4A 10
Western Av. BS17 – 1C 8
Western Dri. BS14 – 1A 56
Western Rd. BS7 – 1A 30
Westfield Clo. BS15 – 5F 41
Westfield Clo. BS18 – 3E 59
Westfield Pk. BS6 – 1D 37
Westfield Pl. BS8 – 3B 36
Westfield Rd. BS9 – 5C 16
West Gro. BS6 – 1B 38

Westland Av. BS15 – 1E 53
Westleigh Clo. BS17 – 2A 10
Westleigh Pk. BS14 – 5C 48
Westleigh Rd. BS10 – 3E 17
W. Mall. BS8 – 4B 36
Westmead Rd. BS5 – 3D 41
Westminster Clo. BS9 – 5C 16
Westminster Rd. BS5 – 2F 39
Westmoreland Rd. BS6 – 5D 29
Westmorland Ho. BS6 – 5C 28
Weston Av. BS5 – 3F 39
Weston Clo. BS9 – 1E 27
Weston Cres. BS7 – 1A 30
Westonian Ct. BS9 – 3E 27
Weston Rd. BS19 & BS18 – 5A 44
Westons Way. BS15 – 3B 42
Westover Clo. BS9 – 4B 16
Westover Dri. BS9 – 4C 16
Westover Gdns. BS9 – 4B 16
Westover Rise. BS9 – 4C 16
Westover Rd. BS9 – 4B 16
West Pde. BS9 – 1E 27
W. Park. BS8 – 2D 37
W. Park Rd. BS16 – 2A 34
W. Priory Clo. BS9 – 1C 28
W. Ridge. BS17 – 3D 9
W. Rocke Av. BS9 – 1F 27
W. Shrubbery. BS6 – 5D 29
West St. BS2 – 3B 38
West St. BS3 – 3D 47
West St. BS15 – 2F 41
W. Town Av. BS4 – 4F 49
W. Town Dri. BS4 – 4F 49
W. Town Gro. BS4 – 4F 49
W. Town La. BS14 & BS4 – 5E 49
W. Town Pk. BS4 – 4F 49
W. Town Rd. BS11 – 1E 25 & 5E 13
W. View. BS17 – 1B 34
W. View Rd. BS3 – 2D 47
W. View Rd. BS18 – 2A 60
West Wlk. BS17 – 2C 10
Westward Dri. BS20 – 4E 25
. Westward Gdns. BS18 – 3D 45
Westward Rd. BS13 – 1B 54
Westwood Cres. BS4 – 5F 39
Westwood Rd. BS4 – 5F 49
Wetherell Pl. BS8 – 3D 37
Wexford Rd. BS4 – 4F 47
Weymouth Rd. BS3 – 3F 47
Wharf Rd. BS16 – 4B 32
Wharncliffe Clo. BS14 – 3D 57
Wharncliffe Gdns. BS14 – 3D 57
Whatley Rd. BS8 – 1D 37
Wheathill Clo. BS18 – 2E 59
Whitby Rd. BS4 – 1E 49
Whinchat Gdns. BS16 – 2B 32
Whippington Ct. BS1 – 3A 38
Whitchurch La. BS13 – 2C 54 &
   2E 55
Whitchurch La. BS14 – 2F 55 to
   4D 57
Whitchurch Rd. BS13 – 2C 54
Whitecroft Way. BS15 – 3C 42
Whitecross Av. BS14 – 2E 57
Whitefield Av. BS5 – 1C 40
Whitefield Rd. BS5 – 1B 40
Whitefields. BS17 – 3F 11
Whitefriars. BS1 – 3F 37
Whitehall Av. BS5 – 1A 40
Whitehall Gdns. BS5 – 2F 39
Whitehall Rd. BS5 – 2E 39
Whitehall Trading Est. BS5 – 2E 39
White Hart Steps. BS8 – 4D 37
Whitehouse La. BS3 – 2F 47
Whitehouse Pl. BS3 – 1A 48
Whitehouse St. BS3 – 1A 48
Whiteladies Rd. BS8 – 1D 37
Whiteleaze. BS10 – 5E 17
White Lodge Rd. BS16 – 3B 34
Whitemead Ho. BS3 – 2C 46

White's Hill. BS5 – 4C 40
Whiteshill. BS16 – 2E 21
White St. BS5 – 2B 38
White Tree Rd. BS9 – 3D 29
Whiteway Clo. BS5 – 2C 40
Whiteway M. BS5 – 2C 40
Whiteway Rd. BS5 & BS15 – 2B 40
Whitewood Rd. BS5 – 1B 40
  (in two parts)
Whitfield Av. BS15 – 5F 41
Whitfield Clo. BS16 – 5F 33
Whiting Rd. BS13 – 4C 54
Whitland Av. BS13 – 2D 55
Whitland Rd. BS13 – 2D 55
Whitmead Gdns. BS13 – 4E 55
Whitmore Av. BS4 – 2C 50
Whitson St. BS1 – 3F 37
Whittington Rd. BS16 – 1D 33
Whittock Rd. BS14 – 3F 57
Whittock Sq. BS14 – 1F 57
Whittucks Clo. BS15 – 1F 51
Whittucks Rd. BS15 – 2E 51
Whitwell Rd. BS14 – 5D 49
Whytes Clo. BS9 – 5C 16
Wick Cres. BS4 – 2F 49
Wicket, The. BS5 – 3F 39
Wicketts, The. BS12 – 3B 18
Wickham Ct. BS16 – 3F 31
Wickham Glen. BS16 – 3F 31
Wickham Hill. BS16 – 3F 31
Wickham View. BS16 – 3F 31
Wick Ho. Clo. BS18 – 4F 61
Wicklow Rd. BS4 – 5A 48
Wick Rd. BS4 – 3F 49 to 5A 40
Wickwar Rd. BS17 – 1E 11
Widcombe. BS14 – 2C 56
Widcombe Clo. BS5 – 3C 40
Wigton Cres. BS10 – 3E 17
Wilbye Gro. BS4 – 1F 55
Wilcox Clo. BS15 – 4E 41
Wild Country La, The. BS18 &
  BS19 – 5A 44
Wildcroft Rd. BS9 – 3D 29
Wilder St. BS2 – 2A 38
Willada Clo. BS3 – 3D 47
William Mason Clo. BS5 – 3D 39
Williams Clo. BS15 – 2B 52
Williamson Rd. BS7 – 4B 30
William St. BS2 – 1B 38
  (City Rd)
William St. BS2 – 4C 38
  (The Dings)
William St. BS3 – 1A 48
  (Bedminster)
William St. BS3 – 1B 48
  (Totterdown)
William St. BS5 – 2E 39
William St. BS16 – 4D 33
Willinton Rd. BS4 – 5B 48
Willis Rd. BS15 – 5B 34
Willment Way. BS11 – 3F 13
Willmott Clo. BS14 – 4B 56
Willoughby Clo. BS13 – 1C 54
Willoughby Rd. BS7 – 3A 30
Willow Clo. BS12 – 3A 6
Willow Clo. BS4 – 4F 43
Willow Clo. BS18 – 4B 44
Willow Gro. BS16 – 5E 33
Willow Rd. BS15 – 1E 51
Willow Wlk. BS10 – 2D 17
Willow Wlk. BS18 – 4F 59
Willow Way. BS17 – 3E 9
Willsbridge Hill. BS15 – 3C 52
Wills Dri. BS5 – 2C 38
Willway St. BS2 – 4B 38
Willway St. BS3 – 1F 47
Wilmot Ct. BS15 – 4C 42
Wilmots Way. BS20 – 3F 25
Wilshire Av. BS15 – 5F 41
Wilson Av. BS2 – 2B 38

Wilson Pl. BS2 – 2B 38
Wilson St. BS2 – 2B 38
Wilton Clo. BS10 – 4E 17
Wiltshire Av. BS17 – 1D 11
Wiltshire Pl. BS15 – 4A 34
Wimbledon Rd. BS6 – 2E 29
Wimborne Rd. BS4 – 4E 47
Winash Clo. BS14 – 5F 49
Winchcombe Gro. BS11 – 2B 26
Winchcombe Rd. BS17 – 2D 9
Winchcombe Trading Est.
  BS2 – 1C 48
Winchester Av. BS4 – 2F 49
Winchester Rd. BS4 – 2F 49
Wincroft. BS15 – 1D & 1E 53
Windcliffe Cres. BS11 – 5A 14
Windermere. BS10 – 3F 17
Windermere Rd. BS12 – 2C 6
Windmill Clo. BS3 – 1A 48
Windmill Hill. BS3 – 2F 47
Windmill La. BS10 – 2F 15
Windrush Grn. BS18 – 4C 60
Windrush Rd. BS18 – 4C 60
Windsor Av. BS5 – 4D 41
Windsor Av. BS18 – 3A 60
Windsor Clo. BS12 – 5F 7
Windsor Ct. BS16 – 5A 22
Windsor Cres. BS10 – 1E 15
Windsor Dri. BS17 – 1A 10
Windsor Gro. BS5 – 2D 39
Windsor Pl. BS8 – 4B 36
Windsor Pl. BS17 – 2C 34
Windsor Rd. BS6 – 5A 30
Windsor Rd. BS15 – 3B 52
Windsor Ter. BS3 – 1B 48
Windsor Ter. BS8 – 4B 36
Wineberry Clo. BS5 – 1F 39
Wine St. BS1 – 3F 37
Winfield Rd. BS15 – 3E 43
Winford Gro. BS13 – 5C 46
Wingfield Rd. BS3 – 3A 48
Winkworth Pl. BS2 – 1B 38
Winnards Hill. BS18 – 4A 60
Winscombe Clo. BS18 – 2F 59
Winsham Clo. BS14 – 3D 57
Winsford St. BS5 – 2C 38
Winsley Rd. BS6 – 1F 37
Winstanley St. BS5 – 4D 39
Winterstoke Clo. BS3 – 3D 47
Winterstoke Ho. BS3 – 1C 46
Winterstoke Rd. BS3 – 2B 46
Winterstoke Underpass.
  BS3 – 1B 46
Winton St. BS4 – 1B 48
Wintour Ho. BS11 – 5C 14
Wistaria Av. BS17 – 3D 11
Witchell Rd. BS5 – 3E 39
Witch Hazel Rd. BS13 – 4A 56
Witcombe. BS17 – 5A 10
Witcombe Clo. BS15 – 1B 42
Witham Rd. BS18 – 4C 60
Withey Clo E. BS9 – 2B 28
Withey Clo W. BS9 – 2B 28
Withington Clo. BS15 – 3E 53
Withleigh Rd. BS4 – 2D 49
Withypool Gdns. BS14 – 3D 57
Withywood Gdns. BS13 – 3B 54
Withywood Rd. BS13 – 4B 54
Witney Clo. BS18 – 5F 61
Woburn Rd. BS5 – 4D 31
Wolferton Rd. BS6 – 5B 30
Wolfridge Gdns. BS10 – 1C 16
Wolseley Rd. BS7 – 5F 29
Woodbine Rd. BS5 – 2F 39
Woodborough St. BS5 – 1D 39
Woodbridge Rd. BS4 – 3C 48
Woodbury La. BS8 – 5C 28
Woodchester. BS15 – 4A 34
Woodchester. BS17 – 5B 10
Woodchester Rd. BS10 – 5E 17

Woodcote. BS15 – 4F 41
Woodcote Rd. BS16 – 5D 33
Woodcote Wlk. BS16 – 5D 33
Woodcroft Av. BS5 – 2F 39
Woodcroft Clo. BS4 – 1A 50
Woodcroft Rd. BS4 – 1A 50
Woodend. BS15 – 4F 41
Woodend Rd. BS17 – 3D 9
Wood End Wlk. BS9 – 1E 27
Woodfield Rd. BS6 – 1D 37
Woodgrove Rd. BS10 – 3F 15
Woodhall Clo. BS16 – 1B 34
Woodington Ct. BS15 – 1B 52
Woodland Av. BS15 – 5F 33
Woodland Gro. BS9 – 1F 27
Woodland Rise. BS8 – 3E 37
Woodland Rise. BS16 – 1F 33
Woodland Rd. BS8 – 2E 37
Woodland Ter. BS6 – 1D 37
Woodland Ter. BS15 – 3F 41
Woodland Way. BS15 – 5E 33
Woodleaze. BS9 – 2D 27
Woodleigh Gdns. BS14 – 2E 57
Woodmancote. BS17 – 4B 10
Woodmancote Rd. BS6 – 1A 38
Woodmans Clo. BS17 – 3F 11
Woodmans Rd. BS17 – 3F 11
Woodmans Vale. BS17 – 3F 11
Woodmarsh Clo. BS14 – 4C 56
Woodmead Gdns. BS13 – 3E 55
Woodnock, The. BS10 – 3E 17
Wood Rd. BS15 – 2F 41
Woodside Gro. BS10 – 2F 15
Woodside Rd. BS4 – 4F 39
Woodside Rd. BS15 – 3E 41
Woodside Rd. BS16 – 5E 21
Woodside Rd. BS17 – 3F 9
Woodstock Av. BS6 – 1E 37
Woodstock Clo. BS15 – 2B 42
Woodstock Rd. BS6 – 5D 29
Woodstock Rd. BS15 – 2B 42
Wood St. BS5 – 5D 31
Woodward Dri. BS15 – 1B 52
Woodwell Rd. BS11 – 1A 26
Woodyleaze Dri. BS15 – 4E 41
Woolcot St. BS6 – 5D 29
Woollard La. BS14 – 5F 57
Woolley Rd. BS14 – 3A 58
Wootton Cres. BS4 – 4A 40
Wootton Pk. BS14 – 4D 49
Wootton Rd. BS4 – 4A 40
Worcester Clo. BS16 – 5D 33
Worcester Cres. BS8 – 2C 36
Worcester Rd. BS8 – 2C 36
Worcester Rd. BS15 – 2F 41
Worcester Ter. BS8 – 3C 36
Wordsworth Rd. BS7 – 1C 30
Workshop Rd. BS11 – 1E 13
Worlds End La. BS8 – 4D 37
Worlds End La. BS18 – 3E 61
Worrall Rd. BS8 – 1C 36
Worrell's La. BS16 – 2F 21
Worsley St. BS5 – 3F 39
Worthing Rd. BS12 – 2B 6
Wraxall Gro. BS13 – 5C 46
Wraxall Rd. BS15 – 4C 42
Wrenbert Rd. BS16 – 3F 33
Wrington Clo. BS12 – 2E 7
Wrington Cres. BS13 – 5C 46
Wroughton Dri. BS13 – 3F 55
Wroughton Gdns. BS13 – 3F 55
Wroxham Dri. BS12 – 2E 7
Wyatt Av. BS13 – 2B 54
Wyatt Clo. BS13 – 2B 54
Wychwood. BS15 – 4F 41
Wyck Beck Rd. BS10 – 5B 4
Wycombe Gro. BS4 – 3F 49
Wyecliffe Rd. BS9 – 1D 29
Wyecroft Clo. BS10 – 1F 17

BRISTOL

Wyedale Av. BS9 – 5D 15
Wykis Ct. BS15 – 5F 41
Wymbush Cres. BS13 – 3E 55
Wymbush Gdns. BS13 – 3E 55
Wyndham Cres. BS4 – 1B 50
Wyndham Cres. BS20 – 4D 25
Wynstones, The. BS15 – 3E 41
Wytherlies Dri. BS16 – 1B 32

Yanley Est. BS18 – 5D 45
Yanley La. BS18 & BS19 – 3D to 5E 45
Yelverton Rd. BS4 – 4A 50
Yeo La. BS18 – 4B 44

Yeoman's Clo. BS9 – 2F 27
Yeomanside Clo. BS14 – 2E 57
Yeomeads. BS18 – 4B 44
Yewcroft Clo. BS14 – 4C 56
Yew Tree Dri. BS15 – 4A 34
York Av. BS7 – 3B 30
York Clo. BS12 – 5F 7
York Gdns. BS8 – 4B 36
York Gdns. BS17 – 2B 8
York Pl. BS1 – 4E 37
York Pl. BS8 – 4D 37
York Rd. BS3 – 1A 48
York Rd. BS5 – 1E 39
York Rd. BS6 – 1A 38

York Rd. BS16 – 3A 34
York St. BS2 – 2A 38
  (Bond St)
York St. BS2 – 5B 30
  (Mina Rd)
York St. BS5 – 3E 39
York St. BS8 – 5C 28

Zed All. BS1 – 3F 37
Zetland Rd. BS6 – 5F 29
Zinc Rd. BS11 – 1E 13
Zion Rd. BS2 – 3C 38

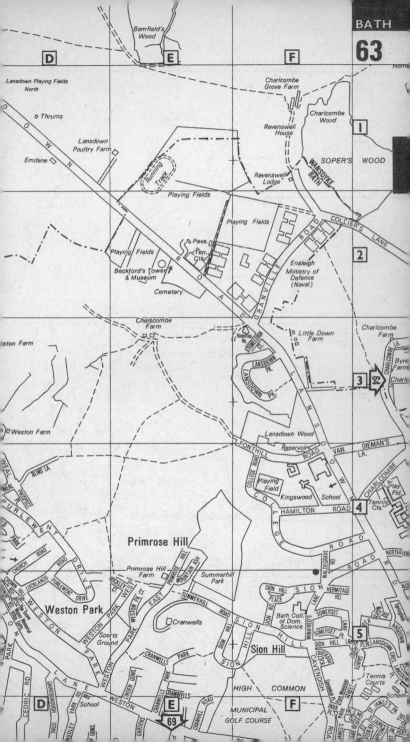

D E F

Bamfield's
Wood

Landsdown Playing Fields
North

◇ Thrums

Emdene

Lansdown
Poultry Farm

Running
Track

Playing Fields

Playing Fields

Beckford's Tower
& Museum

Cemetery

Chelscombe
Farm

...ston Farm

◇ Weston Farm

BLIND LA.

...WEAL
...NEAL

PROSPECT

PURLEWENT

CHURCH

ROAD

DRIVE

CROWN

LUCKLANDS

PURLEWENT

ROAD

...PARK

Pembroke
...Memorial
Hall War

Weston Park

WESTON

PARK

LANE

WESTON

PARK

CEDRIC RD.

School

GAINSBOROUGH GDNS.

...PARK RD.

DUDLEY RD.

LINDEN GDNS.

Charlcombe
Grove Farm

Charlcombe
Wood

Ravenswell
House

Ravenswell
Lodge

Playing Fields

Playing Fields

Pavs.
Ten.
Cts.

GRANVILLE

ROAD

Ensleigh
Ministry of
Defence
(Naval)

Hamilton
Ho.

STONELEIGH CT.

LANSDOWN

PK.

LANSDOWN PK.

LANSDOWN

LANE

Little Down
Farm

Lansdown Wood

Reservoir

FONTHILL

COLLEGE ROAD

Playing
Field

Kingswood
School

HAMILTON

ROAD

COLLEGE

ROAD

DOWN

ROAD

VAN

DIEMAN'S

LA.

Primrose Hill

Primrose Hill
Farm

PRIMROSE HILL

MOUNTAIN ASH

Summerhill
Park

HOCKLEY CT.

WESTON PK. CT.

WESTON

PARK

EAST

SUMMERHILL

ROAD

Cranwells

SION

HILL

ROAD

SION

HILL

Sion Hill

CRANWELLS

PARK

CRANWELLS

Sports
Ground

CRANWELLS PARK

School

CRANHILL ROAD

WESTON

LANE

WALDEGRAVE

RD.

SION

HILL

SION

HILL

PLACE

WINIFRED'S

LANE

Bath Coll.
of Dom.
Science

HERMITAGE
RD.

SOMERSET
PL.

SOMERSET

LANE

SION HILL

CAVENDISH

ROAD

Tennis
Cts.

CHARLCOMBE

Play
Fld.

NORTHFIELD

LANSDOWN

Tennis
Courts

HIGH

COMMON

MUNICIPAL
GOLF COURSE

ST. JAMES'S

Charlcombe
Farm

Byre
Farm

Charl...

CHARLCOMBE

LA.

SOPER'S WOOD

WANSDYKE

BATH

COLLIER'S LANE

I

1

2

3 64

4

5

D E 69 F

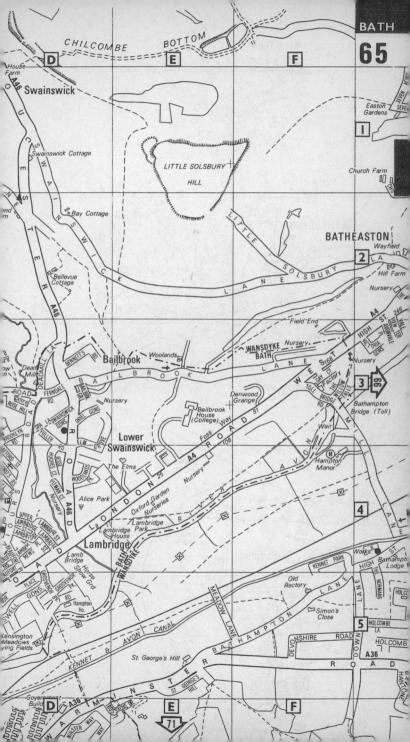

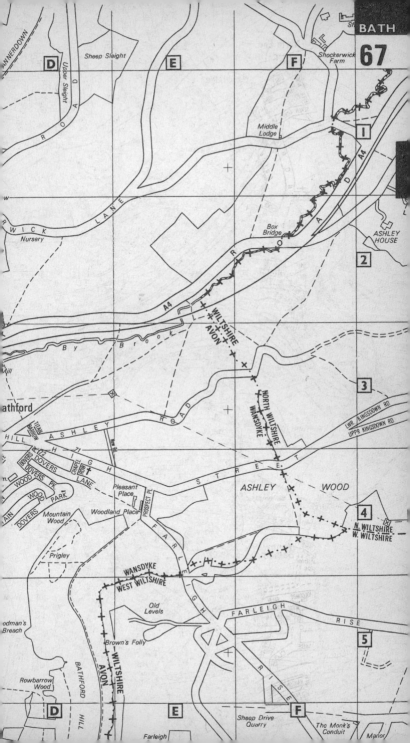

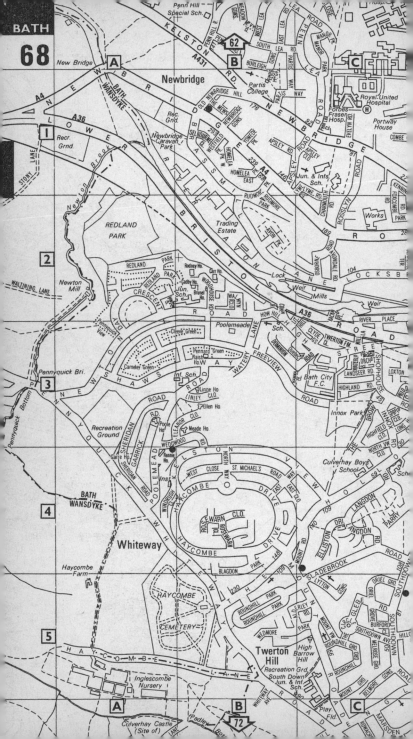

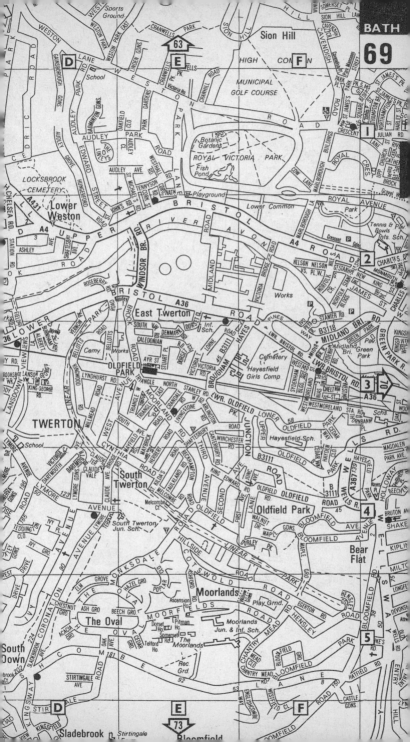

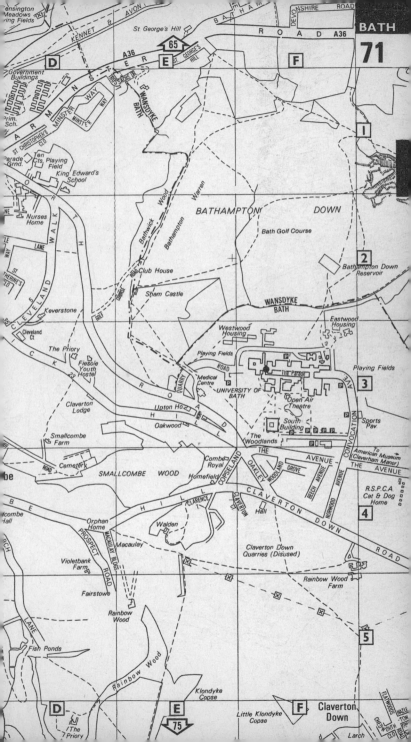

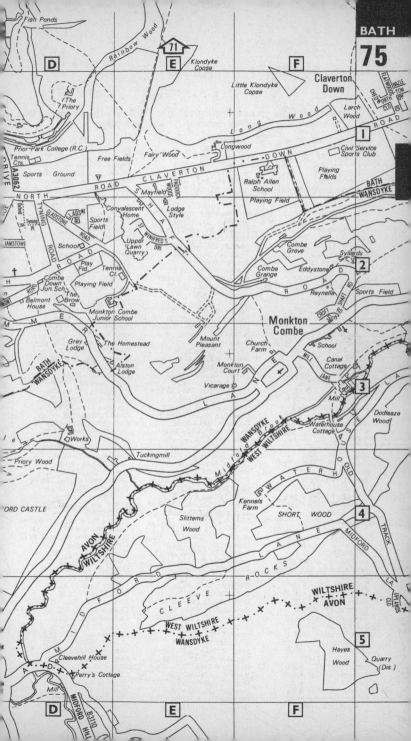

BATH

INDEX TO STREETS

For details of 'How to use this index' and 'Abbreviations used in this index' please refer to Bristol Index to Streets title page.

Church St. BA1 – 4C 66 (Bathford)
Church St. BA1 – 4C 62 (Weston)
Church St. BA1 – 1A 64 (Woolley)
Church St. BA2 – 4C 70
Circle, The. BA2 – 5C 68
Circus M. BA1 – 1A 70
Circus Pl. BA1 – 1A 70
Circus, The BA1 – 1A 70
Clare Gdns. BA2 – 3E 73
Claremont Bldgs. BA1 – 5B 64
Claremont Rd. BA1 – 4C 64
Claremont Pl. BA1 – 5B 64
Claremont Wlk. BA1 – 5B 64
Clarence st. BA1 – 5B 64
Clarence Ter. BA1 – 2C 68
Clarence Ter. BA2 – 4E 71
Clarendon Rd. BA2 – 4C 70
Claude Av. BA2 – 4D 69
Claude Ter. BA2 – 4D 69
Claude Vale. BA2 – 4D 69
Claverton Ct. BA2 – 4F 71
Claverton Down Rd. BA2 – 4F 71 to 1E 75
Claverton St. BA2 – 3B 70
Cleeve Grn. BA2 – 3B 68
Clevedale Rd. BA2 – 2B 74
Clevedon Cotts. BA1 – 1B 70
Cleveland Ct. BA2 – 3D 71
Cleveland Pl. BA1 – 1B 70
Cleveland Wlk. BA2 – 2D 71
Clyde Gdns. BA2 – 3C 68
Coalpit Rd. BA1 – 2B 66
Colbourne Rd. BA2 – 3E 73
College Rd. BA1 – 4F 63
Collier's La. BA1 – 2A 64
Combe Gro. BA1 – 1C 68
Combe Hay La. BA2 – 5C 72
Combe Pk. BA1 – 1D 69
Combe Rd. BA2 – 2C 74
Combe Rd. Clo. BA2 – 2C 74
Connection Rd. BA2 – 2B 68
Convocation Av. BA2 – 4F 71
Copseland BA2 – 4E 71
Cork St. BA1 – 1E 69
Corn St. BA1 – 3A 70
Coronation Av. BA2 – 5D 69
Coronation Rd. BA1 – 1E 69
Corridor, The. BA1 – 2B 70
Corston View. BA2 – 1D 73
Cotswold Rd. BA2 – 4E 69
Court Gdns. BA1 – 2B 66
Court La. BA1 – 4C 66
Cow La. BA1 – 1F 69
Coxley Dri. BA1 – 3C 64
Crandale Rd. BA2 – 2B 70
Cranhill Rd. BA1 – 1E 69
Cranleigh. BA2 – 3A 74
Cranmore Pl. BA2 – 3E 73
Cranwells Pk. BA1 – 5E 63
Crescent Gdns. BA1 – 2F 69
Crescent La. BA1 – 1F 69
Croft Rd. BA1 – 4C 64
Croft Rd. BA2 – 2F 75
Crown Hill. BA2 – 5D 63
Crown Rd. BA1 – 4C 62
Cumberland Row. BA1 – 2A 70
Cynthia BA2 – 3D 69

Dafford's Bldgs. BA1 – 4D 65
Dafford St. BA1 – 4D 65
Dahlia Gdns. BA2 – 1C 70
Daniel M. BA2 – 1C 70
Daniel St. BA2 – 1C 70
Darlington Pl. BA2 – 3C 70
Darlington Rd. BA2 – 1C 70
Darlington St. BA2 – 2C 70
Dartmouth Av. BA2 – 4D 69
Day Cres. BA2 – 2A 68

Deadmill La. BA1 – 3D 65
Deanhill La. BA1 – 4A 62
Denmark Rd. BA2 – 3E 69
Devonshire Bldgs. BA2 – 5A 70
Devonshire Pl. BA2 – 5A 70
Devonshire Rd. BA2 – 5F 65
Dixon Gdns. BA1 – 5A 64
Dominion Rd. BA2 – 3B 68
Donkey La. BA1 – 5B 64
Dorchester St. BA1 – 3B 70
Dorset Clo. BA2 – 3E 69
Dorset Ho. BA2 – 5E 69
Dorset St. BA2 – 3E 69
Dover Ho. BA1 – 5B 64
Dovers La. BA1 – 4D 67
Dovers Pk. BA1 – 4D 67
Dowding Rd. BA1 – 4C 64
Down Av. BA2 – 2B 74
Down La. BA2 – 5A 66
Downside Clo. BA2 – 5A 66
Drake Av. BA2 – 1A 74
Draycott Ct. BA2 – 1B 70
Duke St. BA2 – 3B 70
Duncan Gdns. BA1 – 2B 62
Dunster Ho. BA2 – 1B 74
Durley Pk. BA2 – 4F 69

Eagle Pk. BA1 – 1A 66
Eagle Rd. BA1 – 1A 66
Eastbourne. BA1 – 4C 64
Eastbourne Av. BA1 – 4C 64
East Clo. BA2 – 4B 68
Eastfield Av. BA1 – 3C 62
E. Lea Rd. BA1 – 5B 62
Eastover Gro. BA2 – 3D 73
Eastville. BA1 – 4C 64
East Way. BA2 – 4B 68
Eden Pk Drl. BA1 – 2B 66
Eden Ter. BA1 – 4C 64
Edgeworth Rd. BA2 – 1D 73
Edward St. BA1 – 1D 69
Edward St. BA2 – 2C 70
Egerton Rd. BA2 – 5F 69
Eldon Pl. BA1 – 4C 64
Eleanor Clo. BA2 – 3B 68
Ellen Ho. BA2 – 3B 68
Elliston Dri. BA2 – 4C 68
Elm Gro. BA1 – 3D 65
Elm Gro. BA2 – 5D 69
Elmhurst Est. BA1 – 2B 66
Empress Menen Gdns. BA1 – 1B 68
Englishcombe La. BA2 – 1C 72
Englishcombe Rd. BA2 – 1A 72
Englishcombe Way. BA2 – 5F 69
Entry Hill. BA2 – 5A 70
Entry Hill Dri. BA2 – 1A 74
Entry Hill Gdns. BA2 – 5A 70
Entry Hill Pk. BA2 – 1A 74
Entry Rise. BA2 – 2A 74
Evelyn Rd. BA1 – 1C 68
Evelyn Ter. BA1 – 4B 64
Excelsior St. BA2 – 3B 70
Exmoor Rd. BA2 – 2A 74

Fairfield Av. BA1 – 4B 64
Fairfield Pk Rd. BA1 – 4A 64
Fairfield Rd. BA1 – 4B 64
Fairfield Ter. BA1 – 4B 64
Falconer Rd. BA1 – 2B 62
Farleigh Rise. BA1 & BA15 – 4E & 5F 67
Farr's La. BA2 – 2C 74
Faulkland Rd. BA2 – 4E 69
Ferndale Rd. BA1 – 3D 65
Ferry La. BA2 – 3B 70
Fieldings Rd. BA2 – 2D 69
First Av. BA2 – 4E 69
Firs, The. BA2 – 2C 74
Flatwoods Rd. BA2 – 1F 75
Fonthill Rd. BA1 – 4F 63

Forefield Pl. BA2 – 4B 70
Forefield Rise. BA2 – 4B 70
Forefield Ter. BA2 – 4C 70
Forester Av. BA2 – 1B 70
Forester Ct. BA2 – 1B 70
Forester La. BA2 – 1C 70
Forester Rd. BA2 – 1C 70
Fosse La. BA1 – 2B 66
Fountain Bldgs. BA1 – 2B 70
Foxcombe Rd. BA1 – 2C 68
Fox Hill, BA2 – 2B 74
Frankland Clo. BA1 – 5B 62
Frankley Bldgs. BA1 – 5C 64
Freeview Rd. BA2 – 3B 68
Frome Rd. BA2 – 2D 73
Frys Leaze. BA1 – 3C 64
Fuller Rd. BA1 – 3D 65

Gainsborough Gdns. BA1 – 5D 63
Garre Ho. BA2 – 4A 68
Garrick Rd. BA2 – 4A 68
Gay Ct. BA1 – 3F 65
Gay's Hill. BA1 – 5B 64
Gay St. BA1 – 2A 70
George's Bldgs. BA1 – 1B 70
George's Rd. BA1 – 4B 64
George St. BA1 – 2A 70
George St. BA2 – 2C 70
Georgian View. BA2 – 1D 73
Gillingham Ter. BA1 – 5C 64
Gladstone Rd. BA2 – 2D 75
Glebe Rd. BA2 – 5C 68
Glencairn Ct. BA2 – 2C 70
Gloucester Rd. BA1 – 1D 65
Gloucester St. BA1 – 1A 70
Golf Course Rd. BA2 – 2D 71
Gordon Rd. BA2 – 4C 70
Grand Pde. BA2 – 2B 70
Granville St. BA1 – 2F 63
Gravel Wlk. BA1 – 1A 70
Gt. Bedford St. BA1 – 1A 70
Gt. Pulteney St. BA2 – 2B 70
Gt. Stanhope St. BA1 – 2F 69
Greenacres. BA1 – 3C 62
Greenbank Gdns. BA1 – 5C 62
Greendown Pl. BA2 – 2B 74
Green Pk. BA1 – 3F 69
Green Pk Rd. BA1 – 3A 70
Green St. BA1 – 2A 70
Greenway Ct. BA2 – 5A 70
Greenway La. BA2 – 5A 70
Grosvenor Bri Rd. BA1 – 5D 65
Grosvenor Pl. BA1 5D 65
Grosvenor Pk. BA1 – 5D 65
Grosvenor Vs. BA1 – 5C 64
Grove St. BA2 – 2B 70
Grove, The. BA1 – 5D 63
Guinea La. BA1 – 1A 70

Hadley Rd. BA2 – 1C 74
Hamilton Ho. BA1 – 3F 63
Hamilton Rd. BA1 – 4F 63
Hampton Ho. BA1 – 5D 65
Hampton Row. BA2 – 1C 70
Hampton View. BA1 – 4C 64
Hanna Clo. BA2 – 3C 68
Hanover St. BA1 – 5C 64
Hansford Clo. BA2 – 2F 73
Hansford Sq. BA2 – 2F 73
Hantone Hill. BA2 – 5A 66
Harcourt Gdns. BA1 – 4C 62
Harington Pl. BA1 – 2A 70
Harley St. BA1 – 1A 70
Hatfield Bldgs. BA2 – 3C 70
Hatfield Rd. BA2 – 5F 69
Haviland Gro. BA1 – 3C 62
Haviland Pk. BA1 – 3C 62
Havory. BA1 – 4D 65
Hawarden Ter. BA1 – 4C 64

BATH

Hawthorn Gro. BA2 – 2A 74
Haycombe Dri. BA2 – 4B 68
Haycombe La. BA2 – 5A 68
Hayden Clo. BA2 – 4F 69
Hayesfield Pk. BA2 – 4F 69
Hayes Pl. BA2 – 4A 70
Haygarth Ct. BA1 – 1A 70
Hay Hill. BA1 – 1A 70
Hazel Gro. BA2 – 5E 69
Hazleton Gdns. BA2 – 1F 75
Heathfield Clo. BA1 – 3B 62
Henrietta Gdns. BA2 – 1B 70
Henrietta M. BA2 – 2B 70
Henrietta Pl. BA2 – 2B 70
Henrietta Rd. BA2 – 1B 70
Henrietta St. BA2 – 2B 70
Henry St. BA1 – 1A 70
Hensley Gdns. BA2 – 5F 69
Hensley St. BA2 – 5F 69
Herbert Rd. BA2 – 4E 69
Hermitage Rd. BA1 – 5F 63
Hetling Ct. BA1 – 3A 70
High Bannerdown. BA1 – 1C 66
Highbury Pl. BA1 – 5B 64
Highbury Ter. BA1 – 5B 64
Highfield Clo. BA2 – 3C 68
Highland Rd. BA2 – 3C 68
Highland Ter. BA2 – 3E 69
High St. BA1 – 2B 70
 (Bath)
High St. BA1 – 3A 66
 (Batheaston)
High St. BA1 – 4D 67
 (Bathford)
High St. BA1 – 4C 62
 (Weston)
High St. BA2 – 4A 66
 (Bathampton)
High St., BA2 – 3B 68
 (Twerton)
Hill Av. BA2 – 2A 74
Hillcrest Dri. BA2 – 5C 68
Hillside Rd. BA2 – 4E 69
Hill View Rd. BA1 – 3C 64
Hinton Clo. BA2 – 2A 68
Hockley Ct. BA1 – 5E 63
Hods Hill. BA2 – 4A 74
Holcombe Clo. BA2 – 5A 66
Holcombe Grn. BA1 – 4C 62
Holcombe La. BA2 – 5A 66
Holcombe Vale. BA2 – 5A 66
Holland Rd. BA1 – 4C 64
Holloway. BA2 – 4A 70
Hollow, The. BA2 – 4C 68
Homelea Pk E. BA1 – 1B 68
Homelea Pk W. BA1 – 1B 68
Horsecombe Brow. BA2 – 2B 74
Horsecombe Gro. BA2 – 2B 74
Horseshoe Brow. BA2 – 3D 71
Horseshoe Wlk. BA2 – 3C 70
Horton Ho. BA2 – 3A 70
Hot Bath St. BA1 – 3A 70
How Hill. BA2 – 2B 68
Hungerford Rd. BA1 – 1D 69

Innox Gro. BA2 – 1A 72
Innox La. BA1 – 1C 64
Innox Rd. BA2 – 3B 68
Inverness Rd. BA2 – 3D 69
Ivo Peters Rd. BA2 – 3F 69
Ivy Av. BA2 – 5D 69
Ivy Bank Pk. BA2 – 1A 74
Ivy Gro. BA2 – 4D 69
Ivy Pl. BA2 – 4D 69

James St W. BA1 – 2A 70
Jesse Hughes Ct. BA1 – 4D 65
Jew's La. BA2 – 3D 69
John Slessor Ct. BA1 – 1A 70
Johnstone St. BA2 – 2B 70

John St. BA1 – 2A 70
Julian Rd. BA1 – 1A 70
Junction Av. BA2 – 4F 69
Junction Rd. BA2 – 3F 69

Kelston Rd. BA1 – 5A 62
Kelston View. BA2 – 4B 68
Kennet Pk. BA2 – 4F 65
Kennington Rd. BA1 – 1C 68
Kensington Ct. BA1 – 5C 64
Kensington Gdns. BA1 – 5C 64
Kensington Pl. BA1 – 5C 64
Kent La. BA1 – 1C 64
Kewstoke Rd. BA2 – 2B 74
Kilkenny La. BA2 – 4A 72
Kinber Clo. BA1 – 3B 62
King Edward Rd. BA2 – 4E 69
King George's Rd. BA2 – 3D 69
Kingsdown View. BA1 – 4B 64
Kingsfield. BA2 – 1D 73
Kingsmead E. BA1 – 3A 70
Kingsmead N. BA1 – 3A 70
Kingsmead Sq. BA1 – 2A 70
Kingsmead St. BA1 – 2A 70
Kingsmead W. BA1 – 3A 70
Kingston Rd. BA1 – 3B 70
Kingsway. BA2 – 1D 73
Kipling Av. BA2 – 4A 70
Knightstone Pl. BA1 – 4C 62

Lambridge M. BA1 – 4D 65
Lambridge Pl. BA1 – 4D 65
Lambridge St. BA1 – 4D 65
Lampard's Bldgs. BA1 – 1A 70
Landseer Rd. BA2 – 3C 68
Langdon Rd. BA2 – 4C 68
Lansdown Cres. BA1 – 5A 64
Lansdown Gro. BA1 – 1A 70
Lansdown La. BA1 – 3C 62
Lansdown M. BA1 – 2A 70
Lansdown Pk. BA1 – 3F 63
Lansdown Pl E. BA1 – 5A 64
Lansdown Pl W. BA1 – 5A 64
Lansdown Rd. BA1 – 1C 62 to
 2A 70
Lansdown View. BA2 – 3D 69
Larkhall Pl. BA1 – 4D 65
Laura Pl. BA2 – 2B 70
Leigh Clo. BA1 – 4B 64
Leighton Rd. BA1 – 2B 62
Lime Gro. BA2 – 3C 70
Lime Gro Gdns. BA2 – 3C 70
Linden Gdns. BA1 – 5E 63
Linley Clo. BA2 – 3B 68
Linleys, The. BA1 – 1D 69
Linne Ho. BA2 – 3B 68
Lit. Hill. BA2 – 2B 68
Lit. Solsbury La. BA1 – 2F 65
Lit. Stanhope St. BA1 – 2F 69
Livingstone Rd. BA2 – 3E 69
Locksbrook Rd. BA1 – 2C 68
Lodge Gdns. BA2 – 2E 73
London Rd. BA1 – 1B 70
London Rd. E. BA1 – 2A 66
London Rd W. BA1 – 4D 65
London St. BA1 – 1B 70
Long Acre Ho. BA1 – 5B 64
Longfellow Av. BA2 – 5A 70
Long Hay Clo. BA2 – 3C 68
Lorne Rd. BA2 – 3E 69
Lwr. Borough Walls. BA1 – 3A 70
Lwr. Bristol Rd. BA2 – 1A 68 to
 3A 70
Lwr. Hedgemead Rd. BA1 – 1B 70
Lwr. Kingsdown Rd. BA1 – 3F 67
Lwr. Northend. BA1 – 1A 66
Lwr. Oldfield Pk. BA2 – 3E 69
Loxley Gdns. BA2 – 4D 69
Loxton Dri. BA2 – 3C 68
Lucklands Rd. BA1 – 5D 63

Lyme Gdns. BA1 – 1C 68
Lyme Rd. BA1 – 1C 68
Lymore Av. BA2 – 4D 69
Lymore Gdns. BA2 – 4D 69
Lymore Ter. BA2 – 4D 69
Lympsham Grn. BA2 – 3E 73
Lynbrook La. BA2 – 1A 74
Lyncombe Hill. BA2 – 4B 70
Lyncombe Vale. BA2 – 5B 70
Lyncombe Vale Rd. BA2 – 5B 70
Lynhurst Rd. BA2 – 3D 69
Lynfield Pk. BA1 – 4D 63
Lytton Gdns. BA2 – 5C 68

Macaulay Bldgs. BA2 – 4D 71
Macies, The. BA1 – 3C 62
Magdalen Av. BA2 – 3A 70
Magdalen Rd. BA2 – 4A 70
Mall, The. BA1 – 3B 70
Malvern Bldgs. BA1 – 4B 64
Manor Dri. BA1 – 4C 66
Manor Pk. BA1 – 5C 62
Manor Rd. BA1 – 5D 63
Manor Vs. BA1 – 5D 63
Manvers St. BA1 – 3B 70
Maple Gdns. BA2 – 4F 69
Maple Gro. BA2 – 4F 69
Marchants Pas. BA1 – 3B 70
Margaret's Bldgs. BA1 – 1A 70
Margaret's Hill. BA1 – 5B 64
Marlborough Bldgs. BA1 – 1F 69
Marlborough La. BA1 – 2F 69
Marlborough St. BA1 – 1F 69
Marsden Rd. BA2 – 1C 72
Marshfield Way. BA1 – 4B 64
Maybrick Rd. BA2 – 3E 69
Mayfield Rd. BA2 – 3E 69
Mead Clo. BA2 – 5F 69
Meade Ho. BA2 – 3B 68
Meadow Gdns. BA1 – 5B 62
Meadow La. BA2 – 5E 65
Meadow Pk. BA1 – 2C 66
Meadow View Clo. BA1 – 5B 62
Meare Rd. BA2 – 1A 74
Melcombe Ct. BA2 – 4E 69
Melcombe Rd. BA2 – 4E 69
Melrose Gro. BA2 – 5C 68
Melrose Ter. BA1 – 4B 64
Memorial Cotts. BA1 – 5D 63
Mendip Gdns. BA2 – 3E 73
Mews, The. BA1 – 1B 68
Middle La. BA1 – 5C 64
Midford Hill. BA2 – 5D 75
Midford La. BA2 & BA3 – 5D 75
Midford Rd. BA2 – 2F 73 to 5D 75
Midland Bri Rd. BA2 & BA1 – 3F 69
Midland Rd. BA2 – 2E 69
Midsummer Bldgs. BA1 – 4C 64
Miles's Bldgs. BA1 – 2A 70
Miles St. BA2 – 3B 70
Milk St. BA1 – 3A 70
Millbrook Pl. BA2 – 4B 70
Mill La. BA2 – 3A 66
 (Bathampton)
Mill La. BA2 – 3F 75
 (Monkton Combe)
Mill La. BA2 – 3C 68
 (Twerton)
Millmead Rd. BA2 – 3D 69
Milsom St. BA1 – 2A 70
Milton Av. BA2 – 4A 70
Minerva Gdns. BA2 – 4D 69
Minster Way. BA2 – 1D 71
Monksdale Rd. BA2 – 5D 69
Monmouth Pl. BA1 – 2A 70
Monmouth St. BA1 – 2A 70
Montpelier. BA1 – 1A 70
Moorfields Rd. BA2 – 5E 69
Moorland Rd. BA2 – 3E 69
Morford St. BA1 – 1A 70

BATH

St Mary's Bldgs. BA2 – 3A 70
St Mary's Rd. BA2 – 2C 70
St Michael's Pl. BA1 – 2A 70
St Michael's Rd. BA1 – 1E 69
St Michael's Rd. BA2 – 4B 68
St Nicholas Ct. BA2 – 3A 66
St Saviour's Rd. BA1 – 4D 69
St Stephen's Clo. BA1 – 5A 64
St Stephen's Ct. BA1 – 5A 64
St Stephen's Rd. BA1 – 5A 64
St Swithin's Pl. BA1 – 1B 70
St Winifred's Dri. BA2 – 2E 75
Salisbury Rd. BA1 – 4C 64
Saracen St. BA1 – 2B 70
Saville Row. BA1 – 1A 70
Saw Clo. BA1 – 2A 70
School La. BA1 – 2A 66
Second Av. BA2 – 4E 69
Sedgemoor Rd. BA2 – 2A 74
Selbourne Clo. BA1 – 1B 68
Selworthy Rd. BA2 – 1A 74
Seven Acres La. BA1 – 1A 66
Seymour Rd. BA1 – 5B 64
Shaftesbury Av. BA1 – 2D 69
Shaftesbury Rd. BA2 – 3E 69
Shaft Rd. BA2 – 2E 75
Shakespeare Av. BA2 – 4A 70
Sham Castle La. BA2 – 2D 71
Shaws Way. BA2 – 3A 68
Shelley Rd. BA2 – 4A 70
Shepherds Wlk. BA2 – 3A to 3C 74
Sheridan Rd. BA2 – 3A 68
Shickle Gro. BA2 – 2D 73
Shockerwick La. BA1 – 2C 66
Shophouse Rd. BA2 – 3C 68
Shrubbery, The. BA1 – 1A 70
Sion Hill. BA1 – 5F 63
Sion Hill Pl. BA1 – 5F 63
Sion Rd. BA1 – 5F 63
Sladebrook Av. BA2 – 5D 69
Sladebrook Ct. BA2 – 5D 69
Sladebrook Rd. BA2 – 4C 68
Snow Hill. BA1 – 5B 64
Snow Hill Ho. BA1 – 5B 64
Solsbury Way. BA1 – 4B 64
Somerdale Av. BA2 – 1D 73
Somerdale View. BA2 – 1D 73
Somerset Ho. BA2 – 5E 69
Somerset La. BA1 – 5F 63
Somerset Pl. BA1 – 5F 63
Somerset St. BA1 – 3A 70
South Av. BA2 – 3E 69
Southbourne Gdns. BA1 – 5C 64
Southcot Pl. BA2 – 4B 70
Southdown Av. BA2 – 5C 68
Southdown Rd. BA2 – 5C 68
Southgate St. BA1 – 3B 70
Southlands. BA1 – 4C 62
S. Lea Rd. BA1 – 5B 62
South Pde. BA2 – 3B 70
Southstoke La. BA2 – 4A 74
Southstoke Rd. BA2 – 2A 74
S. View Rd. BA2 – 3E 69
Spa La. BA1 – 3D 65
Spring Cres. BA2 – 3B 70
Springfield Clo. BA2 – 3C 68
Springfield Pl. BA1 – 5A 64
Spring Gdns Rd. BA2 – 2B 70 & 3B 70
Spring La. BA1 – 4C 64
Spring Vale. BA1 – 4C 64
Stall St. BA1 – 3B 70
Stambrook Pk. BA1 – 1A 66
Stanhope Pl. BA1 – 2F 69
Stanier Rd. BA2 – 2F 69
Stanley Rd W. BA2 – 3E 69
Stanway Clo. BA2 – 2E 73
Station Rd. BA1 – 2D 69
Steway La. BA1 – 1B 66

Stirtingale Av. BA2 – 5D 69
Stirtingale Rd. BA2 – 1D 73
Stonehouse Clo. BA2 – 2C 74
Stonehouse La. BA2 – 1C 74
Stoneleigh Ct. BA1 – 3F 63
Stony La. BA2 – 1A 68
Stuart Pl. BA2 – 3E 69
Summerfield Rd. BA1 – 4B 64
Summerhill Rd. BA1 – 5E 63
Summer La. BA2 – 2C 74
Sunderland St. BA2 – 2B 70
Sutton St. BA2 – 2C 70
Swainswick Gdns. BA1 – 3D 65
Swainswick La. BA1 – 1D 65
Swallow St. BA1 – 3B 70
Sydenham Bldgs. BA2 – 3F 69
Sydenham Rd. BA2 – 3F 69
Sydney Bldgs. BA2 – 3C 70
Sydney M. BA2 – 2C 70
Sydney Pl. BA2 – 2C 70
Sydney Rd. BA2 – 2C 70
Sydney Wharf. BA2 – 2C 70

Tadwick La. BA1 – 1C 64
Teddington Clo. BA2 – 4D 69
Telford Ho. BA2 – 5E 69
Tennyson Rd. BA1 – 1E 69
Terrace Wlk. BA1 – 2B 70
Third Av. BA2 – 4E 69
Thomas St. BA1 – 5B 64
Thornbank Pl. BA2 – 3F 69
Titan Barrow. BA1 – 3D 67
Toll Bri Rd. BA1 – 3F 65
Trafalgar Rd. BA1 – 4C 62
Triangle E. BA2 – 3E 69
Triangle N. BA2 – 3E 69
Triangle Vs. BA2 – 3E 69
Triangle W. BA2 – 3E 69
Trim Bri. BA1 – 2A 70
Trim St. BA1 – 2A 70
Trinity Pl. BA1 – 2A 70
Trinity Rd. BA2 – 1C 74
Trinity St. BA1 – 3A 70
Trossachs Dri. BA2 – 1E 71
Twerton Farm Clo. BA2 – 3C 68
Tyning End. BA2 – 3C 70
Tyning La. BA1 – 5C 64
Tyning Pl. BA2 – 2D 75
Tyning Rd. BA2 – 4A 66 (Bathampton)
Tyning Rd. BA2 – 2D 75 (Combe Down)
Tyning, The. BA2 – 4C 70

Ullswater Dri. BA1 – 4B 64
Union Pas. BA1 – 2B 70
Union St. BA1 – 2B 70
Union Ter. BA2 – 3A 70
Uphill Dri. BA1 – 3C 64
Uplands. BA3 – 5F 75
Up. Bloomfield Rd. BA2 – 3D 73
Up. Borough Walls. BA1 – 2A 70
Up. Bristol Rd. BA1 – 2D 69
Up. Camden Pl. BA1 – 5B 64
Up. Church St. BA1 – 1A 70
Up. E Haynes. BA1 – 5C 64
Up. Hedgemead Rd. BA1 – 1A 70
Up. Kingsdown Rd. BA1 – 3F 67
Up. Lambridge St. BA1 – 4D 65
Up. Lansdown M. BA1 – 5A 64
Up. Oldfield Pk. BA2 – 3F 69

Vale View Pl. BA1 – 4C 64
Vale View Ter. BA1 – 3A 66
Valley View Clo. BA1 – 3C 64
Valley View Rd. BA1 – 3C 64
Van Diemen's La. BA1 – 4F 63
Vane St. BA2 – 2C 70
Vellore La. BA2 – 2C 70

Vernham Gro. BA2 – 2D 73
Vernon Pk. BA2 – 3D 69
Vernslade. BA1 – 4C 62
Victoria Bri Rd. BA2 – 2F 69
Victoria Clo. BA2 – 4D 69
Victoria Gdns. BA1 – 3A 66
Victoria Ho. BA1 – 1E 69
Victoria Rd. BA2 – 3E 69
Victoria Ter. BA2 – 3E 69
Vineyards. BA1 – 1B 70

Walcot Loop Rd. BA1 – 2B 70
Walcot St. BA1 – 2B 70
Waldegrave Rd. BA1 – 4F 63
Wallace Rd. BA1 – 4C 64
Walnut Dri. BA2 – 4F 69
Waltining La. BA2 – 2A 68
Walwyn Clo. BA2 – 2B 68
Wansdyke Rd. BA2 – 2D 73
Warleigh Dri. BA1 – 2B 66
Warleigh La. BA1 – 5C 66
Warminster Rd. BA2 – 1D 71
Warwick Rd. BA1 – 2C 68
Washpool La. BA2 – 1A 72
Waterhouse La. BA2 – 4F 75
Waterloo Bldgs. BA2 – 3C 68 (in two parts)
Watery La. BA2 – 3B 68
Wayfield Gdns. BA1 – 2A 66
Weal, The. BA1 – 4D 63
Weatherly Av. BA2 – 2E 73
Wedgwood Rd. BA2 – 3A 68
Wedmore Pk. BA2 – 5B 68
Wellington Bldgs. BA1 – 4C 62
Wells Rd. BA2 – 4F 69
Wellsway. BA2 – 3E 73 to 4A 70
West Av. BA2 – 3D 69
West Clo. BA2 – 4B 68
Westerleigh Rd. BA2 – 2C 74
Westfield Clo. BA2 – 5F 69
Westfield Pk. BA1 – 1B 68
Westgate Bldgs. BA1 – 3A 70
Westgate St. BA1 – 2A 70
Westhall Rd. BA1 – 1E 69
W. Lea Rd. BA1 – 5B 62
Westmoreland Dri. BA2 – 3F 69
Westmoreland Pl. E. BA2 – 3F 69
Westmoreland Rd. BA2 – 3F 69
Westmoreland Sta Rd. BA2 – 3F 69
Westmoreland St. BA2 – 3F 69
Weston La. BA1 – 5D 63
Weston Pk. BA1 – 5D 63
Weston Pk. Ct. BA1 – 5E 63
Weston Pk E. BA1 – 5D 63
Weston Pk W. BA1 – 5D 63
Weston Rd. BA1 – 1E 69
W. View Rd. BA1 – 3B 66
Westwoods. BA1 – 3C 66
Weymouth St. BA1 – 5C 64
Whitefield Clo. BA1 – 2C 66
Whiteway Av. BA2 – 5B 68
Whiteway Rd. BA2 – 4A 68
Whitewells Rd. BA1 – 4B 64
Widcombe Cres. BA2 – 4C 70
Widcombe Hill. BA2 – 4C 70
Widcombe Rise. BA2 – 4C 70
Widcombe Ter. BA2 – 4C 70
Williamstowe. BA2 – 2D 75
William St. BA2 – 2B 70
Willow Falls, The. BA1 – 3F 65
Willow Grn. BA2 – 5F 69
Wiltshire Way. BA1 – 3B 64
Winchester Rd. BA2 – 3E 69
Windrush Clo. BA2 – 4A 68
Windsor Bri Rd. BA2 – 2E 69
Wine St. BA1 – 3B 70
Winifred's La. BA1 – 5F 63
Woodhouse Rd. BA2 – 2B 68
Woodland Gro. BA2 – 4F 71

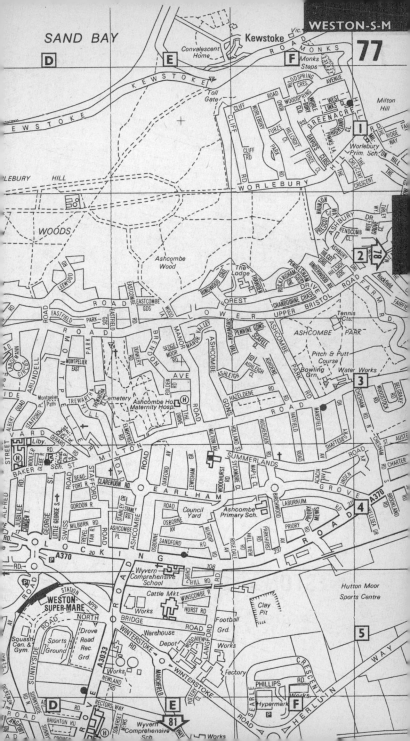

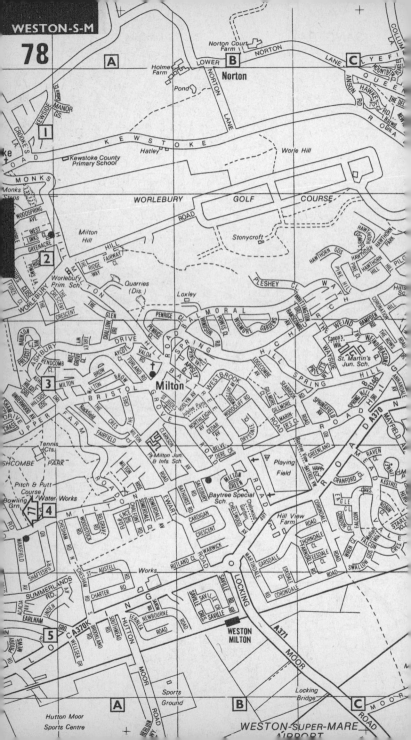

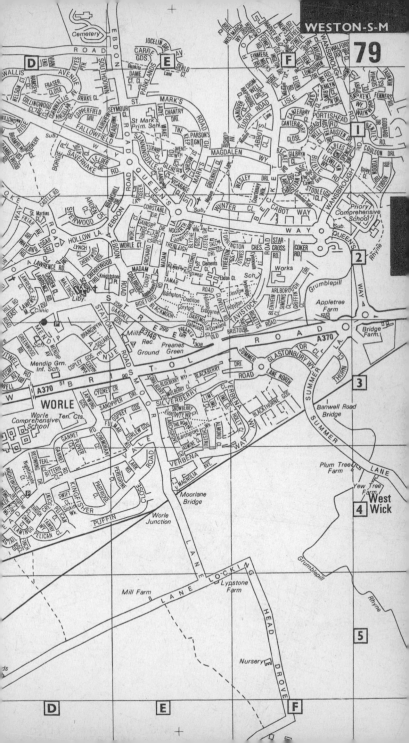

A

B

C

76 Tropicana Leisure Complex

ELLENBOROUGH PK NORTH

Ellenborough Park

ELLENBOROUGH PK SOUTH

Corpus Christi R.C. Primary Sch

ALBERT

CLEVEDON

A370

CLIFTON

SEVERN

Model Yacht Pond

WHITECROSS

CLARENCE

Vic

NORT

1

Clarence Park

EAST

CLARENCE

RD

Clarence Bowling Grns.

SOUTH

Putting Green

CLARENCE RD

MARINE PARADE

BEACH

QUANTOCK

COTE RD

WALLIS

The Royal Hospital

H

UPHILL

2

Club House

MOORLAND

CHARLTON

CHARLTON

SOU

NITHS

ROAD

WOODLAND

ELMSLEIGH

ROA

BREAN

DOWN

DELAPRE RD

ROA

ROAD

BROADOAK

3

Weston-Super-Mare Golf Course

A370

NORTH

Broadoak Comprehensive School

Playing Field

Uphill Road Sports Ground

WINDWHISTLE

RD.

UPHILL

The Plantation

Uphill Manor

WINGARD CL

Rectory

Westhaven Special School

UPHILL

ROAD

MOSELEY G

4

Black Rock

LINKS

BERKELEY CR

THORNBURY

Slimeridge Farm

BEACH END

THORNBURY DR

Uphill Prim. Sch

ST NICHOLAS RD

NEW CHURCH RD

CHURCH

RD

ELLESMERE

RD

THE PADDOCKS

LAUREL DRI.

ALDENS AV

WESTFIELD RD

LAUREL

SANDCROFT

RD

ASH GRO

WILLIN

AV

WESTFIELD CL

RHYNE TER

Weston-Super-Mare Golf Course

ROAD

UPHILL

LITTLE ORCHARD

UNGERHILL

W.A.

5

AVON SOMERSET SERGEMOOR

WOODSPRING

RIVER AXE

Uphill Pill

Windmill (Disused)

Uphill Fm.

FOLLY LA

Uf Gr

A

B

Tumulus

C

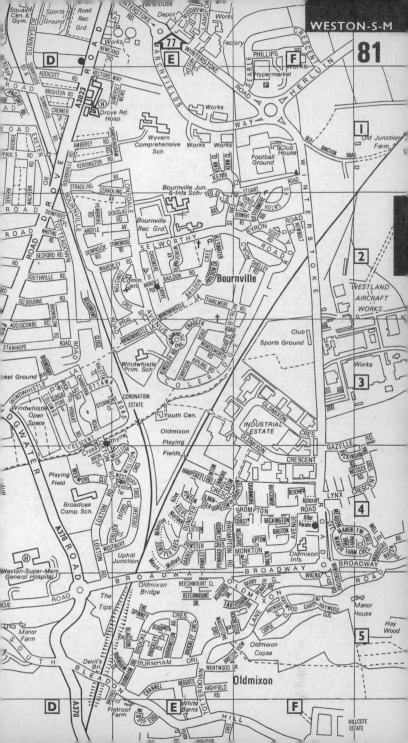

WESTON-super-MARE

INDEX TO STREETS

For details of 'How to use this index' and 'Abbreviations used in this index' please refer to Bristol Index to Streets title page.

Dalwood. BS22 – 3E 79
Dame Court Clo. BS22 – 1E 79
Dartmouth Clo. BS22 – 3E 79
Deacons Clo. BS22 – 3C 78
Delapre Rd. BS23 – 3C 80
Dell, The. BS22 – 1C 78
Derwent Rd. BS23 – 2F 81
Devonshire Rd. BS23 – 3C 80
Dickenson Rd. BS23 – 5D 77
Dolphin Sq. BS23 – 4C 76
Douglas Rd. BS23 – 2E 81
Dowland. BS22 – 3E 79
Downside Rd. BS23 – 2D 81
Drake Clo. BS22 – 1D 79
Drayton. BS24 – 4F 81
Drive, The. BS23 – 3E 77
Drove Rd. BS23 – 2D 81
Drysdale Clo. BS22 – 3B 78
Dumfries Pl. BS23 – 2D 81
Dunkery Rd. BS23 – 3E 77
Dunkite La. BS22 – 1E 79
Dunster Cres. BS24 – 4E 81
Durston. BS24 – 4E 81

Eagle Clo. BS22 – 4C 78
Earlham Gro. BS23 – 4E 77
Eastcombe Gdns. BS23 – 2E 77
Eastcombe Rd. BS23 – 2E 77
Eastfield Gdns. BS23 – 2D 77
Eastfield Pk. BS23 – 2D 77
Ebdon Ct. BS22 – 2E 79
Ebdon Rd. BS22 – 1E to 2E 79
Edgecombe Av. BS22 – 3B 78
Edinburgh Pl. BS23 – 3C 76
Elderberry Wlk. BS22 – 3E 79
Eliot Clo. BS23 – 3E 81
Ellenborough Cres. BS23 – 5C 76
Ellenborough Pk N. BS23 – 5C 76
Ellenborough Pk Rd. BS23 – 5C 76
Ellenborough Pk S. BS23 – 5C 76
Ellesmere Rd. BS23 – 4B 80
Elmhyrst Rd. BS23 – 3E 77
Elmsleigh Rd. BS23 – 2C 80
Elton Rd. BS22 – 1F 79
Emlyn Clo. BS22 – 1F 79
Enmore. BS24 – 4E 81
Ennerdale Clo. BS23 – 2F 81
Esgar Rise. BS22 – 2A 79
Eskdale Clo. BS22 – 5B 78
Ewart Rd. BS22 – 4A 78
Exbourne. BS22 – 2E 79
Exeter Rd. BS23 – 1D 81
Exford Clo. BS23 – 4E 81
Exton. BS24 – 4E 81

Fairfield Clo. BS22 – 3A 78
Fairview. BS22 – 1D 79
Fairway Clo. BS22 – 2A 78
Falcon Cres. BS22 – 4C 78
Fallowfield. BS22 – 1D 79
Farm Rd. BS22 – 3A 78
Farndale Rd. BS22 – 4C 78
Faversham Dri. BS24 – 5F 81
Feniton. BS22 – 2E 79
Fenners. BS22 – 1F 79
Fernlea Rd. BS22 – 5A 78
Finch Clo. BS22 – 4D 79
Finmere Gdns. BS22 – 1F 79
Flamingo Cres. BS22 – 4D 79
Florence Gro. BS22 – 4A 78
Folly La. BS23 – 5C 80
Forest Dri. BS23 – 2F 77
Fowey Rd. BS22 – 1F 79
Fraser Clo. BS22 – 1D 79
Frenchay Rd. BS23 – 3C 80
Friar Av. BS22 – 2D 79
Frobisher Clo. BS22 – 1D 79
Fulmar Rd. BS22 – 3E 79
Furland Rd. BS22 – 3A 78
Furze Clo. BS22 – 1F 77

Furze Rd. BS22 – 1F 77

Gainsborough Dri. BS22 – 2E 79
Gannet Rd. BS22 – 3D 79
Garden Clo. BS22 – 2D 79
Garner Ct. BS22 – 1F 79
Garsdale Rd. BS22 – 4B 78
Gazelle Rd. BS24 – 3F 81
George St. BS23 – 4D 77
Gerard Rd. BS23 – 3D 77
Gilberyn Clo. BS22 – 1F 79
Gillmews. BS22 – 1F 79
Gillmore Clo. BS22 – 3B 78
Gillmore Rd. BS22 – 3B 78
Glastonbury Way. BS22 – 3F 79
Glebe Rd. BS23 – 4D 77
Gleneagles Clo. BS22 – 1E 79
Glen, The. BS22 – 2A 78
Gloucester St. BS23 – 4C 76
Goddard Dri. BS22 – 1F 79
Gordon Rd. BS23 – 4D 77
Gradwell Clo. BS22 – 1F 79
Graham Rd. BS23 – 5C 76
Grange Clo. BS23 – 5C 80
Grange Rd. BS23 – 5D 81
Grasmere Dri. BS23 – 2E 81
Greenacre. BS22 – 1F 77
Greenfield Pl. BS23 – 3B 76
Greenhill Clo. BS22 – 1E 79
Greenland Rd. BS22 – 4C 78
Greenwood Rd. BS22 – 3D 79
Greinton. BS24 – 4E 81
Griffin Clo. BS22 – 2F 79
Grove La. BS23 – 3C 76
Grove Pk Rd. BS23 – 2C 76
Grove Rd. BS23 – 3A 78
Grove Rd. BS23 – 3C 76

Hamilton Rd. BS23 – 2B 76
Hampden Rd. BS22 – 3C 78
Hanover Clo. BS22 – 1F 79
Hapsburg Clo. BS22 – 1F 79
Harptree. BS24 – 4E 81
Harrier Path. BS22 – 4D 79
Hartland. BS22 – 3F 79
Harvey Rd. BS22 – 1F 79
Harwood Grn. BS22 – 1C 78
Hatfield Rd. BS23 – 3F 77
Haversham Clo. BS22 – 4C 78
Hawke Rd. BS22 – 1C 78
Hawthorn Coombe. BS22 – 2C 78
Hawthorn Gdns. BS22 – 2C 78
Hawthorn Hill. BS22 – 2C 78
Hawthorn Pk. BS22 – 2C 78
Haywood Clo. BS24 – 5F 81
Haywood Gdns. BS24 – 5F 81
Hazeldene Rd. BS23 – 3F 77
Herluin Way. BS23 & BS22 – 1F 81
　to 5A 78
Heron Clo. BS22 – 4C 78
Highbury Rd. BS23 – 3B 76
Highfield Rd. BS24 – 5E 81
Highland Clo. BS22 – 1F 77
High St. BS22 – 3C 78
High St. BS23 – 4C 76
Hilcot Gro. BS22 – 2F 77
Hillcote Est. BS24 – 5F 81
Hillcroft Clo. BS22 – 1F 77
Hill Rd. BS22 – 2C 78
Hill Rd. BS23 – 3D 77
Hill Rd E. BS22 – 2D 79
Hillside Gdns. BS22 – 2F 77
Hill View Rd. BS23 – 4F 77
Hinton. BS24 – 4E 81
Hobart Rd. BS23 – 3D 81
Hobbiton Rd. BS22 – 1F 79
Hogarth M. BS22 – 2E 79
Hogarth Wlk. BS22 – 2E 79
Holland St. BS23 – 3F 77
Hollow La. BS22 – 2D 79

Holly Clo. BS22 – 3F 79
Holms Rd. BS23 – 2F 81
Honiton. BS22 – 2F 79
Hopkins St. BS23 – 4C 76
Hughenden Rd. BS23 – 3F 77
Hurst Rd. BS23 – 5E 77
Hutton Moor Rd. BS22 – 5A 78

Ilminster. BS24 – 4E 81
Ingleton Dri. BS22 – 1F 79
Instow. BS22 – 2F 79
Ivybridge. BS22 – 2F 79

Jasmine Clo. BS22 – 3E 79
Jellicoe Ct. BS22 – 1D 79
Jocelin Dri. BS22 – 1E 79
Jubilee Path. BS22 – 3B 78
Jubilee Rd. BS23 – 4D 77

Keep, The. BS22 – 1E 79
Kenn Clo. BS23 – 1E 81
Kennford. BS22 – 2E 79
Kensington Rd. BS23 – 1D 81
Kent Way. BS22 – 1F 79
Kestrel Dri. BS22 – 4C 78
Kew Rd. BS23 – 3D 77
Kewside. BS22 – 1A 78
Kewstoke Rd. BS23 & BS22 – 2A 76
　to 2D 79
Keyes Path. BS22 – 1D 79
Kielder Dri. BS22 – 1D 79
Kilve. BS24 – 4E 81
Kingfisher Rd. BS22 – 4D 79
King's La. BS23 – 3C 76
Kingsley Rd. BS23 – 3E 81
Kingswear. BS22 – 2E 79
Kipling Rd. BS23 – 3E 81
Kite Wlk. BS22 – 4D 79
Knightstone Causeway. BS23 –
　3B 76
Knightstone Pl. BS22 – 2D 79
Knightstone Rd. BS23 – 3B 76

Laburnum Rd. BS23 – 4F 77
Ladye Wake. BS22 – 1E 79
Landemann Cir. BS23 – 3D 77
Landseer. BS22 – 2E 79
Langford Rd. BS23 – 5E 77
Langport Rd. BS23 – 1D 81
Lapwing Gdns. BS22 – 3D 79
Larches, The. BS22 – 1F 79
Larchgrove Cres. BS22 – 3E 79
Larchgrove Wlk. BS22 – 3E 79
Lark Rd. BS22 – 4E 79
Laurel Dri. BS23 – 4C 80
Lawns, The. BS22 – 1F 79
Lawrence Clo. BS22 – 2D 79
Lawrence M. BS22 – 2D 79
Lawrence Rd. BS22 – 2D 79
Leewood Rd. BS23 – 2D 77
Leighton Cres. BS24 – 5E 81
Lester Dri. BS22 – 2E 79
Lewisham Gro. BS23 – 4E 77
Lime Clo. BS22 – 3E 79
Linden Av. BS23 – 4F 77
Lindens, The. BS22 – 1D 79
Links Rd. BS23 – 4A 80
Linnet Clo. BS22 – 4C 78
Lisle Rd. BS22 – 1F 79
Lit. George St. BS23 – 4D 77
Lit. Orchard. BS23 – 5C 80
Litton. BS24 – 4E 81
Llewellyn Way. BS22 – 1F 79
Locking Head Drove. BS24 – 5F 79
Locking Moor Rd. BS22 &
　BS24 – 5B 78
Locking Rd. BS23 & BS22 – 4D 77
　to 3C 78
Longdown Dri. BS22 – 1F 79
Longton Gro Rd. BS23 – 3C 76

WESTON

Lonsdale Av. BS23 – 1E 81
Lovers Wlk. BS23 – 3C 76
Lwr. Church Rd. BS23 – 3C 76
Lwr. Norton La. BS22 – 1A 78
Loxton Rd. BS23 – 4D 81
Lyddon Rd. BS22 – 1C 78
Lyefield Rd. BS22 – 1C 78
Lynch Clo. BS22 – 2D 79
Lyndhurst Rd. BS23 – 2C 80
Lynmouth Clo. BS22 – 2F 79
Lynx Cres. BS24 – 4F 81

Madam La. BS23 – 2E 79
Madeira Rd. BS22 – 2A 76
Magdalen Way. BS22 – 1E 79
Magellan Clo. BS22 – 1D 79
Magnolia Av. BS22 – 4E 79
Magpie Clo. BS22 – 4D 79
Maidstone Gro. BS24 – 5E 81
Mallard Wlk. BS22 – 4C 78
Maltings, The. BS22 – 2D 79
Malvern Rd. BS23 – 2D 81
Manilla Pl. BS23 – 3B 76
Manor Farm Clo. BS24 – 4F 81
Manor Farm Cres. BS24 – 4F 81
Manor Gdns. BS22 – 1A 78
Manor Rd. BS23 – 3E 77
Manor Valley. BS23 – 3E 77
Mansfield Av. BS23 – 3F 77
Maple Clo. BS23 – 4F 77
Marchfields Way. BS23 – 1E 81
Marindin Dri. BS22 – 1F 79
Marine Pde. BS23 – 1B 80
Marine Pde. BS23 – 3A 76
  (Knightstone)
Mariner's Clo. BS23 – 3B 78
Market La. BS23 – 3C 76
Marlborough Dri. BS22 – 2F 79
Martindale Rd. BS22 – 4B 78
Martins Gro. BS23 – 3C 78
Martock. BS24 – 4E 81
Mayfield Av. BS22 – 3C 78
Meadowbank. BS22 – 1E 79
Meadow Croft. BS24 – 4F 81
Meadow St. BS23 – 4C 76
Mead Vale. BS22 – 4C 78
Meare. BS24 – 4E 81
Mendip Av. BS22 – 3D 79
Mendip Edge. BS24 – 5E 81
Mendip Rd. BS23 – 4E 77
Merlin Clo. BS22 – 4C 78
Midford. BS24 – 4E 81
Midhaven Rise. BS22 – 1D 79
Milburn Rd. BS23 – 4D 77
Millers Rise. BS22 – 1F 79
Milton Av. BS23 – 3E 77
Milton Brow. BS22 – 3A 78
Milton Grn. BS22 – 4B 78
Milton Hill. BS22 – 2A 78
Milton Pk Rd. BS23 – 3A 78
Milton Rise. BS22 – 4A 78
Milton Rd. BS23 & BS22 – 4D 77 to
  3C 78
Milverton. BS24 – 4E 81
Monks Hill. BS22 – 1F 79
Monkton Av. BS24 – 4F 81
Montpelier. BS23 – 3D 77
Montpelier E. BS23 – 3D 77
Montpelier Path. BS23 – 3D 77
Moorland Rd. BS23 – 2C 80
Moor La. BS22 & BS24 – 3E 79 to
  5C 78
Moseley Gro. BS23 – 4C 80
Mountbatten Clo. BS22 – 1C 78
Mulberry Clo. BS22 – 3E 79

Naunton Way. BS22 – 2F 77
Nelson Ct. BS22 – 1D 79
Neva Rd. BS23 – 5C 76
Newbolt Clo. BS23 – 2F 81

Newbourne Rd. BS22 – 5A 78
New Bristol Rd. BS22 – 5A 78
New Church Rd. BS23 – 4C 80
Newland Rd. BS23 – 5D 77
Newton Rd. BS23 – 1D 81
Newtons Rd. BS22 – 1C 78
Nightingale Clo. BS22 – 4D 79
Nightingale Ct. BS22 – 4D 79
Nithsdale Rd. BS23 – 2C 80
Northleigh Av. BS22 – 3B 78
North St. BS23 – 4C 76
Norton La. BS22 – 1B 78
Notgrove Clo. BS22 – 3A 78
Nutwell Rd. BS22 – 3C 79
Nutwell Sq. BS22 – 3D 79

Oakdale Gdns. BS22 – 2E 79
Oakford Av. BS23 – 4E 77
Oakhill. BS24 – 4E 81
Old Bristol Rd. BS22 – 3E 79
Old Church Rd. BS23 – 4C 80
Old Junction Rd. BS23 – 1F 81
Oldmixon Cres. BS24 – 3F 81
Oldmixon Rd. BS24 – 5F 81
Orchard Clo. BS22 – 2E 79
Orchard Pl. BS23 – 4C 76
Orchard St. BS23 – 4C 76
Osborne Av. BS23 – 4E 77
Osborne Rd. BS23 – 4E 77
Osprey Gdns. BS22 – 3E 79
Ottawa Rd. BS23 – 3D 81
Oxford Pl. BS23 – 4C 76
Oxford St. BS23 – 4C 76

Paddocks, The. BS23 – 4C 80
Palmer Row. BS23 – 4C 76
Palmer St. BS23 – 4C 76
Paragon Rd. BS23 – 2A 76
Parkhurst Rd. BS23 – 4F 77
Parklands Av. BS22 – 1E 79
Park Pl. BS23 – 3B 76
Park Vs. BS23 – 3B 76
Parson's Grn. BS22 – 1E 79
Partridge Clo. BS22 – 4D 79
Pawlett. BS24 – 4E 81
Pelican Clo. BS22 – 4D 79
Pembroke Rd. BS23 – 2D 81
Penarth Dri. BS24 – 5F 81
Pendlesham Gdns. BS23 – 2F 77
Pennard. BS24 – 4E 81
Pennine Gdns. BS23 – 3F 77
Penrice Clo. BS22 – 2A 78
Peregrine Clo. BS22 – 4E 79
Phillips Rd. BS23 – 5F 77
Pilgrims Way. BS22 – 2C 78
Pimm's La. BS22 – 1F 77
Pine Clo. BS22 – 2C 78
Pine Hill. BS22 – 2C 78
Pitman Rd. BS23 – 5D 77
Pleshey Clo. BS22 – 2B 78
Plover Clo. BS22 – 3D 79
Polden Rd. BS23 – 3E 77
Poplar Pl. BS23 – 4D 77
Poplars, The. BS22 – 3E 79
Porlock Clo. BS23 – 4E 81
Portishead Rd. BS22 – 1F 79
Post Office Rd. BS23 – 4C 76
Pottery Clo. BS23 – 1E 81
Powis Clo. BS22 – 3B 78
Preanes Grn. BS22 – 3E 79
Prescot Clo. BS22 – 2F 77
Priest's Way. BS22 – 3C 78
Priory M. BS23 – 4F 77
Priory Rd. BS23 – 4F 77
Prospect Pl. BS23 – 4C 76
Puffin Clo. BS22 – 4D 79
Purn La. BS24 – 5E 81
Purn Rd. BS24 – 5E 81

Quantock Rd. BS23 – 2C 80

Queen's Rd. BS23 – 3C 76
Queen's Way. BS22 – 1C 78 to
  2F 79

Raglan Pl. BS23 – 3B 76
Ramsey Clo. BS22 – 1D 79
Ranscombe Av. BS22 – 2B 78
Raven Clo. BS22 – 4C 78
Rectors Way. BS23 – 1D 81
Redwing Dri. BS22 – 4D 79
Regent St. BS23 – 4C 76
Rendcomb Clo. BS22 – 2F 77
Retreat, The. BS23 – 2A 76
Rhyne Ter. BS23 – 4B 80
Richards Clo. BS22 – 1F 79
Richmond St. BS23 – 4C 76
Ricketts La. BS22 – 2F 79
Ridgeway Av. BS23 – 5D 77
Ridgeway, The. BS22 – 2A 78
Ringwood Gro. BS23 – 2E 77
Robin Clo. BS22 – 4C 78
Rochester Clo. BS24 – 5E 81
Rockfield. BS22 – 3A 78
Rockingham Gro. BS23 – 2F 77
Rodney. BS24 – 4E 81
Roebuck Clo. BS22 – 1F 79
Rookery Clo. BS22 – 1D 79
Rosedale Av. BS23 – 4E 77
Roslyn Av. BS22 – 3B 78
Rows, The. BS22 – 3C 78
Royal Arc. BS23 – 4C 76
Royal Cres. BS23 – 3B 76
Royal Pde. BS23 – 3B 76
Rubens Ct. BS22 – 2E 79
Rudhall Grn. BS22 – 1F 79
Rutland Clo. BS22 – 4B 78
Rydal Rd. BS23 – 3E 81
Ryecroft Av. BS22 – 3D 79

Sadbury Clo. BS22 – 1F 79
St Andrews Clo. BS22 – 1E 79
St Andrew's Pde. BS23 – 2E 81
St Aubyn's Av. BS23 – 4C 80
St Austell Rd. BS22 – 4A 78
St Clements Ct. BS22 – 2E 79
St David's Clo. BS22 – 1F 77
St Ives Rd. BS23 – 2E 81
St James St. BS23 – 4C 76
St John's Clo. BS23 – 3C 76
St Joseph's Rd. BS23 – 3C 76
St Jude's Ter. BS22 – 3A 78
St Margaret's Ter. BS23 – 4C 76
St Mark's Rd. BS22 – 1E 79
St Martins Ct. BS22 – 2D 79
St Matthew's Clo. BS23 – 2C 76
St Michael's Av. BS22 – 1E 79
St Nicholas Rd. BS23 – 4C 80
St Paul's Rd. BS23 – 1D 81
St Peter's Av. BS23 – 2C 76
Salcombe Gdns. BS22 – 2E 79
Salisbury Rd. BS22 – 4B 78
Salisbury Ter. BS23 – 4C 76
Sandcroft Av. BS23 – 4C 80
Sandford Rd. BS23 – 4E 77
Sandpiper Dri. BS22 – 3E 79
Sandringham Rd. BS23 – 1E 81
Savernake Rd. BS22 – 1D 79
Saville Cres. BS22 – 5B 78
Saville Rd. BS22 – 5B 78
Saxby Clo. BS22 – 1F 79
Saxon Rd. BS22 – 5A 78
Scafell Clo. BS23 – 3F 77
Scaurs, The. BS22 – 2D 79
Scott Rd. BS23 – 2F 81
Seabrook Rd. BS22 – 3B 78
Searle Cres. BS23 – 1F 81
Sedgemoor Rd. BS23 – 3E 77
Selbourne Rd. BS23 – 2D 81
Selworthy Rd. BS23 – 2E 81
Serlo Ct. BS22 – 1E 79

Sevorn Av. BS23 – 2D 81
Severn Rd. BS23 – 1C 80
Seymour Clo. BS22 – 1E 79
Shaftesbury Rd. BS23 – 3F 77
Shelley Rd. BS23 – 2F 81
Shepton. BS24 – 4F 81
Sherwood Cres. BS22 – 2D 79
Shrubbery Av. BS23 – 2B 76
Shrubbery Rd. BS23 – 3B 76
Shrubbery Ter. BS23 – 2B 76
Shrubbery Wlk. BS23 – 3B 76
Shrubbery Wlk W. BS23 – 3B 76
Silverberry Rd. BS22 – 3E 79
Simons Clo. BS22 – 2F 79
Singapore Rd. BS23 – 3D 81
Siskin Wlk. BS22 – 4D 79
Snowberry Clo. BS22 – 3E 79
Snowdon Vale. BS23 – 3E 79
Somerdale Av. BS22 – 4A 78
Somerdale Clo. BS22 – 4A 78
Somerset M. BS23 – 1E 81
Sophia Gdns. BS22 – 1F 79
Southdown. BS22 – 1E 79
Southend Rd. BS23 – 2C 80
Southfield Clo. BS23 – 4C 80
Southmead Rd. BS22 – 5A 78
South Pde. BS23 – 3C 76
South Rd. BS23 – 2A 76
Southside. BS23 – 3C 76
South Ter. BS23 – 3B 76
Southville Rd. BS23 – 2D 81
Spencer Dri. BS22 – 1F 79
Spinney, The. BS24 – 5E 81
Springfield Av. BS22 – 3C 78
Spring Hill. BS22 – 3B 78
Spring Hill Dri. BS22 – 3C 78
Spring Valley. BS22 – 3B 78
Stafford Pl. BS23 – 3D 77
Stafford Rd. BS23 – 4D 77
Stanhope Rd. BS23 – 3D 81
Stanley Gro. BS23 – 4E 77
Stanley Rd. BS23 – 4E 77
Staples Grn. BS22 – 1F 79
Starcross Rd. BS22 – 2F 79
Starling Clo. BS22 – 4C 78
Station App. BS23 – 4D & 5D 77
Station Rd. BS22 – 2D 79
Station Rd. BS23 – 4C 76
Stodleigh Clo. BS22 – 2F 79
Stonebridge Rd. BS23 – 2E 81
Stormont Clo. BS23 – 3D 81
Stradling Av. BS23 – 1D 81
Stuart Rd. BS23 – 1F 81
Summerfield. BS22 – 2F 79
Summerlands Rd. BS23 – 4F 77
Summer La. BS22 & BS24 – 3F 79
Summer La. N. BS22 – 3F 79
Sunningdale Rd. BS22 – 1E 79
Sunnyside Rd. BS23 – 1D 81
Sunnyside Rd N. BS23 – 5D 77
Swallow Gdns. BS22 – 4C 78
Swan Clo. BS22 – 4D 79
Swift Clo. BS22 – 4D 79
Swiss Rd. BS23 – 4D 77
Sycamore Clo. BS23 – 4F 77

Tamar Rd. BS22 – 2E 79

Taunton Rd. BS22 – 1F 79
Tavlstock Rd. BS22 – 2F 79
Tawny Way. BS22 – 4D 79
Taylor Ct. BS22 – 1F 79
Teal Clo. BS22 – 4D 79
Teesdale Clo. BS22 – 4C 78
Tennyson Rd. BS23 – 3E 81
Thirlmere Rd. BS22 – 2E 81
Thornbury Dri. BS23 – 4B 80
Thornbury Rd. BS23 4B 80
Thorn Clo. BS22 – 3F 79
Thorndale Clo. BS22 – 4C 78
Thrush Clo. BS22 – 4D 79
Tichborne Rd. BS23 – 2C 76
Tirley Way. BS22 – 3A 78
Tiverton Gdns. BS22 – 2E 79
Tolland. BS24 – 4F 81
Tor Clo. BS22 – 3F 79
Tormynton Rd. BS22 – 2D 79
Torrington Cres. BS22 – 2F 79
Totnes Clo. BS22 – 2F 79
Totterdown La. BS24 – 5E 81
Totterdown Rd. BS23 – 2D 81
Tovey Clo. BS22 – 1C 78
Tower Wlk. BS23 – 2B 76
Trawden Clo. BS23 – 2F 77
Tremlett M. BS22 – 1F 79
Trenleigh Dri. BS22 – 2E 79
Trevelyan Rd. BS23 – 4D 77
Trewartha Clo. BS23 – 3D 77
Trewartha Pk. BS23 – 3D 77
Trinity Pl. BS23 – 2B 76
Trinity Rd. BS23 – 2A 76
Tudor Rd. BS22 – 1F 79
Turnbury Clo. BS22 – 1E 79
Turner Ct. BS22 – 2E 79

Ullswater Clo. BS23 – 2E 81
Underhill Dri. BS23 – 5C 80
Underwood Av. BS22 – 2F 77
Union Pl. BS23 – 4C 76
Union St. BS23 – 4C 76
Uphill Rd N. BS23 – 2B 80
Uphill Rd S. BS23 – 4C 80
Uphill Way. BS23 – 5B 80
Up. Bristol Rd. BS22 – 2F 77
Up. Church Rd. BS23 – 3B 76
Upton. BS24 – 4F 81

Valda Rd. BS22 – 3A 78
Valetta Clo. BS23 – 3D 81
Verbena Way. BS22 – 4E 79
Vian End. BS22 – 1D 79
Vicarage Clo. BS22 – 1E 79
Victoria Pk. BS23 – 3B 76
Victoria Pl. BS23 – 3B 76
Victoria Quadrant. BS23 – 3C 76
Victoria Sq. BS23 – 4C 76

Wadham St. BS23 – 3C 76
Wagtail Gdns. BS22 – 4D 79
Wainwright Clo. BS22 – 1F 79
Walford Av. BS22 – 1F 79
Walliscote Gro Rd. BS23 – 4C 76
Walliscote Rd. BS23 – 1C 80
Walliscote Rd S. BS23 – 2C 80
Walnut Clo. BS24 – 5F 81

Walsh Clo. BS24 – 4F 81
Walton. BS24 – 4F 81
Wansbrough Rd. BS22 – 2F 79
Warwick Clo. BS22 – 4B 78
Waterloo St. BS23 – 3C 76
Waverley Rd. BS23 – 2D 81
Wayland Rd. BS22 – 2D 79
Wayside. BS22 – 3C 78
Wedmore Clo. BS23 – 4D 81
Weind, The. BS22 – 3C 78
Wellard Clo. BS22 – 1F 79
Well Clo. BS24 – 4F 81
Wellington Pl. BS23 – 4C 76
Wellsea Gro. BS23 – 5A 78
Wentwood Dri. BS24 – 5E 81
Wentworth Clo. BS22 – 1E 79
Wesley Dri. BS22 – 1F 79
Wessex Rd. BS24 – 4F 81
Westbrook Rd. BS22 – 3B 78
Westbury Cres. BS23 – 4E 81
Westfield Clo. BS23 – 4C 80
Westfield Rd. BS23 – 4B 80
W. Links Clo. BS22 – 1F 77
Westmarch Way. BS22 – 1F 79
West St. BS23 – 3C 76
Whitecross Rd. BS23 – 1C 80
Whitting Rd. BS23 – 2D 81
Whittington Dri. BS22 – 2C 78
Wigmore Gdns. BS22 – 3B 78
Williton Cres. BS23 – 4E 81
Willow Clo. BS23 – 4C 80
Willowdown. BS22 – 1D 79
Wilton Gdns. BS23 – 5C 76
Windermere Av. BS23 – 2E 81
Windsor Rd. BS22 – 3B 78
Windwhistle Circle. BS23 – 3E 81
Windwhistle La. BS23 – 3D & 3E 81
Windwhistle Rd. BS23 – 3C 80
Wingard Clo. BS22 – 4B 80
Winscombe Rd. BS23 – 5E 77
Winterstoke Rd. BS23 &
   BS24 – 5E 77 to 5F 81
Woodcliff Av. BS22 – 3B 78
Woodcliff Rd. BS22 – 3B 78
Woodhurst Rd. BS23 – 4E 77
Woodland Rd. BS23 – 2C 80
Wood La. BS23 – 2E 77
Woodpecker Dri. BS22 – 4D 79
Woodside Av. BS24 – 4F 81
Woodspring Av. BS22 – 1F 77
Woodspring Cres. BS22 – 1F 77
Woodstock Rd. BS22 – 4A 78
Woodview Ter. BS23 – 5E 77
Wooler Rd. BS23 – 4D 77
Wordsworth Rd. BS23 – 3E 81
Worlebury Clo. BS22 – 1F 77
Worlebury Hill Rd. BS22 – 1F 77
Worlebury Pk Rd. BS22 – 1F 77
Worle Ct. BS22 – 2E 79
Worthy La. BS23 – 3C 76
Worthy Pl. BS23 – 3C 76
Wren Clo. BS22 – 4C 78
Wynter Clo. BS22 – 2F 79

Yeo Clo. BS23 – 2E 81
York Clo. BS22 – 1F 79
York St. BS23 – 4C 76

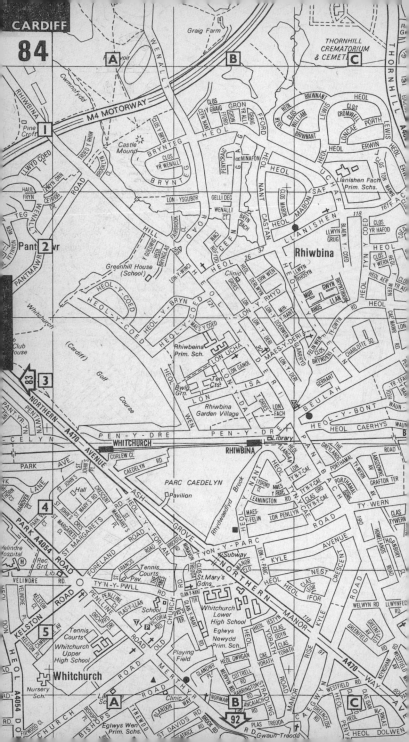

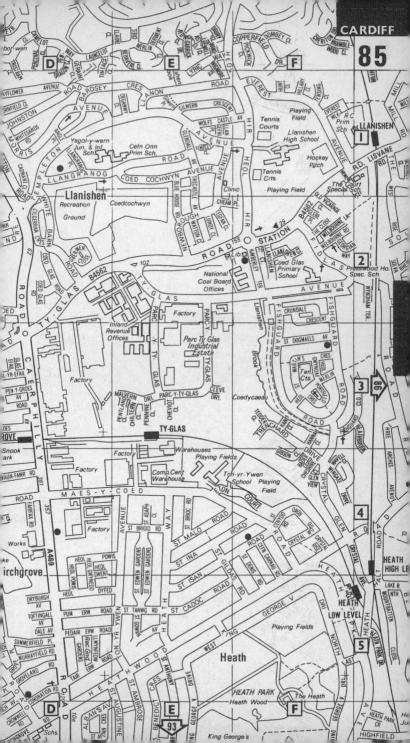

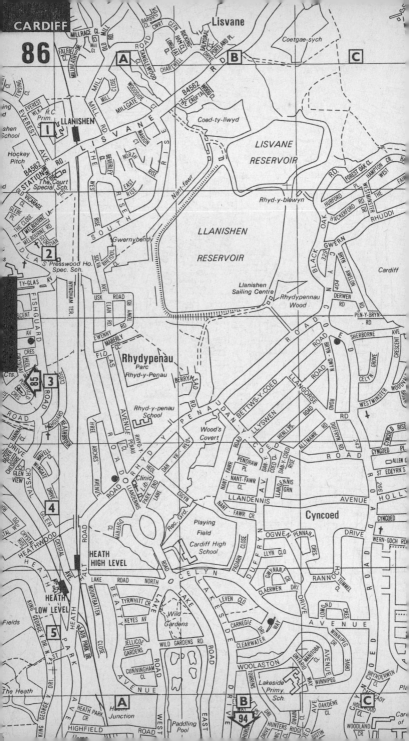

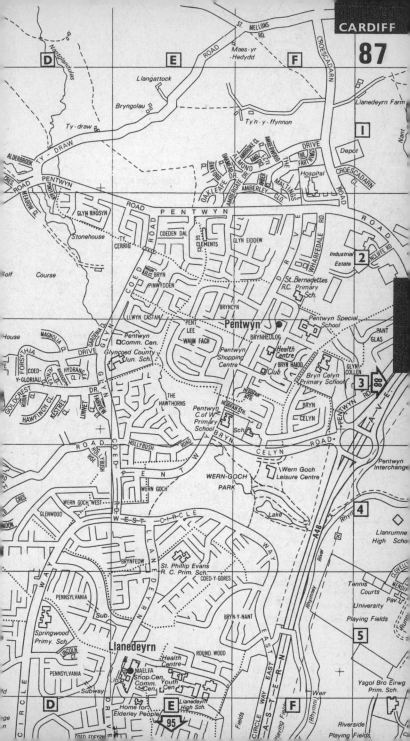

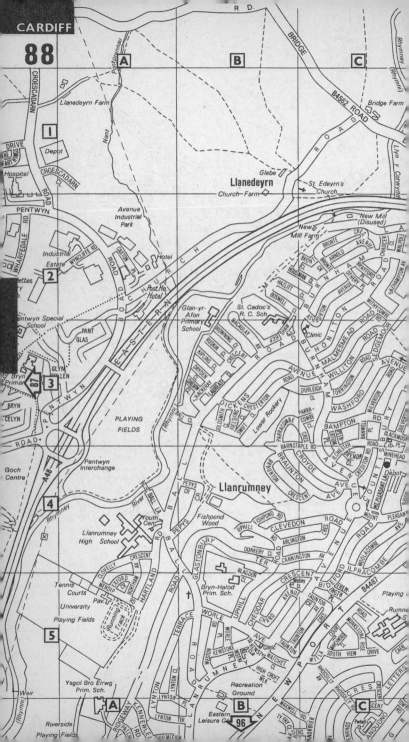

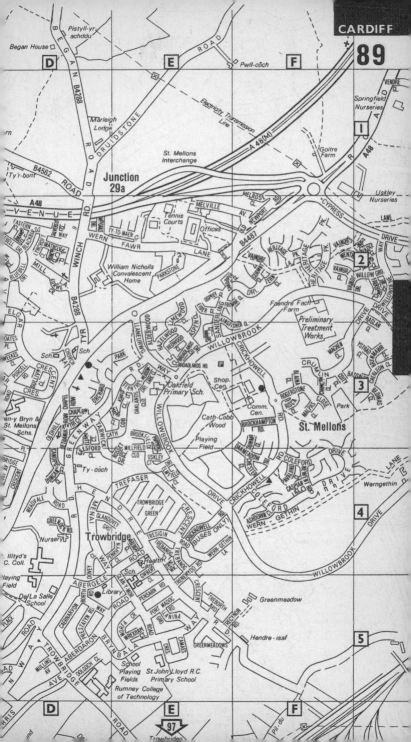

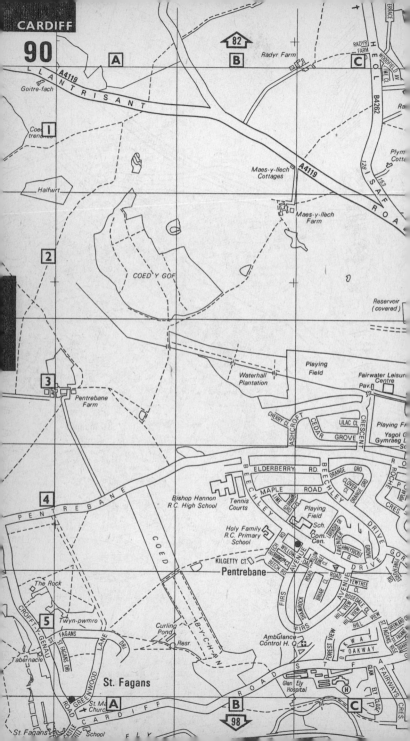

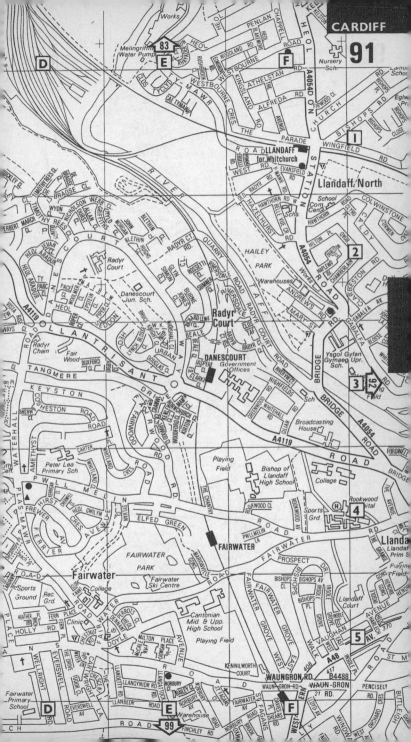

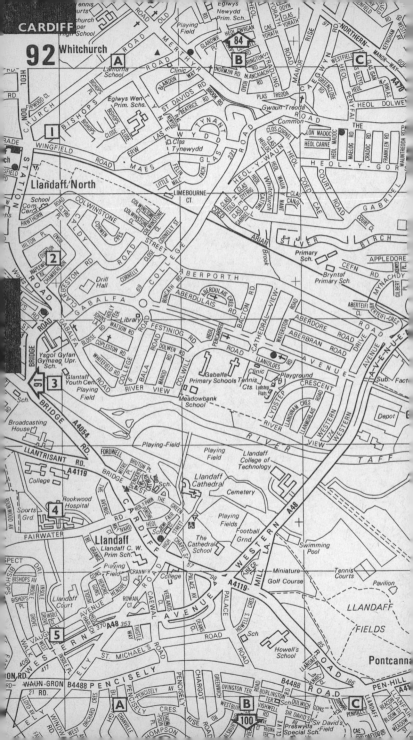

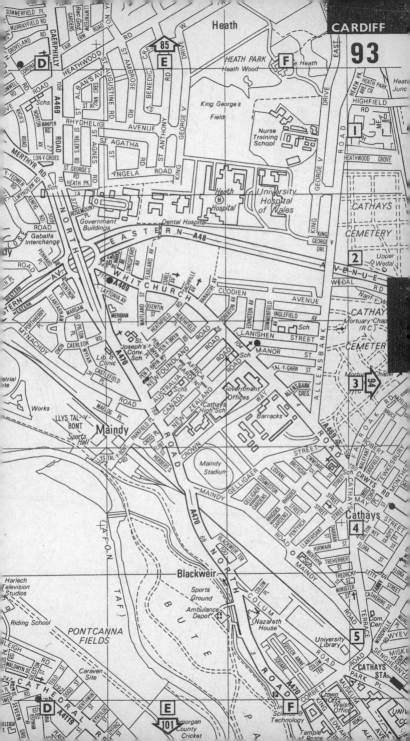

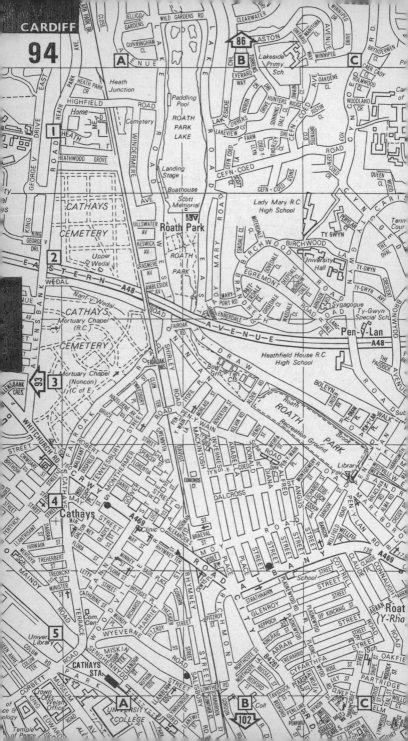

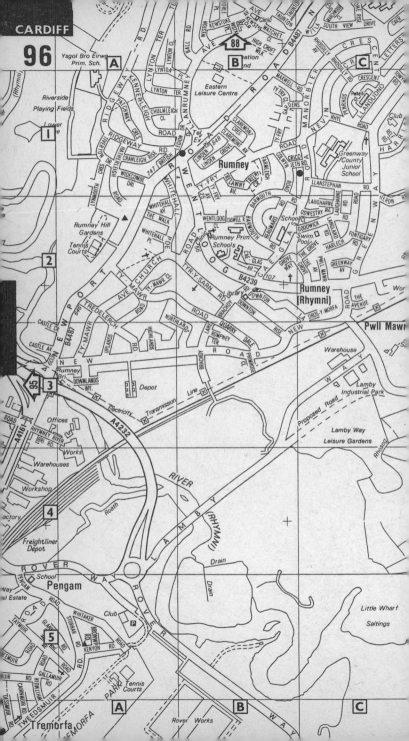

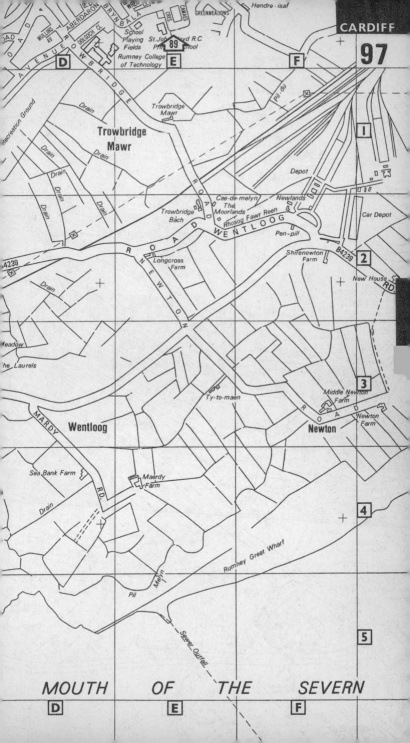

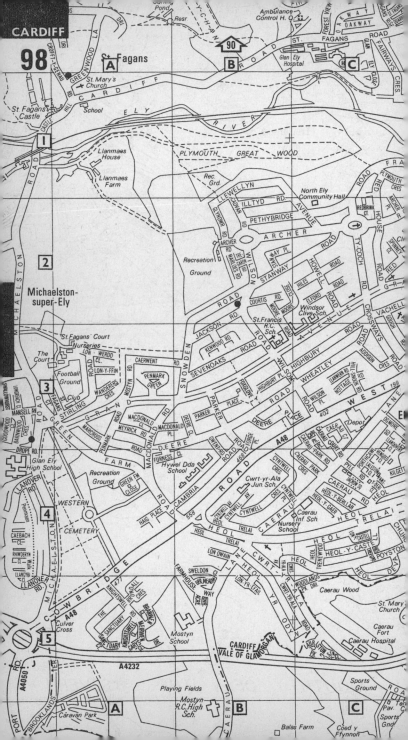

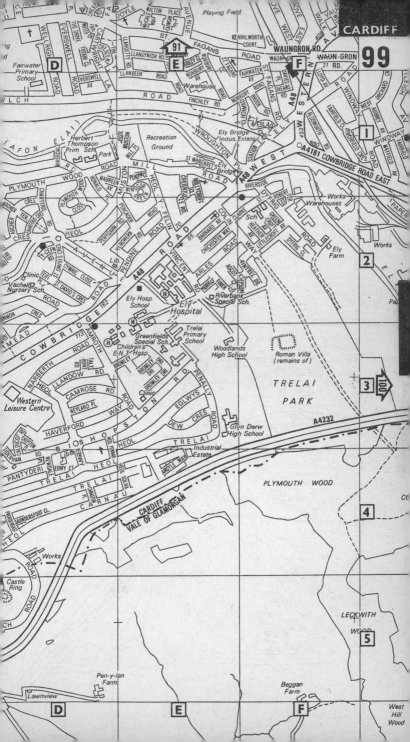

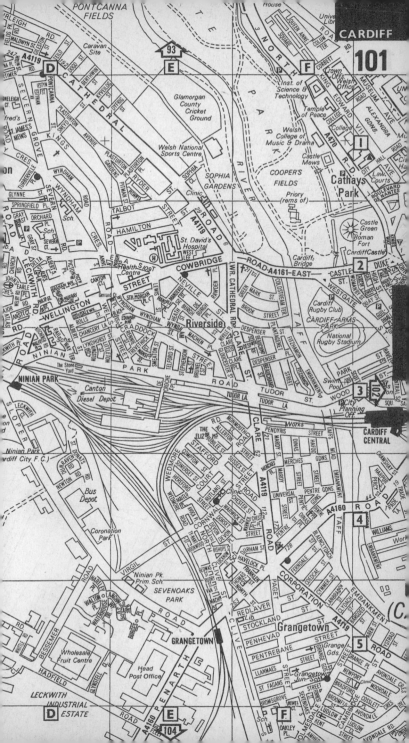

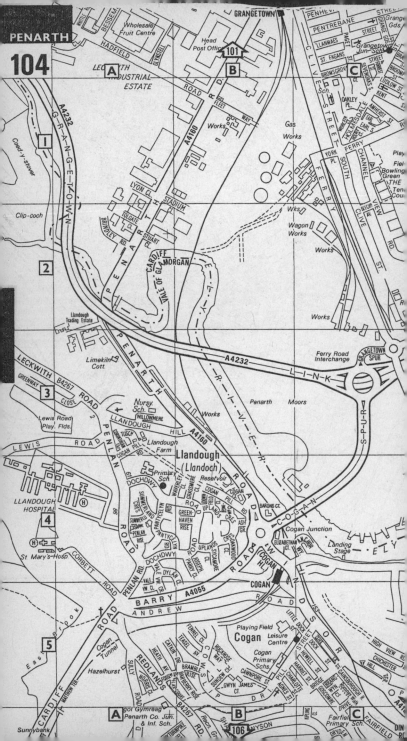

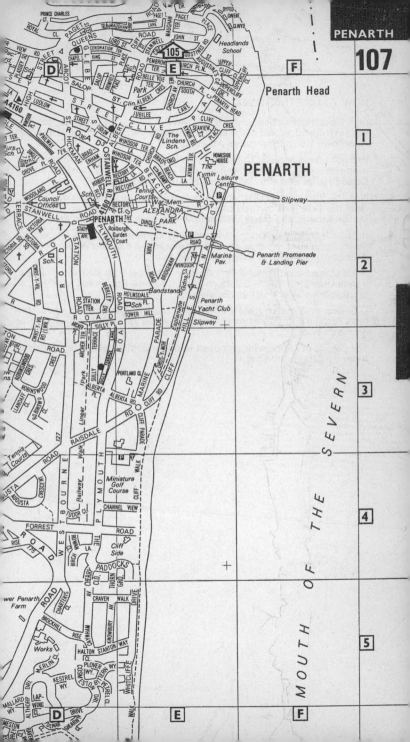

Penarth Head

PENARTH

MOUTH OF THE SEVERN

Slipway

Penarth Promenade & Landing Pier

Penarth Yacht Club

Slipway

Marina Pav.

Miniature Golf Course

Headlands School

The Kymin Leisure Centre

War-Mem.

ALEXANDRA

DINGLE PARK

Roxburgh Garden Court

The Lindens Sch.

Homeside House

Council Offices

Tennis Courts

Lower Penarth Farm

Cliff Side

PADDOCKS

Works

CARDIFF

INDEX TO STREETS

HOW TO USE THIS INDEX

(a)A strict alphabetical order is followed in which Av., Rd., St., etc. are read in full and as part of the name preceding them, e.g. Aber St. follows Aberporth Rd. but precedes Aberteifi Clo.

(b)Each street name is followed by its Postal Code District Number and map reference, e.g. Aberbran Rd. CF4 – 3C 92 is in the Cardiff 4 Postal Code District and is to be found in square 3C on page 92

N.B.The Postal Code District Numbers given in these indices are, in fact, only the first part of the Postcode to each address and are meant to indicate the Postal Code District in which each street is situated.

(a)Dilynir trefn y wyddor yn fanwl, felly darllenir Av., Rd., St., etc. yn llawn ac fel rhan o'r enw sy'n eu rhagflaenu, e.e.e. ceir Aber . yn dilyn Aberporth Rd. ond yn rhagflaenu Aberteifi Clo.

(b)Dilynir enw pob heol â Rhif Ardal y Cod Post a chyfeirnod map e.e. y mae Glas Efail. CF4 – 3D 85 yn golygu Ardal 4 Cod Post Caerdydd, ac fe'i lleolir yn sgwâr 3D ar dudalen 85.

D.S. Dim ond rhan gyntaf y Cod Post a berthyn i bob cyfeiriad yw Rhifau'r Ardal a geir yn y Mynegeion, a'u pwrpas yw nodi Ardal y Cod Post lle mae'r heol.

For details of 'Abbreviations used in this index' please refer to Bristol Index to Streets title page.

CARDIFF

Blaen-y-Coed. CF4 – 3A 82
(Radyr)
Blaen-y-Coed. CF4 – 2C 84
(Rhiwbina)
Blagdon Clo. CF3 – 5B 88
Blaina Clo. CF3 – 3F 89
Blanche St. CF2 – 5E 95
Blandon Way. CF4 – 1A 92
Blanthorn Ct. CF4 – 4F 83
Blenheim Rd. CF2 – 4C 94
Blethin Clo. CF5 – 2E 91
Bloom St. CF1 – 1C 100
Blosse Rd. CF4 – 3A 92
Bluebell Dri. CF3 – 2D 89
Blue Ho Rd. CF4 – 1E 85
Boleyn Wlk. CF2 – 3C 94
Boncath Rd. CF4 – 2A 92
Booker St. CF2 – 5E 95
Borrowdale Clo. CF2 – 2B 94
Borth Rd. CF3 – 5D 89
Boswell Clo. CF3 – 2B 88
Boulevard de Nantes. CF1 – 1A 102
Boverton St. CF2 – 3B 94
Brachdy La. CF3 – 3B 96
Brachdy Rd. CF3 – 2B 96
Bracken Pl. CF5 – 3D 91
Bradenham Pl. CF6 – 1D 107
Bradford Pl. CF6 – 1E 107
Bradford St. CF1 – 5F 101
Bradley St. CF2 – 5E 95
Braeval St. CF2 – 4B 94
Bramble Clo. CF5 – 4B 90
Bramble Rise. CF6 – 5B 104
Bramblewood Clo. CF4 – 1F 85
Brandreth Rd. CF2 – 2B 94
Brangwyn Clo. CF6 – 5C 104
Branwen Clo. CF5 – 5A 98
Braunton Av. CF3 – 4B 88
Braunton Cres. CF3 – 4B 88
Brayford Pl. CF3 – 2C 88
Brecon St. CF5 – 1C 100
Brendon Clo. CF3 – 4C 88
Briar Clo. CF5 – 5C 90
Briarwood Dri. CF2 – 3C 86
Bridgeman Rd. CF6 – 2E 107
Bridge Rd. CF3 – 1B 88
Bridge Rd. CF5 & CF4 – 3F 91
Bridge St. CF1 – 3A 102
Bridge St. CF5 – 4A 92
Bridge St. CF6 – 5C 104
Bridgwater Rd. CF3 – 4C 88
Brindley Rd. CF1 – 2A 104
Britannia Rd. CF1 – 1F 105
Brithdir St. CF2 – 4F 93
British Legion Dri. CF3 – 1A 96
Britten Rd. CF6 – 4C 106
Broadacres. CF1 – 3C 100
Broadhaven. CF1 – 3C 100
Broadlands Ct. CF3 – 3E 89
Broadlands Ho. CF3 – 3E 89
Broad Pl. CF1 – 3C 100
Broadstairs Rd. CF1 – 3C 100
Broad St. CF1 – 2B 100
Broadway. CF2 – 1D 103
Brocastle Rd. CF4 – 4A 84
Brockhampton Rd. CF3 – 3F 89
Brockhill Rise. CF6 – 5D 107
Bromfield Pl. CF6 – 1D 107
Bromley Dri. CF5 – 3E 99
Bromsgrove St. CF1 – 5F 101
Bronte Clo. CF3 – 2C 88
Bronte Cres. CF3 – 2C 88
Bronwydd Av. CF2 – 2C 94
Bronwydd Clo. CF2 – 3C 94
Bronwydd Rd. CF3 – 5A 96
Brookfield Dri. CF3 – 3E 89
Brooklands Ter. CF5 – 5A 98
(in two parts)
Brooklyn Clo. CF4 – 1A 84
Brook Rd. CF4 – 1B 92

Brook Rd. CF5 – 1F 99
Brookside Clo. CF4 – 5D 85
Brook St. CF1 – 2F 101
Broomfield St. CF1 – 5F 101
Broom Pl. CF5 – 4D 91
Browning Clo. CF3 – 3B 88
Bruce Knight Clo. CF5 – 3E 91
Bruce St. CF2 – 3A 94
Brundall Cres. CF5 – 5A 98
Brunel St. CF1 – 3E 101
Brunswick St. CF5 – 2C 100
Bruton Pl. CF5 – 4A 92
Brydges Pl. CF2 – 5A 94
Bryn Adar. CF4 – 2F 83
Bryn-awelon Rd. CF2 – 2C 86
Bryn Bach. CF4 – 2B 84
Brynbala Way. CF3 – 5E 89
Bryn Castell. CF4 – 3B 82
Bryn Celyn. CF2 – 3F 87
Bryn Celyn Rd. CF2 – 3E 87
Bryncoed. CF4 – 3A 82
Bryncyn. CF2 – 2E 87
Bryn Derwen. CF4 – 3A 82
Brynderwen Clo. CF2 – 5C 86
Brynfedw. CF3 – 4E 87
Bryn Golwg. CF4 – 3B 82
Bryn-gwyn Rd. CF2 – 3C 86
Bryn Haidd. CF2 – 3F 87
Brynheulog. CF2 – 3F 87
Bryn Heulog. CF4 – 5F 83
Bryn Hyfryd. CF4 – 3B 82
Brynmawr Clo. CF3 – 3F 89
Bryn Pinwydden. CF2 – 2E 87
Bryn Rhosyn. CF4 – 3A 82
Brynteg. CF4 – 1A 84
Brynteg Clo. CF2 – 2C 94
Bryntirion. CF4 – 2C 84
Bryn-y-Nant. CF3 – 5F 87
Buckingham Clo. CF4 – 1B 86
Buckley Clo. CF5 – 1D 91
Bunyan Clo. CF3 – 2C 88
Burges Pl. CF1 – 5E 101
Burlington Ter. CF5 – 5B 92
Burnaby St. CF2 – 1E 103
Burne Jones Clo. CF5 – 2E 91
Burnham Av. CF3 – 2C 88
Burnside Ct. CF3 – 3E 91
Burt Pl. CF1 – 1E 105
Burt St. CF1 – 1E 105
Bute Cres. CF1 – 1F 105
Bute Esplanade. CF1 – 1E 105
Bute La. CF6 – 1D 107
Bute Pl. CF1 – 1F 105
Bute St. CF1 – 3B 102
Bute St. CF4 – 1C 82
Bute Ter. CF1 – 3B 102
Butetown Link. CF1 – 2D 105 to
5C 102
Butetown Spur. CF1 – 5C 102
Butleigh Av. CF5 – 1A 100
Bwlch Rd. CF5 – 1D 99
Byrd Cres. CF6 – 4B 106
Byron Pl. CF6 – 1C 106
Byron St. CF2 – 1C 102

Cadnant Clo. CF4 – 1D 85
Cadvan Rd. CF5 – 2B 98
Cadwgan Pl. CF5 – 5E 91
Caebach Clo. CF5 – 4A 98
Caedelyn Rd. CF4 – 4A 84
Cae-glas Av. CF3 – 2B 96
Cae-glas Rd. CF3 – 2B 96
Caegwyn Rd. CF4 – 1C 92
Caelewis. CF4 – 1D 83
Cae Maen. CF4 – 5C 84
Cae Mawr Rd. CF4 – 2C 84
Caenewydd Clo. CF5 – 4A 98
Caerau Ct. Rd. CF5 – 3C 98
Caerau La. CF5 – 5B to 3C 98
Caerau Pk Cres. CF5 – 4C 98

Caerau Pk Pl. CF5 – 3C 98
Caerau Pk Rd. CF5 – 3C 98
Caerau Rd. CF5 – 4C 98
Caer Cady Clo. CF2 – 1C 94
Caer Castell Pl. CF3 – 5C 88
Caer Graig. CF4 – 3A 82
Caerleon Clo. CF3 – 3F 89
Caerleon Rd. CF4 – 3D 93
Caerleon Rd. CF6 – 1A 106
Caernarvon Way. CF3 – 5D 89
Caerphilly Clo. CF6 – 1A 106
Caerphilly Rd. CF4 – 3D 85
Cae'r Wenallt. CF4 – 2F 83
Caerwent Rd. CF5 – 3A 98
Cae Syr Dafydd. CF1 – 1C 100
Cae Tymawr. CF4 – 1E 91
Caewal Rd. CF4 – 4A 92
Cae Yorath. CF4 – 5B 84
Cairnmuir Rd. CF2 – 5F 95
Caldicot Rd. CF5 – 3D 99
Caldy Rd. CF4 – 2A 92
Camaes Cres. CF3 – 5E 89
Cambourne Av. CF4 – 5F 83
Cambria Rd. CF5 – 4B 98
Cambridge St. CF1 – 1C 104
Camelot Way. CF4 – 1D 85
Cameron St. CF2 – 1E 103
Campion Pl. CF5 – 3D 91
Camrose Rd. CF5 – 3D 99
Canada Rd. CF4 – 3E 93
Canal Pde. CF1 – 4B 102
Canaston Pl. CF5 – 4D 99
Cannington Av. CF3 – 4B 88
Canopus Clo. CF3 – 4D 89
Canton Ct. CF1 – 2D 101
Cardiff Rd. CF5 – 4A 92
(Llandaff)
Cardiff Rd. CF5 – 1A 98
(St Fagans)
Cardiff Rd. CF6 – 1A 106
Cardigan Clo. CF6 – 2A 106
Cardigan Ho. CF6 – 2C 106
Cardigan Rd. CF6 – 2A 106
Cardigan St. CF5 – 1C 100
Cargo Rd. CF1 – 2F 105
Carisbrooke Way. CF3 – 2C 94
Carlisle St. CF2 – 2D 103
Carmarthen Ho. CF6 – 3C 106
Carmarthen Rd. CF6 – 2A 106
Carmarthen St. CF5 – 1C 100
Carnegie Dri. CF2 – 5B 86
Caroline St. CF1 – 3A 102
Carter Pl. CF5 – 4D 91
Cartwright La. CF5 – 5D 91
Carys Clo. CF5 – 5A 98
Carys Clo. CF6 – 3B 106
Caspian Clo. CF3 – 4F 89
Castell Coch View. CF4 – 1C 82
Castle Arc. CF1 – 2A 102
Castle Av. CF3 – 3F 95
Castle Av. CF6 – 4B 106
Castle Cres. CF3 – 3F 95
Castlefield Pl. CF4 – 3D 93
Castle Hill. CF5 – 1A 98
Castle La. CF2 – 1C 102
Castle Rd. CF1 – 1C 82
Castle St. CF1 – 2F 101
Castle View. CF4 – 2D 83
Caswell Rd. CF3 – 2B 96
Cathays Ter. CF2 – 4A 94
Cath Cob Clo. CF3 – 3E 89
Cathedral Grn., The. CF5 – 4A 93
Cathedral Rd. CF1 – 5D 93
Cathedral View. CF4 – 3B 92
Cathedral Wlk. CF1 – 2A 102
Catherine Dri. CF4 – 1D 83
Catherine St. CF2 – 5A 94
Catkin Dri. CF6 – 5A 104
Cawnpore St. CF6 – 5B 104
Caxton Pl. CF2 – 2A 88

Caynham Av. CF6 – 5D 107
Cecil St. CF2 – 1D 103
Cedar Gro. CF6 – 3C 90
Cedar Way. CF6 – 2B 106
Cefn Carnau Rd. CF4 – 4F 85
Cefn Coch. CF4 – 3A 82
Cefn-Coed Av. CF2 – 1B 94
Cefn-Coed Cres. CF2 – 1C 94
Cefn-Coed Gdns. CF2 – 1B 94
Cefn-Coed La. CF2 – 1B 94
Cefn-Coed Rd. CF2 – 1B 94
Cefn Graig. CF4 – 2B 84
Cefn Nant. CF4 – 1B 84
Cefn Rd. CF4 – 2C 92
Ceiriog Clo. CF6 – 1C 106
Ceiriog Dri. CF4 – 2F 83
Celerity Dri. CF1 – 4B 102
Celtic Rd. CF4 – 1D 93
Celyn Av. CF2 – 5B 86
Celyn Gro. CF2 – 3C 86
Central Link. CF1 – 3C 102
Central Sq. CF1 – 3A 102
Chamberlain Rd. CF4 – 2F 91
Chamberlain Row. CF6 – 1A 106
Chancery La. CF1 – 3D 101
Channel View. CF6 – 4D 107
Channel View Rd. CF1 – 1C 104
Chantry Rise. CF6 – 4C 106
Chantry, The. CF5 – 4E 91
Chapel La. CF6 – 5D 105
Chapel Rd. CF4 – 2B 82
Chapel Row. CF3 – 3D 89
Chapel Row La. CF3 – 3D 89
Chapel St. CF5 – 4A 92
Chapel Wood. CF3 – 1E 95
Chard Av. CF3 – 5B 88
Chargot Rd. CF5 – 5B 92
Charles St. CF1 – 2B 102
Charlotte Sq. CF4 – 3C 84
Charlotte St. CF4 – 5B 104
Charteris Clos. CF6 – 5D 107
Charteris Cres. CF2 – 2D 99
Charteris Rd. CF5 – 1D 99
Chartwell Dri. CF4 – 1A 86
Chaucer Clo. CF4 – 2C 88
Chaucer Clo. CF6 – 1C 106
Cheam Pl. CF4 – 2B 84
Cheddar Cres. CF3 – 5B 88
Chepstow Clo. CF5 – 3D 99
Cheriton Dri. CF4 – 1F 85
Cherry Clo. CF5 – 3B 90
Cherry Clo. CF6 – 3A 106
(Murch)
Cherry Clo. CF6 – 4D 107
(Penarth)
Cherrydale Rd. CF5 – 1E 99
Cherwell Clo. CF5 – 4D 91
Cherwell Rd. CF6 – 3C 106
Cheshire Clo. CF4 – 4F 85
Chester Clo. CF3 – 3F 89
Chester Pl. CF1 – 4F 101
Chester St. CF1 – 4F 101
Chesterton Rd. CF3 – 3B 88
Chestnut Clo. CF5 – 5D 91
Chestnut Tree Clo. CF4 – 4A 82
Chestnut Way. CF6 – 2B 106
Cheviot Clo. CF4 – 3E 85
Chichester Rd. CF6 – 5C 104
Chichester Way. CF5 – 2E 99
Chiltern Clo. CF4 – 3E 85
Christina St. CF1 – 4B 102
Chulmleigh Clo. CF3 – 1A 96
Church Av. CF6 – 1E 107
Churchill Way. CF1 – 2B 102
Church La. CF3 – 3D 89
Church Pl N. CF6 – 5E 105
Church Pl S. CF6 – 1E 107
Church Rd. CF3 – 2A 88
(Llanedeyrn)

Church Rd. CF3 – 2A 96
(Rumney)
Church Rd. CF4 – 1F 91
Church Rd. CF5 – 4C 98
(Caerau)
Church Rd. CF5 – 2D 101
(Canton)
Church Rd. CF6 – 1E 107
Church St. CF1 – 2A 102
Church Ter. CF2 – 5D 95
Cilfedw. CF4 – 3B 82
Cilgerran Cres. CF4 – 2D 85
Circle Way E. CF3 – 4E 87 to 1E 95
Circle Way W. CF3 – 4D 87 to 2E 95
City Hall Rd. CF1 – 1A 102
City Rd. CF2 – 5B 94
Claerwen Dri. CF2 – 5B 86
Clarbeston Rd. CF4 – 2A 92
Clare Gdns. CF1 – 3E 101
Claremont Av. CF3 – 1B 96
Claremont Cres. CF3 – 1B 96
Clarence Embkmt. CF1 – 1D 105
Clarence Pl. CF1 – 1E 105
Clarence Rd. CF1 – 5A 102
Clarendon. CF2 – 4D 87
Clarendon Rd. CF2 – 2D 95
Clare Pl. CF1 – 3F 101
Clare Rd. CF1 – 3F 101
Clare St. CF1 – 3F – 101
Clarke St. CF5 – 2F 99
Clas Canol. CF4 – 2B 92
Clas Dyfrig. CF4 – 1B 92
Clas Gabriel. CF4 – 2B 92
Clas Heulog. CF4 – 1B 92
Clas Ifor. CF4 – 2B 84
Clas Illtyd. CF4 – 1C 92
Clas Isan. CF4 – 1C 92
Clas Odyn. CF4 – 5B 84
Clas Teilo. CF4 – 2B 92
Clas Tynewydd. CF4 – 1B 92
Clas Ty'n-y-cae. CF4 – 4C 84
Clas-tywern. CF4 – 4C 84
Clas Yorath. CF4 – 5B 84
Claude Pl. CF2 – 4C 94
Claude Rd. CF2 – 4C 94
Clearwater Way. CF2 – 5B 86
Clevedon Rd. CF3 – 4B 88
Cleve Dri. CF4 – 3E 85
Cliff Hill Esplanade. CF6 – 3E 107
Cliff Pde. CF6 – 3E 107
Cliff Pl. CF5 – 2B 100
Cliff Rd. CF6 – 3E 107
Cliff St. CF6 – 5E 105
Cliff Wlk. CF6 – 5E 107
Clifton St. CF2 – 1D 103
Clinton Rd. CF6 – 3D 107
Clipper Rd. CF1 – 5E 103
Clive Cres. CF6 – 1E 107
Clive La. CF6 – 5C 104
Clive Pl. CF2 – 5C 94
Clive Pl. CF6 – 1E 107
Clive Rd. CF5 – 1B 100
Clive St. CF1 – 5F 101
Clodien Av. CF4 – 2F 93
Clos Brynderi. CF4 – 3C 84
Clos Bryn Melyn. CF4 – 4B 82
Clos Cornel. CF4 – 1B 92
Clos Cromwell. CF4 – 1C 84
Close, The. CF4 – 2F 85
Clos Fach. CF4 – 2C 84
Clos Hendre. CF4 – 2C 84
Clos Mabon. CF4 – 2B 84
Clos Taf. CF5 – 3F 91
Clos Ton Mawr. CF4 – 1C 84
Clos Treoda. CF4 – 4B 84
Clos Tyclyd. CF4 – 1E 91
Clos William. CF4 – 1B 84
Clos y Bryn. CF4 – 1A 84
Clos-y-Graig. CF4 – 1B 84
Clos-y-Nant. CF5 – 5D 91

Clos yr Aer. CF4 – 2C 84
Clos yr Hafod CF4 – 2C 84
Clos yr Wenallt. CF4 – 1A 84
Clovelly Cres. CF3 – 4A 88
Clover Clo. CF5 – 4C 90
Clun Ter. CF2 – 3A 94
Clwyd. CF6 – 5E 105
Clydach St. CF1 – 5F 101
Clydesmuir Ind. Est.
CF2 – 5F 95
Clydesmuir Rd. CF2 – 1F 103
Clyde St. CF2 – 2C 102
Clyro Pl. CF4 – 2A 92
Coates Pl. CF3 – 3D 89
Coates Rd. CF6 – 4C 106
Coburn St. CF2 – 5A 94
Coed Arian. CF4 – 2B 92
Coedcae St. CF1 – 4F 101
Coed Cochwyn Av. CF4 – 1E 85
Coed Edeyrn. CF3 – 1D 95
Coeden Dal. CF2 – 2E 87
Coed Glas Rd. CF4 – 2D 85
Coed-y-Gloriau. CF2 – 3D 87
Coed-y-Gores. CF3 – 5E 87
Coed-y-Llyn. CF2 – 1B 94
Coed-y-Llyn. CF4 – 3A 82
Coed yr ynn. CF4 – 2C 84
Cogan Ct. CF6 – 4B 104
Cogan Hill. CF6 – 4B 104
Cogan Pill Rd. CF6 – 3A 104
Cogan Ter. CF2 – 5A 94
Coity Clo. CF3 – 3F 89
Colborne Wlk. CF1 – 2D 101
Colchester Av. CF3 – 3D 95
Colchester Factory Est. CF3 – 4E 95
Coldstream Ter. CF1 – 2F 101
Coleford Dri. CF3 – 4F 89
Coleridge Av. CF6 – 1C 106
Colin Way. CF5 – 2E 99
College Rd. CF1 – 1F 101
College Rd. CF4 – 3A 92 to 1B 92
Collingdon Rd. CF1 – 4B 102
Colum Pl. CF1 – 5F 93
Colum Rd. CF1 – 5F 93
Colum Ter. CF1 – 5F 93
Colwill Rd. CF4 – 3B 92
Colwinstone St. CF4 – 2A 92
Colwinstone Clo. CF4 – 2A 92
Colwyn Rd. CF3 – 1B 96
Comet St. CF2 – 2C 102
Compass Rd. CF1 – 5E 103
Compton St. CF1 – 4E 101
Connaught Rd. CF2 – 5C 94
Constellation St. CF2 – 2C 102
Conway Clo. CF6 – 2A 106
Conway Rd. CF1 – 5C 92
Conybeare Rd. CF5 – 1B 100
Copleston Rd. CF4 – 3A 92
Copperfield Dri. CF4 – 1F 85
Copper St. CF2 – 1D 103
Corbett Rd. CF1 – 5F 93
Corbett Rd. CF6 – 4A 104
Corinthian Clo. CF6 – 3A 104
Cormorant Clo. CF3 – 2F 89
Cornelly Clo. CF4 – 2A 92
Cornelly St. CF4 – 2A 92
Cornerswell La. CF6 – 2C 106
Cornerswell Pl. CF6 – 1B 106
Cornerswell Rd. CF6 – 2C 106
Cornfield Clo. CF4 – 1D 85
Cornish Clo. CF1 – 1D 105
Cornwall St. CF1 – 4E 101
Coronation Rd. CF4 – 5D 85
Coronation Ter. CF6 – 5D 105
Corporation Rd. CF1 – 5F 101
Corwen Cres. 2A 92
Coryton Clo. CF4 – 3F 83
Coryton Cres. CF4 – 3E 83
Coryton Dri. CF4 – 3E 83

CARDIFF

Coryton Rise. CF4 – 3E 83
Cosheston Rd. CF5 – 3D 91
Cosmeston Dri. CF6 – 5D 107
Cosmeston St. CF2 – 4F 93
Cosslett Pl. CF1 – 5A 102
Cottrell Rd. CF2 – 4C 94
Cottrell Rd. CF5 – 5B 84
Countess Pl. CF6 – 2C 106
Countisbury Av. CF3 – 4C 88
Court Clo. CF4 – 2C 92
Courtenay Rd. CF2 – 2E 103
Courtis Rd. CF5 – 2B 98
Court Rd. CF1 – 4E 101
Court Rd. CF4 – 1C 92
Coveny St. CF2 – 1E 103
Cowbridge Rd E. CF5 & CF1 – 1F 99 to 2F 101
Cowbridge Rd W. CF5 – 5A 98 to 1F 99
Cowper Clo. CF6 – 1C 106
Cowper Pl. CF2 – 1C 102
Cowslip Dri. CF6 – 5B 104
Craddock St. CF1 – 3E 101
Cradoc Rd. CF4 – 1C 92
Craiglee Dri. CF1 – 3B 102
Craigmuir Rd. CF2 – 1F 103
Cranbrook St. CF2 – 1B 102
Cranleigh Rise. CF3 – 1A 96
Cranmer Ct. CF5 – 5A 92
Cranwell Clo. CF5 – 3E 91
Craven Wlk. CF6 – 5D 107
Crawshay La. CF1 – 4A 102
Crawshay St. CF1 – 4A 102
Crediton Rd. CF3 – 4C 88
Crescent, The. CF5 – 5D 91 (Fairwater)
Crescent, The. CF5 – 5B 92 (Llandaff)
Cressy Rd. CF2 – 4C 94
Criccieth Ct. CF6 – 1A 106
Criccieth Rd. CF3 – 1B 96
Crichton Pl. CF1 – 3A 102
Crichton St. CF1 – 3A 102
Crickhowell Rd. CF3 – 4E 89
Croescadarn Clo. CF3 – 1F 87
Croescadarn Rd. CF3 – 1F 87
Crofft-y-genau Rd. CF5 – 5A 90
Crofta, The. CF4 – 1B 86
Croft St. CF2 – 5C 94
Cromwell Rd. CF4 – 1D 93
Cross Comn Rd. CF6 – 4A 106
Cross Pl. CF4 – 3E 93
Cross St. CF4 – 1C 82
Crossways Rd. CF5 – 2C 98
Crown Way. CF4 – 4E 93
Croyde Av. CF3 – 4C 88
Crumlin Dri. CF3 – 3F 89
Crundale Cres. CF4 – 2F 85
Crwys Pl. CF2 – 5B 94
Crwys Rd. CF2 – 4A 94
Crystal Av. CF2 – 4A 86
Crystal Glen. CF4 – 4F 85
Crystal Rise. CF4 – 4F 85
Crystal Wood Rd. CF4 – 4F 85
Culver Clo. CF6 – 4B 106
Cumberland St. CF5 – 2C 100
Cumnock Pl. CF2 – 2D 103
Cumnock Ter. CF2 – 2D 103
Cumrae St. CF2 – 2D 103
Cunningham Clo. CF2 – 5A 86
Curlew Clo. CF4 – 4A 84
Curll Av. CF4 – 2E 93
Curran Embkmt. CF1 – 4A 102
Curran Rd. CF1 – 4A 102
Custom Ho St. CF1 – 3A 102
Cwmcarn Clo. CF3 – 3F 89
Cwmdare St. CF2 – 4F 93
Cwm Nofydd. CF4 – 2B 84
Cwrt Cefn. CF4 – 1A 86

Cwr Ty-mynydd. CF4 – 3B 82
Cwrt-yr-Ala Av. CF5 – 4B 98
Cwrt-yr-Ala Rd. CF5 – 4B 98
Cwrt-y-Vil Rd. CF6 – 2D 107
Cwrt-y-Vil Rdr (Lwr). CF6 – 3D 107
Cyfarthfa St. CF2 – 5B 94
Cymmer St. CF1 – 5F 101
Cymric Clo. CF5 – 2D 99
Cyncoed Av. CF2 – 4C 86
Cyncoed Cres. CF2 – 4D 87
Cyncoed Pl. CF2 – 4C 86
Cyncoed Rise. CF2 – 3C 86
Cyncoed Rd. CF2 – 2C 86 to 3D 95
Cyntwell Av. CF5 – 4B 98
Cyntwell Cres. CF5 – 4B 98
Cyntwell Pl. CF5 – 4B 98
Cypress Dri. CF3 – 2F 89
Cypress Pl. CF5 – 3D 91
Cyril Cres. CF2 – 1D 103

Daisy St. CF5 – 1B 100
Dalcross St. CF2 – 4B 94
Dale Av. CF4 – 5D 85
Dalmuir Rd. CF2 – 1F 103
Dalton St. CF2 – 4A 94
Danescourt Way. CF5 – 2D 91
Daniel St. CF2 – 4A 94
Dan-y-Bryn Av. CF4 – 4A 82
Dan-y-Bryn Clo. CF4 – 4A 82
Dan-y-Coed Clo. CF2 – 4B 86
Dan-y-Coed Rise. CF2 – 4B 86
Dan-y-Coed Rd. CF2 – 3B 86
Dan-y-Graig. CF4 – 2F 83
Dan-yr-Heol. CF2 – 4A 86
Darran St. CF2 – 4F 93
David St. CF1 – 2B 102
Davies Pl. CF5 – 1F 99
Daviot St. CF2 – 4A 94
Davis's Ter. CF4 – 5B 84
Davis St. CF1 – 2C 102
Deans Clo. CF5 – 5B 92
De Braose Clo. CF5 – 1D 91
De Burgh Pl. CF1 – 2E 101
De Burgh St. CF1 – 2E 101
De Croche Pl. CF1 – 3E 101
Deemuir Rd. CF2 – 5F 95
Deepdale Clo. CF2 – 2B 94
Deepdene Clo. CF5 – 3A 98
Deere Clo. CF5 – 3B 98
Deere Pl. CF5 – 3B 98
Deere Rd. CF5 – 3A 98
Deganwy Clo. CF4 – 1E 85
Dell, The. CF3 – 2D 89
Delta St. CF1 – 2D 101
Denbigh Ct. CF6 – 2C 106
Denbigh St. CF1 – 5D 93
Den Roche Pl. CF1 – 2B 102
Denton Rd. CF5 – 2D 101
Deri Clo. CF2 – 4D 95
Deri Rd. CF2 – 4D 95
Derwen Rd. CF2 – 2C 86
Derwent Clo. CF4 – 1E 85
Despenser Gdns. CF1 – 3F 101
Despenser Pl. CF1 – 3F 101
Despenser St. CF1 – 3F 101
Dessmuir Rd. CF2 – 1F 103
Devon Pl. CF1 – 4E 101
Devon St. CF1 – 4E 101
Dew Cres. CF3 – 3E 99
Dewi Ct. CF5 – 4A 92
Diamond St. CF2 – 1D 103
Diana La. CF2 – 4B 94
Diana St. CF2 – 4B 94
Dickens Av. CF3 – 3B 88
Digby Clo. CF5 – 3E 91
Dinas Pl. CF1 – 4F 101
Dinas Rd. CF6 – 3B 106
Dinas St. CF1 – 3F 101
Dingle La. CF6 – 1D 107
Dingle Rd. CF6 – 1D 107

Dochdwy Rd. CF6 – 4A 104
Dock Rd. CF6 – 5E 105
Dock St. CF6 – 5C 104
Dogfield St. CF2 – 4A 94
Dogo St. CF1 – 5D 93
Dolgoch Clo. CF3 – 5D 89
Dolwen Rd. CF4 – 3A 92
Dombey Clo. CF4 – 1F 85
Dominions Arc. CF1 – 2A 102
Dominion Way. CF2 – 5E 95
Donald St. CF2 – 4B 94
Dorchester Av. CF3 – 3D 95
Dorset St. CF1 – 4E 101
Douglas Clo. CF5 – 3E 91
Dovedale Clo. CF2 – 2B 94
Dovey Clo. CF3 – 4D 89
Dowland Rd. CF6 – 4B 106
Downfield Clo. CF6 – 4B 104
Downlands Way. CF3 – 3A 96
Downton La. CF3 – 2B 96
Downton Rise. CF3 – 2B 96
Doyle Av. CF5 – 5E 91
Drawlings Clo. CF3 – 2D 89
Drive, The. CF5 – 5D 91
Drope Rd. CF5 – 3A 98
Dros-y-Mor. CF6 – 3E 107
Dros-y-Morfa. CF3 – 2C 96
Druidstone Rd. CF3 – 1D 89
Drury Clo. CF4 – 1E 85
Dryburgh Av. CF4 – 5D 85
Dryden Clo. CF3 – 3B 88
Dryden Rd. CF6 – 1C 106
Drysgol Rd. CF4 – 4B 82
Dudley Ct. CF1 – 1E 105
Dudley St. CF1 – 1E 105
Duffryn Av. CF2 – 4B 86
Duffryn Clo. CF2 – 4A 86
Duffryn Rd. CF2 – 3C 86
Duffryn St. CF1 – 3B 102
Dugdale Way. CF1 – 2D 101
Duke St. CF1 – 2A 102
Duke St Arc. CF1 – 2A 102
Dulverton Av. CF3 – 3C 88
Dulwich Gdns. CF5 – 1B 100
Dumballs Rd. CF1 – 4A 102
Dumfries Pl. CF1 – 1B 102
Dummer Clo. CF3 – 3F 89
Duncan Clo. CF3 – 4D 89
Dunkery Clo. CF3 – 4B 88
Dunraven Rd. CF1 – 4D 101
Dunsmuir Rd. CF2 – 1F 103
Dunster Rd. CF3 – 4C 88
Durham St. CF1 – 4F 101
Durleigh Clo. CF3 – 3C 88
Durlston Clo. CF4 – 2F 91
Duxford Clo. CR5 – 3D 91
Dyfed. CF6 – 5E 105
Dyfrig Clo. CF5 – 2F 99
Dyfrig Rd. CF5 – 2F 99
Dyfrig St. CF1 – 1E 101
Dylan Clo. CF6 – 4A 104
Dylan Pl. CF2 – 1C 102
Dynevor Rd. CF3 – 2D 95
Dyserth Rd. CF6 – 2C 106

Earle Pl. CF5 – 2D 101
Earl La. CF1 – 1C 104
Earl Rd. CF6 – 2C 106
Earl's Ct Pl. CF3 – 3D 95
Earl's Ct Rd. CF3 – 3D 95
Earl St. CF1 – 1C 104
E. Canal Wharf. CF1 – 3A & 4B 102
Eastern Av. CF4, CF2 & CF3 – 2D 93 to 1F 89
Eastern Clo. CF3 – 2D 89
East Gro. CF2 – 1B 102
East Gro La. CF2 – 1B 102
E. Moors Rd. CF1 – 3C 102
E. Rise. CF4 – 1A 86
E. Tyndall St. CF1 & CF2 – 3C 102

Ebwy Ct. CF5 – 4D 99
Eclipse St. CF2 – 2C 102
Edgehill Av. CF4 – 1C 84
Edinburgh Maisonettes.
   CF1 – 2E 101
Edington Av. CF4 – 2F 93
Edmonds Ct. CF2 – 4B 94
Edward Clarke Clo. CF5 – 3E 91
Edward Nicholl Ct. CF 3 – 3D 95
Egerton St. CF5 – 1C 100
Egham St. CF5 – 1C 100
Egremont Rd. CF2 – 2B 94
Eider Clo. CF3 – 2E 89
Elaine Clo. CF4 – 1E 85
Elan Rd. CF4 – 2A 86
Elderberry Rd. CF5 – 4B 90
Elder Wood Clo. CF3 – 2E 95
Eleanor Pl. CF1 – 1E 105
Elfed Grn. CF5 –
   4E 91
Elford Rd. CF5 – 2C 98
Elfred Av. CF6 – 2B 106
Elgar Cres. CF3 – 3D 89
Elgar Rd. CF6 – 4C 106
Elizabeth Ct. CF6 – 4B 104
Elizabeth Maisonettes.
   CF1 – 3E 101
Ellen St. CF1 – 3B 102
Ellesmere Ct. CF3 – 3D 89
Elmfield Clo. CF3 – 4E 89
Elmgrove Rd. CF4 – 5E 83
Elm St. CF2 – 1C 102
Elmwood Ct. CF2 – 1C 102
Ely Bri. Ind. Est. CF5 – 1E 99
Ely Rd. CF5 – 1F 99
Emerald St. CF2 – 1D 103
Ennerdale Clo. CF2 – 2B 94
Epsom Clo. CF5 – 2F 99
Epstein Clo. CF5 – 2D 91
Erw Las. CF4 – 1A 92
Erw'r Delyn Clo. CF6 – 1A 106
Erw Wen. CF4 – 2B 84
Eskdale Clo. CF2 – 2B 94
Essich St. CF2 – 4C 94
Ethel St. CF5 – 1B 100
Eton Ct. CF4 – 4E 85
Eton Pl. CF5 – 2C 100
Eurwg Cres. CF3 – 2D 89
Evansfield Rd. CF4 – 1F 91
Evelyn St. CF1 – 1E 105
Evenlode Av. CF6 – 3C 106
Everard Way. CF2 – 1B 94
Everest Av. CF4 – 1F 85
Everest Wlk. CF4 – 1F 85
Everswell Av. CF5 – 1D 99
Everswell Rd. CF5 – 5D 91
Ewenny Rd. CF4 – 3A 86
Excalibur Dri. CF4 – 1E 85
Exford Cres. CF3 – 5A 88
Eyre St. CF2 – 1E 103

Fairbrook Clo. CF4 – 2B 84
Fairfax Rd. CF4 – 4D 85
Fairfield Av. CF5 – 1A 100
Fairfield Clo. CF5 – 1F 99
Fairfield Rd. CF6 – 1C 106
Fairhaven Clo. CF3 – 2F 89
Fairleigh Rd. CF1 – 5D 93
Fairoak Ct. CF2 – 2B 94
Fairoak M. CF2 – 3A 94
Fairoak Rd. CF2 – 3A 94
Fairview Clo. CF3 – 2F 89
Fairview Ct. CF2 – 3D 87
Fairwater Av. CF5 – 1F 99
Fairwater Grn. CF5 – 5D 91
Fairwater Gro E. CF5 – 5F 91
Fairwater Gro W. CF5 – 5F 91
Fairwater Rd. CF5 – 5D 91
Fairways Cres. CF5 – 5C 90
Fairway, The. CF2 – 1C 86

Fairwood Clo. CF5 – 3E 91
Fairwood Rd. CF5 – 3E 91
Falcon Gro. CF6 – 5D 107
Falfield Clo. CF4 – 1A 86
Fanny St. CF2 – 5A 94
Farm Dri. CF2 – 1B 94
Farmhouse Way. CF5 – 4B 98
Farmleigh. CF3 – 1B 96
Farmville Rd. CF2 – 2E 103
Farthings, The. CF3 – 1F 87
Felin Fach. CF4 – 1A 92
Felin Wen. CF4 – 3C 84
Fennel Clo. CF6 – 5B 104
Ferndale St. CF1 – 4F 101
Fern Pl. CF5 – 5D 91
Fern St. CF5 – 1B 100
Ferntree Dri. CF3 – 3E 89
Ferrier Av. CF5 – 4D 91
Ferry La. CF6 – 5E 105
Ferry Rd. CF1 – 1D 105
   (Butetown)
Ferry Rd. CF1 & CF6 – 1C 104
   (Cardiff W Moors)
Festiniog Rd. CF4 – 3A 92
Ffordd-Las. CF4 – 4A 82
Fidlas Av. CF4 – 3A 86
Fidlas Rd. CF4 – 2F 85
Fielding Clo. CF3 – 3B 88
Fields Pk Rd. CF1 – 5D 93
Finchley Rd. CF5 – 1E 99
Firs Av. CF5 – 5B 90
Firwood Clo. CF4 – 1F 91
Fishguard Clo. CF4 – 3F 85
Fishguard Rd. CF4 – 2F 85
Fishpond Rd. CF3 – 4B 88
Fitzalan Ct. CF2 – 2B 102
Fitzalan Pl. CF2 – 2B 102
Fitzalan Rd. CF2 – 2B & 2C 102
Fitzhamon Embkmt. CF1 – 3F 101
Fitzhamon La. CF1 – 3F 101
Fitzroy St. CF2 – 5A & 5B 94
Flax Ct. CF6 – 5A 104
Flaxland Av. CF2 – 2E 93
Fleet Way. CF1 – 1B 104
Flint St. CF4 – 4E 93
Flora St. CF2 – 4A & 5A 94
Florence St. CF2 – 1E 103
Florentia St. CF2 – 4A 94
Fonmon Cres. CF5 – 2D 99
Fontigary Rd. CF3 – 2C 96
Fordwell. CF5 – 4A 92
Foreland Rd. CF4 – 4A 84
Foreshore Rd. CF2 – 5F 103
Forest Farm Rd. CF4 – 4D 83
Forest Oak Clo. CF2 – 1C 86
Forest View. CF5 – 5C 90
Forge Pl. CF5 – 3B 98
Forrest Rd. CF5 – 1B 100
Forrest Rd. CF4 – 4D 107
Forrest St. CF1 – 5F 101
Forsythia Dri. CF2 – 3D 87
Fort St. CF2 – 5E 95
Four Elms Ct. CF2 – 1C 102
Four Elms Rd. CF2 – 1D 103
Foxglove Clo. CF5 – 3B 98
Foxgove Rise. CF6 – 5A 104
Fox St. CF2 – 5D 95
Franklen Rd. CF4 – 1F 92
Franklen St. CF1 – 4F 101
Frank Rd. CF5 – 1C 98
Frederick St. CF1 – 2A 102
   (in two parts)
Fremington Pl. CF3 – 5C 88
Freshmoor Rd. CF2 – 3E 103
Frewer Av. CF5 – 4D 91
Friary, The. CF1 – 2A 102
Frigate Rd. CF1 – 5D 103
Fulmar Clo. CF3 – 2E 89
Fulmar Clo. CF6 – 5D 107
Furness Clo. CF5 – 4A 98

Gabalfa Av. CF4 – 2A 92
Gabalfa Rd. CF4 – 3A 92
Gaerwen Clo. CF4 – 2D 85
Gainsborough Rd. CF6 – 5C 104
Galahad Clo. CF4 – 1C 84
Gallamuir Rd. CF2 – 5F 95
Galston Pl. CF2 – 2D 103
Galston St. CF2 – 2D 103
Gardenia Clo. CF2 – 3D 87
Garesfield St. CF2 – 2C 102
Gareth Clo. CF4 – 1D 85
Garrick Dri. CF4 – 1E 85
Garth Clo. CF4 – 2B 82
Garth Pl. CF4 – 2D 93
Garth St. CF1 – 3B 102
Gelli Deg. CF4 – 2B 84
Gelligaer Gdns. CF2 – 4F 93
Gelligaer St. CF2 – 4F 93
Gelynis Ter. CF4 – 2B 82
Gelynis Ter N. CF4 – 2B 82
George St. CF1 – 1F 105
Georgian Way. CF4 – 2F 85
Geraint Clo. CF4 – 1D 85
Gernant. CF4 – 3C 84
Gerrard Ct. CF1 – 2D 101
Gibson Clo. CF4 – 4F 85
Gilbert Pl. CF4 – 2C 92
Gileston St. CF1 – 5D 93
Gilian Rd. CF5 – 3F 91
Gilwern Cres. CF4 – 1E 85
Gilwern Pl. CF4 – 1E 85
Gladys St. CF2 – 4A 94
Glamorgan M. CF5 – 2C 100
Glamorgan St. CF5 – 1C 100
Glandovey Gro. CF3 – 4D 89
Glandwr Pl. CF4 – 5B 84
Glan Ely Clo. CF5 – 5C 90
Glanmuir Rd. CF2 – 5F 95
Glanrhyd. CF4 – 3C 84
Glan-y-mor Rd. CF3 – 5E 89
Glan-y-nant Rd. CF4 – 5B 84
Glan-y-nant Ter. CF4 – 5B 84
Glas Efail. CF4 – 3D 85
Glastonbury Ter. CF3 – 4B 88
Glas-y-pant. CF4 – 3F 83
Glebe Pl. CF4 – 2F 85
Glebe St. CF6 – 5D 105
Glendale Av. CF4 – 1E 85
Glenroy St. CF2 – 5B 94
Glen View. CF4 – 4F 85
Glenwood. CF2 – 4D 87
Glossop Rd. CF2 – 1C 102
Glossop Ter. CF2 – 1C 102
Gloucester St. CF1 – 3E 101
Glyn Coed Rd. CF3 &
   CF2 – 4E to 2E 87
Glyn Collen. CF2 – 3A 82
Glyndwr Rd. CF5 – 2B 98
Glyndwr Rd. CF6 – 2B 106
Glyn Eiddew. CF2 – 2F 87
Glynne St. CF1 – 1D 101
Glynrhondda St. CF2 – 1A 102
Glyn Rhosyn. CF2 – 2D 87
Glyn Simon Clo. CF5 – 2E 91
Glynstell Clo. CF1 – 5D 101
Godfrey St. CF1 – 2B 102
Golate. CF1 – 3A 102
Goldcrest Dri. CF2 – 3D 87
Goldsmith Clo. CF3 – 3B 88
Gold St. CF2 – 1C 102
Goodwick Rd. CF3 – 2C 96
Goodwood Clo. CF5 – 3A 98
Gordon Rd. CF2 – 1B 102
Gorsedd Gdns Rd. CF1 – 1A 102
Gorse Pl. CF5 – 4C 90
Goscombe Dri. CF6 – 5C 104
Gough Rd. CF5 – 2C 98
Gower St. CF2 – 4A 94
Grafton Clo. CF3 – 2D 95
Grafton Ter. CF4 – 4C 84

CARDIFF

Graham Wlk. CF1 – 2D 101
Graig Castell. CF4 – 3B 82
Graig Hir. CF4 – 3B 82
Graig Llwyd. CF4 – 3B 82
Graig Wen. CF4 – 3B 82
Graig yr Allt. CF4 – 1B 84
Grand Av. CF5 – 3A 98 to 2E 99
Grange Gdns. CF1 – 5F 101
Grange Pl. CF1 – 5A 102
Grange, The. CF5 – 4A 92
Grantham Clo. CF5 – 3E 91
Grant's Clo. CF4 – 2C 82
Granville Av. CF5 – 1A 100
Grasmere Av. CF2 – 2A 94
Grassmere Clo. CF6 – 4B 104
Gray La. CF1 – 2D 101
Gray St. CF1 – 2D 101
   (Cowbridge Rd E)
Gray St. CF1 – 2D 101
   (Llandaff Rd)
Gt. Western La. CF1 – 3A 102
Greek Church St. CF1 – 4B 102
Greenclose Rd. CF4 – 1C 92
Greencroft Av. CF5 – 2F 99
Green Farm Clo. CF5 – 4A 98
Green Farm Rd. CF5 – 3A 98
Greenfield Av. CF1 – 1C 100
Greenfield Av. CF4 – 5C 84
Greenfield St. CF4 – 5C 84
Greenhaven Rise. CF6 – 4B 104
Greenland Cres. CF5 – 5C 90
Greylands, The. CF4 – 4C 84
Greenlawns. CF2 – 2C 94
Greenmeadow Dri. CF4 – 1D 83
Greenmeadows. CF3 – 5E 89
Greenock Rd. CF3 – 4D 89
Green St. CF1 – 2F 101
Green, The. CF4 – 5C 82
Green, The. CF5 – 4A 92
Greenway Av. CF3 – 2C 96
Greenway Clo. CF6 – 3A 104
Greenway Rd. CF3 – 2C 96 to 3E 89
Greenwich Rd. CF5 – 5B 92
Greenwood La. CF5 – 1A 98
Greenwood Rd. CF5 – 3F 91
Grenville Rd. CF2 – 4D 95
Gresford Clo. CF3 – 4D 89
Greyfriars Pl. CF1 – 2A 102
Greyfriars Rd. CF1 – 2A 102
Grisedale Clo. CF2 – 2B 94
Groes Lon. CF4 – 2B 84
Gron Fford. CF4 – 1B 84
Grosvenor St. CF5 – 2B 100
Grouse St. CF2 – 5C 94
Groveland Rd. CF4 – 5D 85
Grove Pl. CF4 – 5D 85
Grove Pl. CF6 – 1D 107
Grove Pl La. CF6 – 1D 107
Grove Ter. CF6 – 1D 107
Grove, The. CF3 – 2C 96
Grove Way. CF3 – 2B 96
Guenever Clo. CF4 – 1C 84
Guest Rd. CF1 – 3D 103
Guildford Cres. CF1 – 2B 102
Guildford St. CF1 – 2B 102
Guildhall Pl. CF1 – 2A 102
Gwaun Clo. CF4 – 5E 83
Gwbert Clo. CF3 – 4E 89
Gwendoline Pl. CF2 – 2D 103
Gwendoline St. CF2 – 2D 103
Gwennyth St. CF2 – 3A 94
Gwent. CF6 – 5E 105
Gwent Rd. CF5 – 3B 98
Gwern rhuddi Rd. CF2 – 2C 86
Gwynant Cres. CF2 – 5B 86
Gwyn James Ct. CF6 – 5B 104

Habershon St. CF2 – 2E 103
Hackerford Rd. CF2 – 2C 86
Hadfield Rd. CF1 – 4C 100

Hadley Ho. CF6 – 4C 106
Hafod St. CF1 – 3F 101
Haig Pl. CF5 – 4A 98
Hailey Pk Path. CF4 – 2F 91
Halsbury Rd. CF5 – 1B 100
Halton Clo. CF6 – 5D 107
Hamilton St. CF1 – 2E 101
Hampton Ct Rd. CF3 – 3D 95
Hampton Cres E. CF2 – 1D 87
Hampton Cres W. CF2 – 1C 86
Hampton Rd. CF4 – 1D 93
Hamstead Wlk. CF5 – 3A 98
Handel Clo. CF6 – 4C 106
Hannah Clo. CF4 – 3F 85
Hannah St. CF1 – 5B 102
Hanover Ct. CF4 – 4F 83
Hanover St. CF5 – 2C 100
Harbour View Rd. CF6 – 5D 105
Hardy Pl. CF2 – 1C 102
Harlech Rd. CF3 – 2C 96
Harlequins Ct. CF2 – 5E 95
Harold St. CF2 – 1E 103
Harpur St. CF1 – 4A 102
Harriet St. CF2 – 5A 94
Harriet St. CF6 – 5C 104
Harris Av. CF3 – 1C 96
Harrismith Rd. CF2 – 4C 94
Harrowby La. CF1 – 1E 105
Harrowby Pl. CF1 – 1E 105
Harrowby St. CF1 – 1E 105
Hartland Rd. CF3 – 5A 88
Hartley Pl. CF1 – 5D 101
Harvey St. CF5 – 3A 102
Hastings Av. CF6 – 1B 106
Hastings Clo. CF6 – 1B 106
Hastings Pl. CF6 – 1B 106
Hatherleigh Rd. CF3 – 1A 96
Haul Fryn. CF4 – 1F 83
Havelock Pl. CF1 – 4F 101
Havelock St. CF1 – 3A 102
Haverford Way. CF5 – 3D 99
Hawfinch Clo. CF2 – 3D 87
Hawthorn Av. CF6 – 2B 106
Hawthorn Rd. CF4 – 2F 91
Hawthorn Rd W. CF4 – 2F 91
Hawthorns, The. CF2 – 3E 87
Haxby Ct. CF1 – 4C 102
Hayes Bri Rd. CF1 – 3A 102
Hayes, The. CF1 – 3A 102
Hazeldene Av. CF2 – 3A 94
Hazelhurst Rd. CF4 – 2F 91
Hazel Pl. CF5 – 4C 90
Hazel Rd. CF6 – 3B 106
Hazel Tree Clo. CF4 – 4A 82
Hazelwood Dri. CF3 – 3E 89
Hazlitt Clo. CF3 – 2B 88
Heath Av. CF6 – 5A 104
Heathbrook. CF4 – 3F 85
Heathcliffe Clo. CF3 – 2D 89
Heather Av. CF2 – 2F 99
Heather Pl. CF5 – 5D 91
Heathfield Pl. CF4 – 2E 93
Heathfield Rd. CF4 – 3E 93
Heath Halt Rd. CF2 – 5A 86
Heath Mead. CF4 – 1A 94
Heath Pk. Av. CF4 – 4F 85
Heath Pk. Cres. CF4 – 1A 94
Heath Pk. Dri. CF2 – 5A 86
Heath Pk. La. CF4 – 1D 93 & 5F 85
Heath St. CF1 – 2E 101
Heath Way. CF4 – 5E 85
Heathwood Gro. CF4 – 1A 94
Heathwood Rd. CF4 – 5D 85
Heddfan N. CF2 – 3F 87
Heddfan S. CF2 – 3E 87
Hedel Rd. CF1 – 2A 100
Helen Pl. CF2 – 1D 103
Helen St. CF2 – 1D 103
Hemingway Rd. CF1 – 5C 102
Hendre Clo. CF5 – 5A 92

Hendre Gdns. CF5 – 5A 92
Hendre Rd. CF3 – 4D 89
Hendy St. CF2 – 3B 94
Hengoed Clo. CF5 – 4C 89
Henllys Rd. CF2 – 3B 86
Henry St. CF1 – 5B 102
Heol Aer. CF4 – 2C 84
Heol Aradur. CF5 – 2D 91
Heol Blakemore. CF4 – 5F 83
Heol Booker. CF4 – 5E 83
Heol Briwnant. CF4 – 1B 84
Heol Brynglas. CF4 – 2A 84
Heol Caerhys CF4 – 3C 84
Heol Carnau. CF5 – 4D 99
Heol Carne. CF4 – 1C 92
Heol Cattwg. CF4 – 1B 92
Heol Chappell. CF4 – 5F 83
Heol Coed Cae. CF4 – 1B 92
Heol Dennant. CF5 – 5E 91
Heol Derlwyn. CF4 – 2B 84
Heol Deva. CF5 – 4C 98
Heol Dolwen. CF4 – 1C 92
Heol Don. CF4 – 5F 83
Heol Dyfed. CF4 – 5D 85
Heol Ebwy. CF5 – 3D 99
Heol Eglwys. CF5 – 3E 99
Heol Erwin. CF4 – 1C 84
Heol Esgyn. CF4 – 4A 86
Heol Fair. CF5 – 4A 92
Heol Ffynnon Wen. CF4 – 2F 83
Heol Gabriel. CF4 – 2B 92
Heol Gwent. CF4 – 4D 85
Heol Gwilym. CF5 – 4D 91
Heol Gwrgan. CF4 – 5B 84
Heol Gwyndaf. CF4 – 3F 85
Heol Gwynedd. CF4 – 4D 85
Heol Harlech. CF5 – 5A 92
Heol Hendre. CF4 – 2C 84
Heol Hir. CF4 – 1F 85
Heol Iestyn. CF5 – 5B 84
Heol Ifor. CF4 – 5C 84
Heol Isaf. CF4 – 4B 82 to 2C 90
   (Radyr)
Heol Isaf. CF4 – 1B 84
   (Rhydwaedlyd)
Heol Iscoed. CF4 – 2C 84
Heol Lewis. CF4 – 1C 84
Heol Llangan. CF4 – 4B 84
Heol Llanishen Fach. CF4 – 2B 84
Heol Mabon. CF4 – 2B 84
Heol Madoc. CF4 – 1C 92
Heol Mathew. CF4 – 3F 85
Heol Merlin. CF4 – 3F 85
Heol Muston. CF5 – 2D 99
Heol Nant Castan. CF4 – 1B 84
Neol Nest. CF4 – 5B 84
Heol Pantycelyn. CF4 – 3F 83
Heol Pantyderi. CF5 – 4C 98
Heol Pant-yr-yn. CF4 – 3F 83
Heol Pencarreg. CF4 – 3B 92
Heol Penlan. CF4 – 5E 83
Heol Pennar. CF5 – 3D 99
Heol Pentwyn. CF4 – 3F 83
Heol Penyfai. CF4 – 1C 92
Heol Powis. CF4 – 4D 85
Heol Poynston. CF5 – 4C 98
Heol Rhayader. CF4 – 5E 83
Heol Seddon. CF5 – 2D 91 & 5F 85
Heol Solva. CF5 – 4E 99
Heol Stradling. CF4 – 5B 84
Heol Syr Lewis. CF4 – 2B 82
Heol Trefgarne. CF5 – 4C 98
Heol Trelai. CF5 – 4B 98 to 3E 99
Heol Trenewydd. CF5 – 4C 98
Heol Ty'n-y-Cae. CF4 – 2B 84
Heol Ty'n y Coed. CF4 – 2C 84
Heol Uchaf. CF4 – 1B 84
Heol Urban. CF5 – 3E 91
Heol Waun y Nant. CF4 – 1B 92
Heol Wen. CF4 – 3A 84

Leamington Rd. CF4 – 4B 84
Leckwith Av. CF1 – 3C 100
Leckwith Clo. CF1 – 3D 101
Leckwith Ind. Est. CF1 –
5C 100
Leckwith Pl. CF1 – 3D 101
Leckwith Rd. CF1 – 5B 100 to
2D 101
Leckwith Rd. CF6 – 3A 104
Lee Clo. CF3 – 1D 95
Letterston Rd. CF3 – 5C 88
Letty St. CF2 – 5A 94
Leven Clo. CF2 – 5B 86
Lewis Rd. CF1 – 3D 103
Lewis Rd. CF6 – 3A 104
Lewis Rd. Ind. Est. CF1 – 3D 103
Lewis St. CF1 – 2E 101
Library St. CF5 – 2D 101
Lilac Clo. CF5 – 3C 90
Lily St. CF2 – 5C 94
Limebourne Ct. CF4 – 2A 92
Lime Clo. CF4 – 1C 90
Lime Gro. CF5 – 4B 90
Limeslade Clo. CF5 – 1F 99
Limewood Clo. CF3 – 2E 89
Lincoln Ct. CF3 – 5D 87
Lincoln St. CF5 – 2B 100
Linden Av. CF2 – 3C 94
Linden Gro. CF3 – 1B 96
Lindway Ct. CF5 – 1B 100
Linnet Clo. CF2 – 3D 87
Lionel Rd. CF5 – 2B 100
Lisvane Rd. CF4 – 1A 86
Lisvane St. CF2 – 4F 93
Littlecroft Av. CF5 – 2F 99
Lit. Dock St. CF6 – 5B 104
Lit. Mill. CF4 – 1A 92
Littleton St. CF3 – 3D 101
Llanbedr Rd. CF5 – 1E 99
Llanbleddian Gdns. CF2 – 1A 102
Llanbradach St. CF1 – 5F 101
Llancaiach Rd. CF4 – 1B 92
Llandaff Clo. CF6 – 3D 107
Llandaff Ct. CF5 – 5A 92
Llandaff Pl. CF5 – 5C 92
Llandaff Rd. CF1 – 1C 100
Llandennis Av. CF2 – 4B 86
Llandennis Grn. CF2 – 4B 86
Llandennis Rd. CF2 – 4A 86
Llandetty Rd. CF5 – 5E 91
Llandilo Clo. CF6 – 2A 106
Llandinam Cres. CF4 – 3B 92
Llandough Hill. CF6 – 3A 104
Llandough St. CF2 – 5A 94
Llandough Trading Est.
CF1 – 2A 104
Llandovery Clo. CF5 – 3C 98
Llandow Rd. CF5 – 3D 99
Llandudno Rd. CF3 – 1C 96
Llandyfrig CF6 – 2A 106
Llanederyn Clo. CF3 – 2D 95
Llanederyn Dri. CF3 – 4E 87
Llanedeyrn Rd. CF3 – 2D 95
Llaneurwg Way. CF3 – 3E 89
Llanfair Rd. CF1 – 1C 100
Llangattock Rd. CF5 – 5E 91
Llangefni Pl. CF4 – 1E 85
Llangorse Rd. CF2 – 3B 86
Llangranog Pl. CF4 – 1D 85
Llangranog Rd. CF4 – 1D 85
Llangybi Clo. CF5 – 4A 98
Llangynidr Rd. CF5 – 5E 91
Llanidloes Rd. CF4 – 3B 92
Llanina Gro. CF4 – 5E 89
Llanishen Ct. CF4 – 2F 85
Llanishen St. CF4 – 5F 93
Llanmaes St. CF1 – 5F 101
Llanmorlais Rd. CF4 – 3C 92
Llanon Rd. CF4 – 1E 85
Llanover Rd. CF5 – 4A & 5A 98

Llanrumney Av. CF3 – 1B 96
Llansannor Dri. CF1 – 3B 102
Llanstephan Rd. CF3 – 1C 96
Llantarnam Rd. CF4 – 2D 93
Llantrisant Rd. CF5 – 1A 90 to
4A 92
Llantrisant St. CF2 – 4F 93
Llantwit St. CF2 – 1B 102
Llanwern Rd. CF5 – 3C 98
Llewellyn Av. CF5 – 1B 98
Lloyd Av. CF5 – 1F 99
Llwyd Coed. CF4 – 1F 83
Llwyn Bryn Melyn. CF4 – 4A 82
Llwyn Castan. CF2 – 2E 87
Llwynderw Rd. CF4 – 1D 93
Llwyn Drysgol. CF4 – 4A 82
Llwynfedw Gdns. CF4 – 5D 85
Llwynfedw Rd. CF4 – 5C 84
Llwyn Grug. CF4 – 2C 84
Llwyn Onn. CF4 – 1F 83
Llwyn Rhosyn. CF4 – 2C 84
Llwyn-y-grant Pl. CF3 – 2D 95
Llwyn-y-grant Rd. CF3 – 3D 95
Llwyn-y-grant Ter. CF3 – 2D 95
Llyn Clo. CF2 – 4B 86
Llys Tal-y-Bont. CF4 – 3D 93
Llys Tal-y-Bont Rd. CF4 – 4D 93
Llyswen Rd. CF2 – 3B 86
Lochaber St. CF2 – 4C 94
Locks Rd. CF1 – 1F to 3F 105
Loftus St. CF5 – 1B 100
Lomond Cres. CF2 – 5C 86
Loncae Porth. CF4 – 1C 84
Lon Fach. CF4 – 3B 84
Lon Ganol. CF4 – 3B 84
Longcross St. CF2 – 1C 102
Longleat Clo. CF5 – 1B 86
Longreach Clo. CF5 – 3A 98
Longships Rd. CF1 – 5F 103 &
3F 105
Longspears Av. CF4 – 2E 93
Long Wood Dri. CF4 – 3C 82
Lon Isa. CF4 – 3B 84
Lon Madoc. CF4 – 1C 92
Lon Owain. CF5 – 4B 98
Lon Penllyn. CF4 – 4B 84
Lonsdale Rd. CF3 – 2D 95
Lon Ty'n-y-cae. CF4 – 4C 84
Lon Ucha. CF4 – 3B 84
Lon Werdd Clo. CF5 – 3A 98
Lon-y-Castell. CF5 – 5C 98
Lon-y-celyn. CF4 – 3F 83
Lon-y-dail. CF4 – 3B 84
Lon-y-dderwen. CF4 – 2B 84
Lon-y-deri. CF4 – 3B 84
Lon-y-ffin. CF5 – 3A 98
Lon-y-groes. CF4 – 1D 93
Lon-y-mynydd. CF4 – 3C 84
Lon y nant. CF4 – 3C 84
Lon-y-parc. CF4 – 4B 84
Lon-yr-efail. CF5 – 5B 98
Lon-y-rhyd. CF4 – 2B 84
Lon-Ysgubor. CF4 – 2B 84
Lon-y-winci. CF4 – 2B 84
Lord St. CF6 – 5E 105
Lothian Cres. CF3 – 2D 95
Loudoun Sq. CF1 – 4B 102
Louisa Pl. CF1 – 1E 105
Love La. CF1 – 2B 102
Lwr. Acre. CF5 – 5B 98
Lwr. Cathedral Rd. CF1 – 2F 101
Lowther Ct. CF2 – 1B 102
Lowther Rd. CF2 – 5B 94
Lucas St. CF2 – 4A 94
Lucknow St. CF1 – 4E 101
Ludlow Clo. CF1 – 1C 104
Ludlow La. CF6 – 1D 107
Ludlow St. CF1 – 1C 104
Ludlow St. CF6 – 1D 107
Lundy Clo. CF4 – 2E 85

Lydford Clo. CF4 – 4B 84
Lydstep Cres. CF4 – 3B 92
Lydstep Flats. CF4 – 3B 92
Lynch Blosse Clo. CF5 – 3E 91
Lyncroft Clo. CF3 – 2D 89
Lyndhurst St. CF1 – 3D 101
Lynmouth Cres. CF3 – 1A 96
Lynton Clo. CF3 – 5A 88
Lynton Pl. CF3 – 5A 88
Lynton Ter. CF3 – 1A 96
Lynwood Ct. CF2 – 1C 102
Lyon Clo. CF1 – 1A 104
Lyric Way. CF4 – 1E 85

Maberly Clo. CF4 – 3A 86
Macauley Av. CF3 – 3B 88
McCale Av. CF5 – 5E 91
Macdonald Clo. CF5 – 3A 98
Macdonald Pl. CF5 – 3A 98
Macdonald Rd. CF5 – 4A 98
Machen Clo. CF3 – 3F 89
Machen Pl. CF1 – 3D 101
Machen St. CF1 – 5E 101
Machen St. CF6 – 1C 106
Mackintosh Pl. CF2 – 3B 94
Madoc Rd. CF2 – 1F 103
Maelfa. CF3 – 5E 87
Maelog Pl. CF4 – 3D 93
Maelog Rd. CF4 – 1C 92
Maes Glas. CF4 – 1A 92
Maes-y-Bryn. CF4 – 3B 82
Maes y coed. CF4 – 3B 84
Maes-y-Coed Rd. CF4 – 4D 85
Maes-y-deri. CF4 – 3B 84
Maes-y-felin. CF4 – 4B 84
Maes y parc. CF4 – 4B 84
Maes yr Awel. CF4 – 4B 82
Maes yr haf. CF4 – 2F 83
Mafeking Rd. CF2 – 4C 94
Magnolia Clo. CF2 – 3D 87
Maindy Rd. CF2 – 4E 93
Main Rd. CF4 – 1B 82
Maitland Pl. CF1 – 4E 101
Maitland St. CF4 – 2E 93
Major Rd. CF5 – 2D 101
Maldwyn St. CF1 – 5D 93
Malefant St. CF2 – 4A 94
Mallard Clo. CF3 – 3E 89
Mallard Way. CF6 – 5D 107
Malmesmead Rd. CF3 – 3C 88
Malpas Rd. CF3 – 3F 89
Maltings, The. CF3 – 1F 87
Malvern Dri. CF3 – 3E 85
Mandeville Pl. CF1 – 2E 101
Mandeville St. CF1 – 2E 101
Manitoba Clo. CF2 – 5C 86
Manod Rd. CF4 – 3A 92
Manorbier Cres. CF3 – 1C 96
Manor Clo. CF4 – 4B 84
Manor Rise. CF4 – 1B 92
Manor St. CF4 – 3F 93
Manor Way. CF4 – 5C 84
Mansell Av. CF5 – 3A 98
Mansfield St. CF1 – 3E 101
Manston Clo. CF3 – 3E 91
Maple Av. CF4 – 4B 90
Maple Rd. CF6 – 2B 106
Maple Tree Clo. CF4 –
4A 92
Maplewood Av. CF4 – 2F 91
Marchwood Clo. CF3 – 5C 88
Marcross Rd. CF5 – 3A 98
Mardy Rd. CF3 – 3D 97
Mardy St. CF1 – 3F & 4F 101
Margam Rd. CF4 – 2D 93
Maria St. CF1 – 4B 102
Marine Pde. CF6 – 3E 107
Marion Ct. CF4 – 1A 86
Marion St. CF2 – 2E 103
Marionville Gdns. CF5 – 4E 91

Orion Ct. CF2 – 2C 102
Ormonde Clo. CF3 –2E 95
Osborne Sq. CF1 – 5E 101
Osprey Clo. CF3 – 2E 89
Osprey Clo. CF6 – 5D 107
Ostanwel Rd. CF6 – 1D 107
Oswestry Clo. CF3 – 2C 96
Othery Pl. CF3 – 2C 88
Oval, The. CF2 – 2C 94
Ovington Ter. CF5 – 5B 92
Owain Clo. CF2 – 1B 94
Owen's Ct. CF4 – 1D 93
Oxford Arc. CF1 – 2A 102
Oxford La. CF2 – 1C 102
Oxford St. CF1 – 1C 102
Oxwich Clo. CF5 – 1F 99

Pace Clo. CF5 – 2D 91
Padarn Clo. CF2 – 4B 86
Paddocks, The. CF6 – 4D 107
Paddock, The. CF2 – 3C 94
Paget Pl. CF6 – 5E 105
Paget Rd. CF6 – 5D 105
Paget St. CF1 – 5F 101
Paget Ter. CF6 – 5E 105
Palace Av. CF5 – 5B 92
Palace Rd. CF5 – 5B 92
Pantbach Av. CF4 – 1D 93
Pantbach Pl. CF4 – 5C 84
Pantbach Rd. CF4 – 4C 84
Panteg Clo. CF5 – 4A 98
Pant Glas. CF2 – 3A 88
Pantgwynlais. CF4 – 1D 83
Pantmawr Rd. CF4 – 3F 83
Pant Tawel La. CF4 – 4A 82
Pantycelyn Rd. CF6 – 4A 104
Pant-y-deri Clo. CF5 – 4C 98
Paper Mill Rd. CF1 – 2A 100
Parade, The CF2 – 1C 102
Parade, The. CF4 – 1F 91
Parc Ty Glas Ind. Est. CF4 – 3E 85
Parc-y-Ty-Glas. CF4 – 2E 85
Park Av. CF4 – 4F 83
Park Cres. CF4 – 4F 83
Park End La. CF2 – 4A 86
Parker Pl. CF5 – 3B 98
Parker Rd. F5 – 3B 98
Parkfield Pl. CF4 – 3E 93
Park Gro. CF1 – 1A 102
Park La. CF1 – 1A 102
Park La. CF4 – 4F 83
Park Pl. CF1 – 5A 94
Park Rd. CF4 – 4B 82
  (Radyr)
Park Rd. CF4 – 4F 83
  (Whitchurch)
Park Rd. CF6 – 2E 107
Parkstor . Av. CF3 – 2E 89
Park St. CF1 – 3A 102
Park View Ct. CF4 – 4F 83
Parracombe Clo. CF3 – 3C 88
Parracombe Cres. CF3 – 3B 88
Partridge Rd. CF2 – 5C 94
Patchway Cres. CF3 – 1A 96
Patterdale Clo. CF2 – 2B 94
Pavaland Clo. CF3 – 4F 89
Peach Pl. CF5 – 4D 91
Pearl Pl. CF2 – 1D 103
Pearl St. CF2 – 1D 103
Pearson St. CF2 – 5B 94
Pedair Erw Rd. CF4 – 5D 85
Pellett St. CF1 – 3B 102
Pembroke Rd. CF5 – 1C 100
Pembroke Ter. CF6 – 5E 105
Penally Rd. CF5 – 3E 99
Penarth Head La. CF6 – 1E 107
Penarth Rd. CF1 & CF6 – 4A 102 to
  4B 104
Penbury Ct. CF4 – 2B 82
Pencader Rd. CF5 – 2E 99

Pencisely Av. CF5 – 5A 92
Pencisely Cres. CF5 – 5A 92
Pencisely Rise. CF5 – 5A 92
Pencisely Rd. CF5 – 5A 92
Pendine Rd. CF5 – 2E 99
Pendoylan Ct. CF5 – 1E 99
Pendragon Clo. CF4 – 1D 85
Pendraw Pl. CF2 – 4B 86
Pendwyallt Rd. CF4 – 3E 83
Pendyris St. CF1 – 3F 101
Penedre. CF5 – 4A 92
Penford Ct. CF2 – 1B 102
Pengram Rd. CF2 – 5F 95
Pengwern Rd. CF5 – 2E 99
Penhevad St. CF1 – 5F 101
Penhill Clo. CF5 – 5C 92
Penhill Ct. CF1 – 1C 100
Pen-hill Rd. CF1 – 5C 92
Penlan Rise. CF6 – 4A 104
Penlan Rd. CF6 – 3A 104
Penline Ct. CF4 – 5A 84
Penline Rd. CF4 – 5A 84
Penline St. CF2 – 1B 102
Penlyn Rd. CF5 – 2D 101
Penmaen Wlk. CF5 – 4A 98
Penmark Grn. CF5 – 3A 98
Penmark Rd. CF5 – 3A 98
Pennant Cres. CF2 – 4C 86
Pennard Pl. CF4 – 2D 93
Pennine Clo. CF4 – 3E 85
Pentland Clo. CF4 – 3E 85
Pent Lee. CF2 – 3E 87
Pentrebane Rd. CF5 – 4A 90
Pentrebane St. CF1 – 5F 101
Pentre Gdns. CF1 – 4F 101
Pentre Pl CF1 – 4F 101
Pentre St. CF1 – 4F 101
Pentwyn. CF4 – 3A 82
Pentwyn Dri. CF2 – 4E to 2F 87
Pentwyn Rd. CF2 – 1D to 3F 87
Pentwyn Shopping Centre.
  CF2 – 3F 87
Pentyrch St. CF2 – 4F 93
Pen-y-bryn Pl. CF4 – 3E 93
Pen-y-bryn Rd. CF2 – 2C 86
Pen-y-bryn Rd. CF4 – 3E 93
Pen-y-bryn Way. CF4 – 3E 93
Penycraig. CF4 – 1B 84
Pen-y-dre. CF4 – 3A 84
Penygarn Rd. CF5 – 2D 99
Pen-y-groes Av. CF4 – 3D 85
Pen-y-groes Rd. CF4 – 3C 84
Penylan Ct. CF2 – 2C 94
Pen-y-lan Pl. CF2 – 3C 94
Pen-y-lan Rd. CF2 – 4C 94
Pen-y-lan Ter. CF3 – 2D 95
Pen-y-peel Rd. CF5 – 1C 100
Pen-y-wain La. CF2 – 3A 94
Pen-y-wain Pl. CF2 – 4B 94
Pen-y-wain Rd. CF2 – 3B 94
Pepys Cres. CF3 – 4B 88
Percival Clo. CF1 – 1D 85
Percy St. CF1 – 4A 102
Perrots Clo. CF5 – 5E 91
Perry St. CF5 – 1C 100
Petherton Pl. CF3 – 3C 88
Pethybridge Rd. CF5 – 2B 98
Petrel Clo. CF6 – 5D 107
Philip Clo. CF4 – 4D 85
Philip St. CF1 – 2D 101
Philog, The. CF4 – 1C 92
Pickwick Clo. CF4 – 1F 85
Picton Pl. CF1 – 2D 101
Picton Wlk. CF1 – 2D 101

Piercefield Pl. CF2 – 1C 102
Pill St. CF6 – 5B 104
Pilton Pl. CF4 – 3D 93
Pine Ct. CF4 – 1D 83
Pinehurst Rd. CF5 – 4C 90
Pines, The. CF4 – 5A 84
Pine Tree Clo. CF4 – 3A 82
Pinewood Clo. CF6 – 4B 104
Pine Wood Cres. CF3 – 2E 95
Piper Clo. CF5 – 2D 91
Pitman La. CF1 – 1E 101
Pitman St. CF1 – 1E 101
Planet St. CF2 – 1C 102
Plantagenet St. CF1 – 3F 101
Plas-mawr Rd. CF5 – 4D 91
Plas Newydd. CF4 – 1A 92
Plasnewydd Pl. CF2 – 5C 94
Plasnewydd Rd. CF2 – 5B & 5C 94
Plasnewydd Sq. CF2 – 5B 94
Plas Pamir. CF6 – 5E 105
Plassey Sq. CF6 – 5D 105
Plassey St. CF6 – 5C 104
Plas Treoda. CF4 – 1B 92
Plasturton Av. CF1 – 1D 101
Plasturton Gdns. CF1 – 1D 101
Plasturton Pl. CF1 – 1E 101
Plas-y-llan. CF4 – 5A 84
Platinum St. CF2 – 2D 103
Plover Way. CF6 – 5D 107
Plymouth Rd. CF6 – 2D 107 to
  4D 107
Plymouth St. CF1 – 2A 102
Plymouth Wood Clo. CF5 – 2D 99
Plymouth Wood Cres. CF5 – 1C 98
Plymouth Wood Rd. CF5 – 1D 99
Pomeroy St. CF1 – 1D 105
Pommergelli Rd. CF4 – 1F 91
Pontcanna Pl. CF1 – 5D 93
Pontcanna St. CF1 – 1D 101
Pontfaen. CF2 – 1D 87
Pontrilas Clo. CF5 – 4A 98
Poplar Clo. CF5 – 4C 90
Poplar Rd. CF5 – 4C 90
Poppyfield Clo. CF3 – 3E 89
Porlock Rd. CF3 – 3C 88
Portfield Cres. CF4 – 3F 85
Porthamal Gdns. CF4 – 4C 84
Porthamal Rd. CF4 – 4C 84
Porthcawl Rd. CF5 – 4C 98
Porthkerry Pl. CF4 – 3D 93
Portland Clo. CF6 – 3E 107
Portland Pl. CF4 – 1B 86
Port Madoc Rd. CF3 – 5E 89
Portmanmoor Rd. CF2 – 2E &
  3E 103
Portmanmoor Rd. Ind. Est. CF2 –
  3E 103
Port Rd. CF5 – 5A 98
Powys Rd. CF6 – 3C 106
Prendergast Pl. CF5 – 4D 99
Prestatyn Rd. CF3 – 5D 89
Preswood Ho. CF4 – 2A 86
Preswylfa St. CF5 – 1B 100
Priest Rd. CF2 – 2D 95
Primrose Clo. CF3 – 3B 96
Prince Charles Ct. CF6 – 5D 105
Prince Leopold St. CF2 – 2C 102
Princes Av. CF2 – 5D 95
Princes Ct. CF2 – 1B 102
Princes St. CF1 – 5D 95
Pritchard Clo. CF5 – 3E 91
Prospect Dri. CF5 – 4F 91
Pum Erw Rd. CF4 – 5D 85
Purbeck St. CF5 – 1B 100
Purcell Rd. CF3 – 3D 89
Purcell Rd. CF6 – 4C 106
Pwllheli Ct. CF3 – 1C 96
Pwll mawr Av. CF3 – 2C 96
Pwllmelin La. CF5 – 4F 91
Pwll Melin Rd. CF5 – 4D 91

Pyle Rd. CF5 – 4C 98

Quarry Clo. CF5 – 5C 90
Quarry Cres. CF5 – 5C 90
Quarry Dale. CF3 – 3B 96
Quarry Ho. CF1 – 2C 102
Quarry Rd. CF5 – 2E 91
Quay St. CF1 – 2A 102
Queen Anne Sq. CF1 – 5F 93
Queensbury Rd. CF3 – 2D 95
Queen's Ho. CF1 – 2B 102
Queens Rd. CF6 – 5D 105
Queens Rd. S. CF1 – 3F 105
Queen St. CF1 – 2A 102
Queen St. CF4 – 1C 82
Queen St Arc. CF1 – 2A 102
Queenwood. CF3 – 2E 95
Queen Wood Clo. CF3 – 1C 94
Quentin St. CF4 – 2E 93

Radnor Ct. CF5 – 2C 100
Radnor Rd. CF5 – 1C 100
Radyr Ct Clo. CF5 – 3F 91
Radyr Ct Rise. CF5 – 3F 91
Radyr Ct. Rd. CF5 – 2E & 2F 91
Radyr Farm Rd. CF4 – 5C 82
Radyr Pl. CF4 – 2C 102
Raglan Clo. CF3 – 2F 89
Raglan Clo. CF6 – 2A 106
Railway St. CF2 – 2D 103
Railway Ter. CF1 – 3D 101
Railway Ter. CF4 – 1C 82
Railway Ter. CF6 – 1A 106
   (Cogan)
Railway Ter. CF6 – 1D 107
   (Panarth)
Raisdale Rd. CF6 – 3D 107
Ranoch Dri. CF2 – 5C 86
Ravensbrook. CF4 – 2A 82
Ravens Ct Clo. CF3 – 3D 95
Raven Way. CF6 – 5D 107
Rawden Pl. CF1 – 2E 101
Rectory Ct. CF6 – 2E 107
Rectory Rd. CF5 – 1C 100
Rectory Rd. CF5 – 1E 107
Rectory Rd. La. CF6 – 1E 107
Redbrink Ct. CF5 – 2C 98
Redcliffe Av. CF5 – 1A 100
Red Ho Clo. CF5 – 2C 98
Red Ho Cres. CF5 – 2C 98
Red Ho Pl. CF5 – 2D 99
Red Ho Rd. CF5 – 1C 98
Redlands Av. CF6 – 1B 106
Redlands Ho. CF6 – 1B 106
Redlands Rd. CF6 – 5A 104 to
   2C 106
Redlaver St. CF1 – 5F 101
Redwood Clo. CF3 – 3E 89
Regina Rer. CF5 – 1B 100
Relf Rd. CF3 – 1C 96
Rennie St. CF1 – 3E 101
Restways Clo. CF5 – 3D 91
Retreat, The. CF2 – 3D 95
Rheidol Clo. CF4 – 2A 86
Rhigoes Gdns. CF2 – 4F 93
Rhigoes St. CF2 – 4F 93
Rhiwbina Hill. CF4 – 1F 83
Rhiwderyn Clo. CF5 – 4A 98
Rhododendron Clo. CF2 – 3D 87
Rhos Llan. CF4 – 2C 84
Rhossily Av. CF3 – 5C 88
Rhossily Rd. CF3 – 5C 88
Rhuddlan Way. CF6 – 1A 106
Rhydhelig Av. CF4 – 1D 93
Rhyd-y-penau Clo. CF4 – 3A 86
Rhyd-y-penau Rd. CF2 – 4A 86
Rhyl Rd. CF3 – 1C 96
Rhymney River Bri Rd. CF3 – 3F 95
Rhymney St. CF2 – 5B 94
Rhymney Ter. CF2 – 4A 94

Richard Lewis Clo. CF5 – 3E 91
Richards St. CF2 – 5A 94
Richards Ter. CF2 – 5D 95
Richmond Cres. CF2 – 1B 102
Richmond Rd. CF2 – 5B 94
Rich's Rd. CF4 – 1D 93
Ridgeway Rd. CF3 – 1A 96
Risca Clo. CF3 – 2F 89
Rise, The. CF4 – 2A 86
Riverdale. CF5 – 1D 99
Riversdale. CF5 – 2E & 2F 91
Riverside Ter. CF5 – 1F 99
River View. CF4 – 3A & 3B 92
River View Ct. CF5 – 3F 91
Roath Ct Pl. CF2 – 5D 95
Roath Ct. Rd. CF2 – 5C 94
Roath Dock Rd. CF1 – 5D 103
Robert St. CF2 – 4A 94
Robert St. CF5 – 1F 99
Robin Clo. CF2 – 3D 87
Robinswood Clo. CF6 – 3D 107
Robinswood Cres. CF6 – 3D 107
Roche Cres. CF5 – 4C 90
Rockrose Way. CF6 – 5B 104
Rogersmoor Clo. CF6 – 3C 106
Rogerstone Clo. CF3 – 3F 89
Rolls St. CF1 – 2D 101
Romilly Cres. CF1 – 1C 100
Romilly Pl. CF5 – 1C 100
Romilly Rd. CF5 – 1B 100
Romilly Rd. W. CF5 – 1B 100
Romney Wlk. CF6 – 5C 104
Rompney Ter. CF3 – 3B 96
Ronald Pl. CF5 – 1D 99
Rookwood Av. CF5 – 4F 91
Rookwood Clo. CF5 – 4F 91
Rookwood St. CF1 – 4E 101
Roper Clo. CF5 – 2D 91
Roseberry Pl. CF6 – 2C 106
Rosedale Clo. CF5 – 5C 90
Rosemount Pl. CF4 – 2D 93
Rose St. CF2 – 5C 94
Rosset Clo. CF2 – 4E 89
Rossetti Clo. CF5 – 2E 91
Round Wood. CF3 – 5E 87
Round Wood Clo. CF3 – 2E 95
Rover Way. CF1 & CF2 – 5F 103 to
   4F 95
Rowan Clo. CF6 – 4D 107
Rowan Ct. CF5 – 5A 92
Roxburgh Garden Ct. CF6 – 2E 107
Royal Arc. CF1 – 3A 102
Royal Clo. CF6 – 5D 105
Royal Stuart La. CF1 – 1E 105
Ruby St. CF2 – 1D 103
Rudry St. CF1 – 4E 101
Runcorn Clo. CF3 – 2D 89
Rushbrook Clo. CF4 – 5E 83
Ruskin Clo. CF3 – 3B 88
Russell St. CF2 – 5B 94
Ruthin Gdns. CF2 – 5A 94
Rutland St. CF1 – 4E 101
Ryder St. CF1 – 1E 101

Sachville Av. CF4 – 2E 93
St Agatha Rd. CF4 – 1E 93
St Agnes Rd. CF4 – 1D 93
St Aidan Cres. CF4 – 1D 93
St Alban's Av. CF4 – 1D 93
St Ambrose Rd. CF4 – 5E 85
St Andrew's Cres. CF1 – 1B 102
St Andrew's La. CF1 – 1B 102
St Andrew's Pl. CF1 – 1A 102
St Angela Rd. CF4 – 1E 93
St Anne's Av. CF6 – 3C 106
St Anthony Rd. CF4 – 1E 93
St Asaph Clo. CF4 – 4E 85
St Augustine Rd. CF4 – 1E 93
St Augustine's Cres. CF6 – 5E 105

St Augustine's Path. CF6 – 5E 105
St Augustine's Pl. CF6 – 5E 105
St Augustine's Rd. CF6 – 5E 105
St Benedict Cres. CF4 – 1E 93
St Brigid Rd. CF4 – 4E 85
St Brioc Rd. CF4 – 4E 85
St Cadoc Rd. CF4 – 5E 85
St Cenydd Rd. CF4 – 4F 85
St Clement's Ct. CF2 – 2E 87
St Cyres Clo. CF6 – 1B 106
St Cyres Rd. CF6 – 2B 106
St David's Centre. CF1 – 2A 102
St David's Cres. CF5 – 2D 99
St David's Cres. CF6 – 2A 106
St David's Hall. CF1 – 2A 102
St David's Rd. CF4 – 1A 92
St David's Way. CF1 – 2A 102
St Denis Rd. CF4 – 4F 85
St Dogmael's Av. CF4 – 3F 85
St Donats Rd. CF1 – 4D 101
St Edeyrn's Clo. CF4 – 4C 86
St Edeyrn's Rd. CF4 – 4C 86
St Edwen Gdns. CF4 – 5E 85
St Fagan's Clo. CF5 – 5E 91
St Fagans Ct. CF5 – 3A 98
St Fagans Dri. CF5 – 5A 90
St Fagans Rise. CF5 – 5C 90
St Fagans Rd. CF5 – 5C 90 to 1F 99
St Fagans St. CF1 – 5F 101
St Francis Rd. CF4 – 4A 84
St George's Rd. CF4 – 1D 93
St Gildas Rd. CF4 – 4E 85
St Gowan Av. CF4 – 5E 85
St Helen's Rd. CF4 – 1D 93
St Ina Rd. CF4 – 4E 85
St Isan Rd. CF4 – 5E 85
St James' Ct. CF6 – 3B 106
St James's M. CF1 – 1D 101
St John's Cres. CF4 – 4A 84
St John's Cres. CF5 – 2D 101
St John's Pl. CF4 – 4A 84
St John's St. CF1 – 2A 102
St Luke's Av. CF6 – 3B 106
St Malo Rd. CF4 – 4E 85
St Margaret's Clo. CF4 – 4A 84
St Margaret's Cres. CF2 – 5D 95
St Margaret's Pk. CF5 – 1E 99
St Margaret's Pl. CF4 – 4A 84
St Margaret's Rd. CF4 – 4A 84
St Mark's Av. CF4 – 2E 93
St Mark's Gdns. CF4 – 2E 93
St Mark's Rd. CF6 – 3C 106
St Martin's Clo. CF6 – 3B 106
St Martin's Cres. CF4 – 3F 85
St Mary's Rd. CF4 – 4A 84
St Mary St. CF1 – 2A 102
St Mellons Rd. CF3 – 1F 87 & 1C 88
St Michael's Rd. CF5 – 5A 92
St Paul's Av. CF6 – 3B 106
St Peter's Rd. CF6 – 3B 106
St Peter's St. CF2 – 1B 102
St Pierre Clo. CF3 – 2F 89
St Tanwg Rd. CF4 – 5E 85
St Teilos Ct. CF2 – 4D 95
Salisbury Av. CF6 – 2C 106
Salisbury Clo. CF6 – 3C 106
Salisbury Rd. CF2 – 5B 94
Salop Pl. CF6 – 1D 107
Salop St. CF6 – 5D 105
Sanatorium Rd. CF1 – 2A 100
Sanctuary Ct. CF5 – 5A 98
Sanctuary, The. CF5 – 5A 98
Sanderling Dri. CF3 – 2E 89
Sandon Rd. CF1 – 2B 102
Sandon St. CF1 – 2B 102
Sandpiper Clo. CF3 – 2E 89
Sandringham Rd. CF2 – 4C 94
Sandwell Ct. CF6 – 4A 104
Sanquhar St. CF2 – 2C 102
Sapphire St. CF2 – 1D 103

Saundersfoot Clo. CF5 – 4D 99
Saunders Rd. CF1 – 3A 102
School St. CF1 – 3B 102
Schooner Way. CF1 – 3C 102
Scott Ct. CF2 – 1B 94
Scott Rd. CF1 – 3A 102
Seaview Ct. CF6 – 1E 107
Seawall Rd. CF2 – 2F 103
Sedgemoor Rd. CF3 – 3C 88
Senghennydd Pl. CF2 – 1B 102
Senghennydd Rd. CF2 – 5A 94
Sevenoaks Rd. CF5 – 3B 98
Sevenoaks St. CF1 – 5F 101
Severn Ct. CF1 – 2D 101
Severn Gro. CF1 – 1D 101
Severn Rd. CF1 – 1D 101
Seymour St. CF2 – 1E 103
Shakespeare Av. CF6 – 1B 106
Shakespeare St. CF2 – 1C 102
Shamrock Rd. CF5 – 5C 90
Shaw Clo. CF3 – 3B 88
Shears Rd. CF1 – 1F 99
Shearwater Clo. CF6 – 5D 107
Sheerwater Clo. CF3 – 3E 89
Shelley Cres. CF6 – 1C 106
Shelley Wlk. CF2 – 1C 102
Sherborne Av. CF2 – 3C 86
Sheridan Clo. CF3 – 3B 88
Sherwood Ct. CF5 – 3D 91
Shirley Rd. CF2 – 3A 94
Silver Birch Clo. CF4 – 2B 92
Silverstone Clo. CF3 – 2D 89
Silver St. CF2 – 1D 103
Singleton Rd. CF2 – 2E 103
Sir David's Av. CF5 – 1B 100
Skaithmuir Rd. CF2 – 1F 103
Skelmuir Rd. CF2 – 1F 103
Sloper Rd. CF1 – 3D 101
Smeaton St. CF1 – 3E 101
Sneyd St. CF1 – 1D 101
Snipe St. CF2 – 5C 94
Snowden Rd. CF5 – 3B 98
Soberton Av. CF4 – 2F 93
Solva Av. CF4 – 2A 86
Somerset St. CF1 – 4E 101
Sophia Clo. CF1 – 1E 101
S. Clive St. CF1 – 1C 104
Southcourt Rd. CF3 – 3D 95
Southern Way. CF3 – 2F 95
Southey St. CF2 – 1C 102
S. Luton Pl. CF2 – 2C 102
Southminster Rd. CF2 – 5D 95
S. Morgan Pl. CF1 – 2E 101
S. Park Rd. CF2 – 2E 103
S. Rise. CF4 – 2A 86
S. View Dri. CF3 – 5C 88
Spencer's Row. CF5 – 4A 92
Spencer St. CF2 – 4A 94
Spinney Clo. CF5 – 2C 98
Splott Rd. CF1 – 1D 103
Springfield Gdns. CF4 – 2B 82
Springfield Pl. CF1 – 2D 101
Spring Gdns Pl. CF2 – 5E 95
Spring Gdns Ter. CF2 – 5E 95
Springhurst Clo. CF4 – 3F 83
Springwood. CF2 – 5C 86
Stacey Rd. CF2 – 1D 103
Stadium Clo. CF1 – 1A 104
Stafford Rd. CF1 – 3E 101
Staines St. CF5 – 1B 100
Stallcourt Av. CF2 – 4D 95
Stallcourt Clo. CF2 – 4E 95
Stanton Way. CF6 – 5D 107
Stanway Pl. CF5 – 2B 98
Stanway Rd. CF5 – 2B 98
Stanwell Cres. CF6 – 5E 105
Stanwell Rd. CF6 – 2C 106 to
1D 107
Star St. CF2 – 1C 102
Station App. CF6 – 2D 107

Station Rd. CF4 – 1F 91
(Llandaff North)
Station Rd. CF4 – 2F 85
(Llanishen)
Station Rd. CF4 – 5C 82
(Radyr)
Station Rd. CF6 – 2D 107
Station Ter. CF1 – 2B 102
Station Ter. CF5 – 1F 99
Station Ter. CF6 – 2D 107
Steep St. CF6 – 5D 105
Stenhousemuir Pl. CF2 – 5F 95
Stephenson St. CF1 – 3E 101
Stirling Rd. CF5 – 3A 98
Stockland St. CF1 – 5F 101
Stoneleigh Ct. CF1 – 1D 101
Stone Yd., The. CF1 – 3D 101
Storrar Rd. CF2 – 5A 96
Strathnairn St. CF2 – 5B 94
Stuart Clo. CF1 – 2A 104
Stuart St. CF1 – 1E 105
Sturminster Rd. CF2 – 4D 95
Stuttgart Strasse. CF1 – 1B 102
Sudcroft St. CF1 – 3C 100
Sullivan Clo. CF3 – 3D 89
Sullivan Clo. CF6 – 4C 106
Sully Pl. CF6 – 2D 107
Sully Rd. CF6 – 5A 104 to 5A 106
Sully Ter. CF6 – 3D 107
Sully Ter. La. CF6 – 3D 107
Summerau Ct. CF5 – 1C 100
Summerfield Av. CF4 – 2F 93
Summerfield Pl. CF4 – 5D 85
Summerland Clo. CF6 – 4A 104
Summerland Cres. CF6 – 4A 104
Sumner Clo. CF5 – 2E 91
Sundew Clo. CF5 – 2D 91
Sundew Clo. CF6 – 5B 104
Sunningdale Clo. CF2 – 1B 94
Sun St. CF2 – 1D 103
Surrey St. CF5 – 2B 100
Sussex St. CF1 – 4F 101
Swallowhurst Clo. CF5 – 3A 98
Swansea St. CF2 – 2E & 3E 103
Sweldon Clo. CF5 – 4B 98
Swift Clo. CF3 – 3B 88
Swinton St. CF2 – 1E 103
Sycamore Clo. CF6 – 4B 104
Sycamore Pl. CF5 – 4D 91
Sycamore Tree Clo. CF4 – 4A 82
Sylvan Clo. CF5 – 4E 91
System St. CF2 – 1C 102

Taff Embkmt. CF1 – 4F 101
Taffs Mead Embkmt. CF1 – 3F 101
Taff St. CF1 – 3B 102
Taff St. CF4 – 1C 82
Taff Ter. CF1 – 5A 102
Taff Ter. CF4 – 5C 82
Tair Erw Rd. CF4 – 5D 85
Talbot St. CF1 – 2E 101
Talworth St. CF2 – 5C 94
Talybont Rd. CF5 – 3D 99
Tal-y-garn St. CF4 – 3F 93
Tanglewood Clo. CF4 – 1A 86
Tangmere Dri. CF5 – 3D 91
Tapley Clo. CF5 – 4C 98
Tarwick Dri. CF3 – 3D 89
Taunton Av. CF3 – 5B 88
Taunton Cres. CF3 – 5B 88
Tavistock St. CF2 – 5B 94
Taymuir Rd. CF2 – 5F 95
Teal St. CF2 – 1C 102
Teasel Av. CF6 – 5B 104
Tedder Clo. CF4 – 3F 85
Tegfan Clo. CF4 – 2A 86
Teifi Pl. CF5 – 2D 99
Teilo St. CF1 – 5D 93
Telford St. CF1 – 3E 101
Templeton Av. CF4 – 1D 85

Templeton Clo. CF4 – 1E 85
Tennyson Rd. CF6 – 1B 106
Tensing Clo. CF4 – 1F 85
Tern Clo. CF3 – 2F 89
Tewkesbury Pl. CF2 – 3A 94
Tewkesbury St. CF2 – 4A 94
Thackeray Cres. CF3 – 3B 88
Theobald Rd. CF5 – 2C 100
Theodora St. CF2 – 1E 103
Thesiger St. CF2 – 5A 94
Thistle Way. CF5 – 5A 92
Thomas St. CF1 – 5F 101
Thompson Av. CF5 – 1A 100
Thompson Pl. CF5 – 1A 100
Thorley Clo. CF2 – 1B 94
Thornbury Clo. CF4 – 4C 84
Thorn Gro. CF6 – 4D 107
Thornhill Rd. CF4 – 1C 84
Thornhill St. CF5 – 2C 100
Three Arches Av. CF4 – 3A 86
Thurston St. CF3 – 3C 100
Tidenham Rd. CF5 – 4D 99
Timbers Sq. CF2 – 5D 95
Timothy Rees Clo. CF5 – 1D 91
Tin St. CF2 – 2D 103
Tintagel Clo. CF4 – 1D 85
Tintern St. CF5 – 2C 100
Tiverton Dri. CF3 – 1A 96
Toftingall Av. CF4 – 5D 85
Tolgate Clo. CF1 – 2A 104
Ton-y-ywen Av. CF4 – 5E 85
Topaz St. CF2 – 1D 103
Torrens Dri. CF2 – 1B 94
Torrington Rd. CF3 – 3C 88
Tower Hill. CF6 – 2E 107
Town Wall. CF1 – 2A 102
Towyn Rd. CF3 – 1C 96
Towy Rd. CF4 – 2A 86
Trade La. CF1 – 4A 101
Trade St. CF1 – 4A 102
Trafalgar Rd. CF2 – 4D 95
Traherne Dri. CF5 – 4A 98
Trebanog Clo. CF3 – 4E 89
Trebanog Cres. CF3 – 4E 89
Treborth Rd. CF3 – 5E 89
Trecastle Av. CF4 – 1E 85
Trecynon Rd. CF3 – 5E 89
Tredegar St. CF1 – 3B 102
Tredelerch Rd. CF3 – 2A 96
Trefaser Cres. CF3 – 4E 89
Tregaron Rd. CF5 – 2B 98
Treharris St. CF2 – 5B 94
Treherbert St. CF2 – 4F 93
Trelai Ct. CF5 – 4C 98
Trelawney Av. CF3 – 1B 96
Trelawney Cres. CF3 – 1B 96
Tremadoc Wlk. CF3 – 4E 89
Trenchard Dri. CF4 – 3F 85
Trenewyd Rd. CF3 – 5E 89
Treorcky St. CF2 – 5F 93
Tresigin Rd. CF3 – 4E 89
Tresillian Ter. CF1 – 4A 102
Tresillian Way. CF1 – 4A 102
Trevethick St. CF1 – 3E 101
Trinity St. CF1 – 2A 102
Tristram Clo. CF4 – 1D 85
Troed y rhiw. CF4 – 1A 84
Trowbridge Grn. CF3 – 4E 89
Trowbridge Rd. CF3 – 5D 89
Tudor Clo. CF5 – 5D 91
Tudor Clo. CF6 – 4D 107
Tudor La. CF1 – 3F 101
Tudors, The. CF3 – 3D 95
Tudor St. CF1 – 3F 101
Tulloch St. CF2 – 4C 94
Tummel Clo. CF2 – 5C 86
Turberville Pl. CF1 – 1D 101
Turner Rd. CF5 – 2B 100
Turnham Grn. CF3 – 3E 95
Tuscan Clo. CF6 – 3A 104

CARDIFF

Windsor Ter. CF1 – 1E 105
Windsor Ter. CF6 – 1E 107
Windsor Ter La. CF6 – 1E 107
Windway Av. CF5 – 1A 100
Windway Rd. CF5 – 1F 99
Wingate Dri. CF4 – 4F 85
Wingfield Rd. CF4 – 1F 91
Winnipeg Dri. CF2 – 5C 86
Withycombe Rd. CF3 – 2C 88
Witla Ct Rd. CF3 – 5C 88
Wolfs Castle Av. CF4 – 1E 85
Womanby St. CF1 – 2A 102
Wood Clo. CF4 – 1B 86
Woodcock St. CF2 – 5C 94
Woodfield Av. CF4 – 5C 82
Woodford Clo. CF5 – 3E 91
Woodland Cres. CF2 – 1C 94
Woodland Pl. CF6 – 1D 107
Woodland Rd. CF4 – 5F 83
Woodlands Pk Dri. CF5 – 5C 98

Woodlands Pl. CF2 – 1C 102
Woodside Ct. CF4 – 1A 86
Wood St. CF1 – 3F 101
Wood St. CF6 – 1D 107
Woodvale Av. CF2 – 3C 86
Woodville Rd. CF2 – 5A 94
Woolacombe Av. CF3 – 4C 88
Woolaston Av. CF2 – 5B 86
Woolmer Clo. CF5 – 2D 91
Worcester Ct. CF1 – 1C 104
Wordsworth Av. CF2 – 1C 102
Wordsworth Av. CF6 – 1B 106
Working St. CF1 – 2A 102
Worle Av. CF3 – 5B 88
Worple Pl. CF3 – 5B 88
Wrexham Ct. CF3 – 5E 89
Wroughton Pl. CF5 – 1E 99
Wyeverne Rd. CF2 – 5A 94
Wyfan Pl. CF4 – 3D 93
Wyncliffe Rd. CF2 – 2A 88

Wyndham Arc. CF1 – 3A 102
Wyndham Cres. CF1 – 1D 101
Wyndham Pl. CF1 – 2E 101
Wyndham Rd. CF1 – 1D 101
Wyndham St. CF1 – 2E 101
Wyndham St. CF4 – 1C 82
Wyndham Ter. CF4 – 2A 86
Wyon Clo. CF5 – 2D 91

Yewtree Clo. CF5 – 5C 90
Y Goedwig. CF4 – 2A 84
Y Groes. CF4 – 3B 84
Yorath Rd. CF4 – 5B 84
York Pl. CF1 – 1C 104
York St. CF5 – 2C 100
Ystrad Clo. CF3 – 3F 89
Ystrad St. CF1 – 5A 102

Zinc St. CF2 – 2D 103

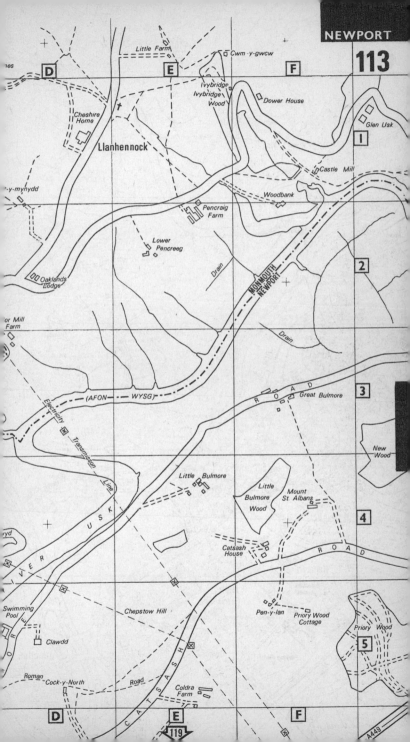

D

E

F

Little Farm

Cwm-y-gwcw

Ivybridge

Ivybridge Wood

Dower House

Glen Usk

Cheshire Home

1

Llanhennock

Castle Mill

-y-mynydd

Woodbank

Pencraig Farm

Lower Pencreeg

Drain

MONMOUTH
NEWPORT

2

Oaklands Lodge

or Mill Farm

Drain

(AFON — WYSG)

R O A D

Great Bulmore

3

Electricity

Transmission

New Wood

Little Bulmore

Little Bulmore Wood

Mount St. Albans

Line

U S K

4

Catsash House

R O A D

R I V E R

Swimming Pool

Chepstow Hill

Pen-y-lan

Priory Wood Cottage

Priory Wood

Clawdd

5

Roman Cock-y-North

Road

Coldra Farm

C A T S A S H

D

E

F

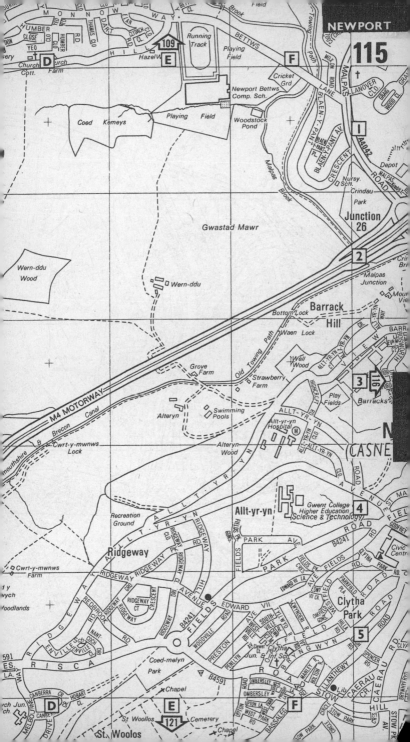

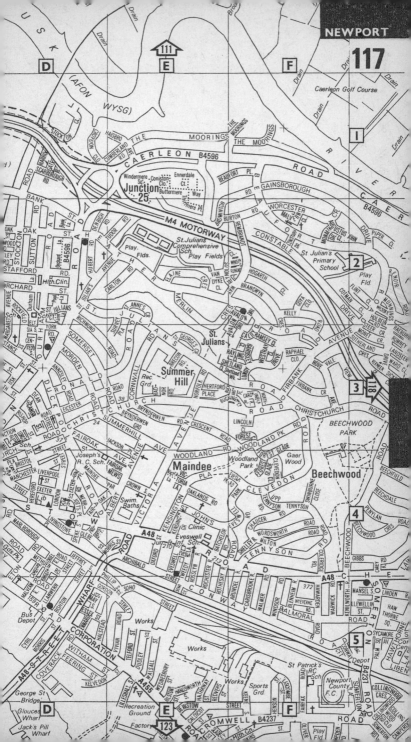

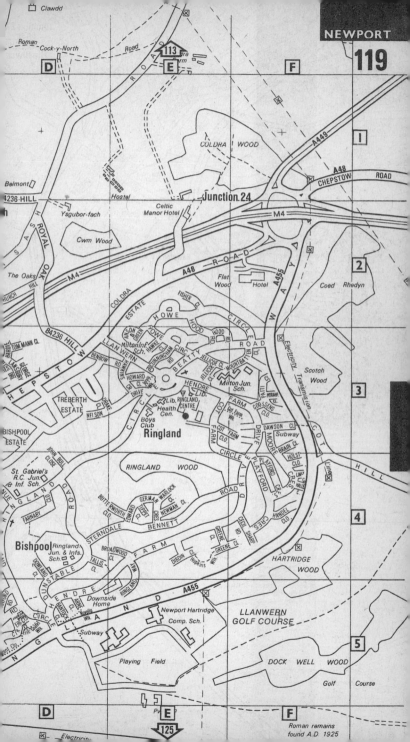

Clawdd

Roman
Cock-y-North   Road

113

D   E   F

1

COLDRA   WOOD

A449

A48
CHEPSTOW   ROAD

Belmont

4236·HILL

Hostel

ROYAL OAK

SASH

Junction 24

M4   WAY

Ysgubor-fach

Celtic
Manor Hotel

Cwm Wood

2

The Oaks

HURCH HILL

M4   A48   ROAD

Flat
Wood

Hotel

A455

Coed   Rhedyn

COLDRA
ESTATE

FISHER CL.

B4236 HILL

HOWE

HOOD

WOOD RD.

CIRCLE

ROAD

Electricity Transmission

Scotch
Wood

TOM MANN CL.

GEORGE
LADY   DRI
OSBORNE

HEPSTOW

LLANWERN

Milton Inf.
Sch.

NELSON GREEN

HOWE   CIRC.

HAWKE

BENBOW
RD.

CUNNINGHAM RD.

BEATTY

HOWARD
CL.

NELSON
DRIVE

WOOD
RD.

JELLICOE CL.

MOUNTBA

MILTON

3

MOUNTBA

CST.

HENDRE
LIB.

Milton Jun.
Sch.

FARM

GOO. SECS
CLO.

CL.

CL.

MIRAH

Scotch
Wood

TREBERTH
ESTATE

CIRCLE

Lib. RINGLAND
Health CENTRE
Cen.

Dot Farm
Wk.

COT FARM CLO.

DAWSON CL.

Subway

MOORE

BRAIN CL.

COT

HILL

BISHPOOL
ESTATE

Boys
Club

Ringland

COT FARM
CLO.

DRIVE

HOLST.
CLO.

St. Gabriel's
R.C. Jun.
& Inf. Sch.

JOHN BULL
CLOSE

RINGLAND   WOOD

CIRCLE

PLATFORD

PLATFORD

CRES.

LIND
HALE

4

RINGLAND CLO.

BUTTERWORTH
CLO.

GERMAN
CRES.

WARLOCK
CL.

ROAD

CL.

FARNABY

EDWARD
CLO.

FORBES

NEWMAN
CL.

BENNETT

GREEN
RD.

CECIL SHARP

HANDEL

Bishpool

STERNDALE ROAD

Ringland
Jun. & Infs.
Sch.

BROADWOOD
CLO.

FARM

WY.
GREENE CL.

HARTRIDGE
WOOD

TALLIS
CL.

DIBDIN

Hopkins

DUNSTABLE

HENDRE

RING RD.

A455

RINGLAND

Downside
Home

Newport Hartridge
Comp. Sch.

LLANWERN
GOLF COURSE

5

Novello
Wk.

Subway

Playing   Field

DOCK   WELL   WOOD

Golf   Course

D   E   F

125

Roman remains
found A.D. 1925

Electricity

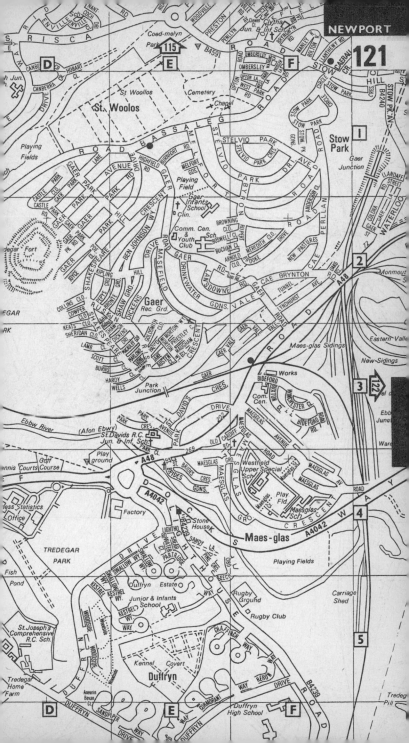

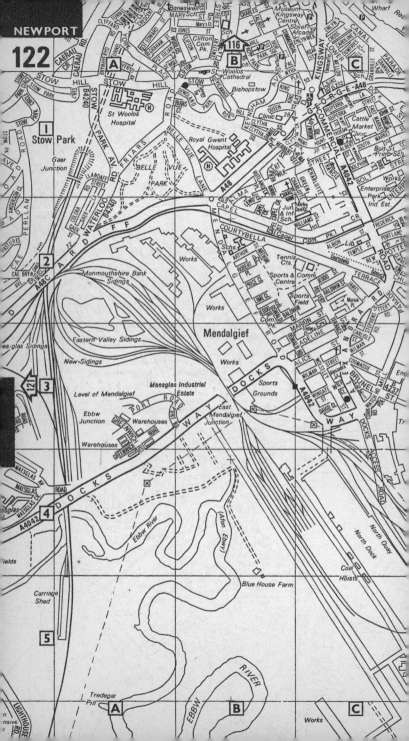

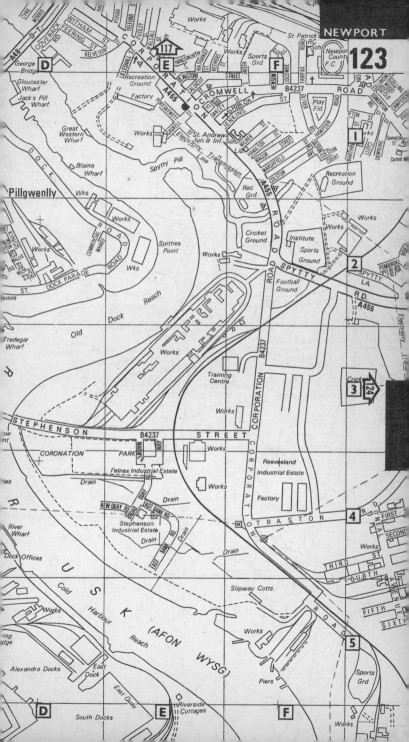

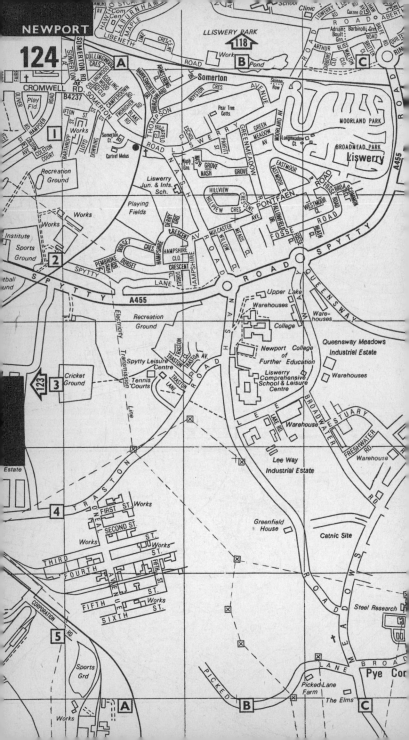

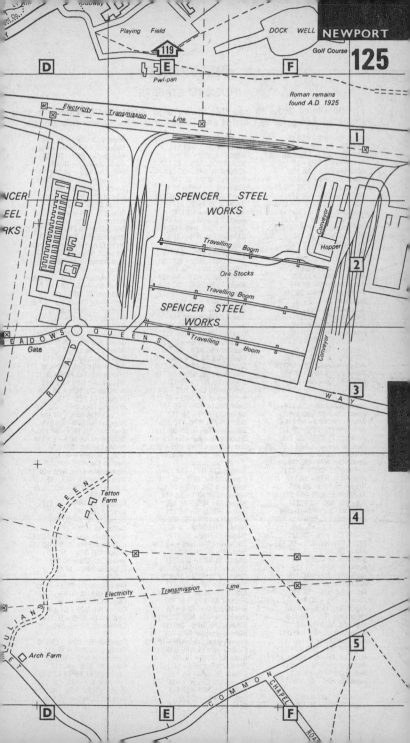

NEWPORT

INDEX TO STREETS

For details of 'How to use this index' and 'Abbreviations used in this index' please refer to Cardiff and Bristol Index to Streets title pages.

Elgar Av. NP9 – 5C 118
Elgar Circle. NP9 – 4C 118
Elgar Clo. NP9 – 4C 118
Elm Gro. NP9 – 4A 110
Elysia St. NP9 – 3D 117
Emlyn St. NP9 – 5C 116
Emlyn Wlk. NP9 – 5C 116
Ennerdale Ct. NP9 – 1E 117
Enterprise Pk. Ind. Est.
  NP9 – 1C 122
Enterprise Way. NP9 – 1C 122
Enville Clo. NP9 – 5D 115
Enville Rd. NP9 – 5D 115
Eric Coates Clo. NP9 – 5D 119
Eric Coates Wlk. NP9 – 5D 119
Eschol Clo. NP9 – 1B 124
Essex St. NP9 – 5D 117
Estuary Rd. NP9 – 3C 124
Eton Rd. NP9 – 4D 117
Evans St. NP9 – 3B 116
Evesham Ct. NP9 – 3A 116
Eveswell La. NP9 – 4E 117
Eveswell Pk Rd. NP9 – 4F 117
Eveswell St. NP9 – 4E 117
Exe Rd. NP9 – 4C 108
Exeter Rd. NP9 – 4D 117
Exeter St. NP9 – 4D 117

Factory Rd. NP9 – 3B 116
Fairfax Rd. NP9 – 1F 123
Fairfield Clo. NP6 – 3F 111
Fairfield Rd. NP6 – 3E 111
Fairoak Av. NP9 – 3D 117
Fairoak M. NP9 – 4E 117
Fairoak Ter. NP9 – 4D 117
Fairway Clo. NP1 – 2A 114
Fallowfield Dri. NP9 – 2B 124
Faraday Clo. NP9 – 4F 109
Farm La. NP9 – 2D 117
Farmwood Clo. NP9 – 4B 118
Farnaby Clo. NP9 – 4D 119
Faulkner Rd. NP9 – 4A 116
Feering St. NP9 – 5D 117
Felnex Ind. Est. NP9 – 4E 123
Fern Rise. NP9 – 4A 110
Fforest Glade. NP9 – 4F 117
Fields Pk Av. NP9 – 4F 115
Fields Pk Cres. NP9 – 4F 115
Fields Pk Gdns. NP9 – 4F 115
Fields Pk Rd. NP9 – 5E 115
Fields Rd. NP9 – 4F 115
Fifth St. NP9 – 5A 124
Filey Rd. NP9 – 2D 117
Firbank Av. NP9 – 3F 117
Firbank Cres. NP9 – 3F 117
Firs, The. NP9 – 5B 110
First St. NP9 – 4A 124
Firtree Clo. NP6 – 5D 111
Fisher Clo. NP9 – 2E 119
Fleming Clo. NP9 – 4F 109
Flint Clo. NP9 – 2A 118
Ford St. NP9 – 5A 116
Forest Clo. NP9 – 3F 117
Forge Clo. NP6 – 3A 112
Forge La. NP1 – 2B 120
Forge Rd. NP1 – 2A 120
Fort View. NP1 – 2A 120
Fosse Clo. NP9 – 2B 124
Fosse La. NP6 – 5A 112
Fosse Rd. NP9 – 2B 124
Fourth St. NP9 – 5F 123
Fourth St. NP9 – 4A 124
Francis St. NP9 – 1C 122
Frank St. NP9 – 4C 116
Frederick St. NP9 – 2C 122
Freshwater Rd. NP9 – 4C 124
Friars Ct. NP9 – 1B 122
Friars M. NP9 – 1A 122
Friars St. NP9 – 5B 116
Frobisher Rd. NP9 – 1A 124

Frome Wlk. NP9 – 5C 108

Gaer La. NP9 – 2A 122
Gaer Pk Av. NP9 – 2D 121
Gaer Pk Dri. NP9 – 2D 121
Gaer Pk Hill. NP9 – 1D 121
Gaer Pk La. NP9 – 1D 121
Gaer Pk Pde. NP9 – 2D 121
Gaer Pk Rd. NP9 – 2D 121
Gaer Rd. NP9 – 1E 121
  (Cardiff Rd)
Gaer Rd. NP9 – 2F 121
  (Shakespeare Cres)
Gaer St. NP9 – 2A 122
Gaer Vale. NP9 – 3E 121
Gainsborough Dri. NP7 – 1F 117
Garth Clo. NP1 – 1A 120
Gaskell St. NP9 – 1E 123
Gatlas La. NP6 – 1B 112
Gaudi Wlk. NP1 – 3A 114
George Lansbury Dri. NP9 – 3D 119
George St. NP9 – 1C 122
Gibbons Clo. NP9 – 5C 118
Gibbs Rd. NP9 – 4A 118
Gilbert Clo. NP9 – 5C 118
Glanmor Cres. NP9 – 4A 118
Glanmore Pk Av. NP9 – 4A 118
Glanwern Av. NP9 – 4B 118
Glanwern Clo. NP9 – 4B 118
Glanwern Dri. NP9 – 4B 118
Glanwern Gro. NP9 – 3C 118
Glanwern Rise. NP9 – 4B 118
Glasllwch Cres. NP9 – 5C 114
Glasllwch La. NP9 – 1C 120
Glasllwch View. NP9 – 1C 120
Glass Works Cotts. NP9 – 1B 116
Glastonbury Clo. NP9 – 3B 116
Glebe St. NP9 – 4D 117
Glen Usk View. NP6 – 3F 111
Gloster Pl. NP9 – 4D 117
Gloster St. NP9 – 3D 117
Godfrey Rd. NP9 – 4A 116
Goldcroft Comn. NP6 – 4B 112
Goldsmith Clo. NP9 – 3E 121
Gold Tops. NP9 – 4A 116
Goodrich Cres. NP9 – 2A 116
Goodrich La. NP9 – 2B 116
Goossens Clo. NP9 – 3F 119
Gordon St. NP9 – 5D 117
Gore St. NP9 – 3D 117
Goya Clo. NP9 – 2F 117
Grafton Rd. NP9 – 4C 116
Graham Bell Clo. NP9 – 3F 109
Graham St. NP9 – 5A 116
Graig Clo. NP1 – 1A 120
Graig Pk Av. NP9 – 5A 110
Graig Pk Circle. NP9 – 5A 110
Graig Pk Hill. NP9 – 5A 110
Graig Pk La. NP9 – 5A 110
Graig Pk Pde. NP9 – 5A 110
Graig Pk Rd. NP9 – 5A 110
Graig Pk Vs. NP9 – 5A 110
Graig Wood Clo. NP9 – 1A 116
Granville Clo. NP1 – 5B 114
Granville La. NP9 – 5C 116
Granville St. NP9 – 5C 116
Greene Clo. NP9 – 4E 119
Greenfield. NP6 – 4E 111
Greenfield Rd. NP1 – 5B 114
Greenmeadow Av. NP9 – 1B 124
Greenmeadow Rd. NP9 – 1B 124
Greenwich Rd. NP9 – 3A 122
Griffin La. NP1 – 2A 120
Griffin St. NP9 – 4B 116
Griffin, The. NP1 – 2A 120
Grindle Wlk. NP1 – 3A 114
Groes Rd. NP1 – 3A 114
Groommead. NP6 – 3A 112
Grove Pk Dri. NP9 – 5B 110
Groves Rd. NP9 – 1C 120

Gwladys Pl. NP6 – 3F 111

Hadrian Clo. NP6 – 3F 111
Hafod Clo. NP6 – 1E 111
Hafod Rd. NP6 – 1E 111
Haisbro Av. NP9 – 1E 117
Haldane Pl. NP9 – 4A 110
Halle Clo. NP9 – 4F 119
Halstead St. NP9 – 5D 117
Hamilton St. NP9 – 1F 123
Hampden Rd. NP9 – 1F 123
Hampshire Av. NP9 – 2B 124
Hampshire Clo. NP9 – 2A 124
Hampshire Cres. NP9 – 2A 124
Handel Clo. NP9 – 4F 119
Handsworth St. NP9 – 5E 117
Harding Av. NP9 – 3A 110
Hardy Clo. NP9 – 3E 121
Hargreaves Dri. NP9 – 4F 109
Harrhy St. NP9 – 4B 116
Harrogate Rd. NP9 – 1D 117
Harrow Clo. NP6 – 3E 111
Harrow Rd. NP9 – 4C 116
Harvey Clo. NP9 – 4F 109
Hathaway St. NP9 – 5E 117
Havelock St. NP9 – 5B 116
Hawarden Rd. NP9 – 5F 117
Hawke Clo. NP9 – 3E 119
Hawkins Cres. NP9 – 3E 119
Hawks Moor Clo. NP1 – 4A 114
Hawksworth Gro. NP9 – 1A 124
Hawthorne Av. NP9 – 5A 118
Hawthorne Fosse. NP9 – 5A 118
Hawthorne Sq. NP9 – 5A 118
Hayling Clo. NP9 – 3F 117
Hazel Wlk. NP6 – 4E 111
Hazlitt Clo. NP9 – 3E 121
Heather Rd. NP9 – 2E 117
Helford Sq. NP9 – 4C 108
Hendre Farm Dri. NP9 – 5D 119
Henllys La. NP1 & NP9 – 5A 108
Henry Wood Clo. NP9 – 5C 118
Henson St. NP9 – 1F 123
Herbert Rd. NP9 – 3C 116
Herbert St. NP9 – 1B 122
Herbert Wlk. NP9 – 1B 122
Hereford St. NP9 – 4D 117
Heron Way. NP1 – 5F 121
Hertford Pl. NP9 – 5F 117
Highcroft Rd. NP9 – 3F 115
High Cross Clo. NP1 – 1B 120
High Cross Dri. NP1 – 5B 114
High Cross La. NP1 – 1B 120
Highcross Rd. NP1 – 4A 114
Highfield Clo. NP6 – 3E 111
Highfield Rd. NP1 – 2A 120
Highfield Rd. NP6 – 3E 111
Highfield Rd. NP9 – 1E 121
Highfield Way. NP6 – 3F 111
High St. NP6 – 5B 112
High St. NP9 – 4B 116
Hilla Rd. NP9 – 5F 115
Hillside Cres. NP1 – 5B 114
Hill St. NP9 – 5B 116
Hillview Cres. NP9 – 1B 124
Hobart Clo. NP9 – 5D 115
Hogarth Clo. NP9 – 2F 117
Holbein Rd. NP9 – 2A 118
Holland Clo. NP1 – 2A 114
Hollybush Av. NP9 – 5F 109
Hollybush Clo. NP9 – 5F 109
  (in two parts)
Holst Clo. NP9 – 4F 119
Home Farm Clo. NP6 – 4E 111
Home Farm Cres. NP6 – 5E 111
Home Farm Est. NP6 – 4E 111
Home Farm Grn. NP6 – 4E 111
Hood Rd. NP9 – 3E 119
Hopefield. NP9 – 3A 116
Hopkins Wlk. NP9 – 4E 119

NEWPORT

Moxon Rd. NP9 – 5F 109
Moyle Gro. NP6 – 1E 111
Mulcaster Av. NP9 – 2B 124
Munnings Dri. NP9 – 2A 118
Museum St. NP6 – 5B 112
Myra Hess Clo. NP9 – 3F 119
Myrtle Cotts. NP6 – 5B 112
Myrtle Gro. NP9 – 5B 118

Nant-coch Dri. NP9 – 5D 115
Nash Clo. NP1 – 3A 114
Nash Gro. NP9 – 1B 124
Nash Rd. NP9 & NP6 – 1A to
 5C 124
Nelson Dri. NP9 – 3D 119
Neston Rd. NP9 – 4C 118
Newman Clo. NP9 – 4E 119
New Pastures. NP9 – 2F 121
Newport Ind. Est. NP9 – 3C 124
Newport Rd. NP44 – 1A 110
New Quay Rd. NP9 – 4E 123
New Rd. NP6 – 1B 118
New Ruperra St. NP9 – 1C 122
New St. NP9 – 2C 122
Newton Way. NP9 – 4F 109
Nidd Clo. NP9 – 5C 108
Norfolk Rd. NP9 – 3E 117
Norman St. NP6 – 4B 112
Northfield Clo. NP6 – 3F 111
Northfield Rd. NP6 – 3F 111
North St. NP9 – 5B 116
Northumberland Rd. NP9 – 3F 117
Novello Wlk. NP9 – 5D 119

Oakdale Clo. NP6 – 4E 111
Oakfield. NP6 – 4E 111
Oakfield Gdns. NP9 – 5F 115
Oakfield Rd. NP9 – 5F 115
Oaklands. NP6 – 1E 111
Oaklands Rd. NP9 – 4E 117
Oakley St. NP9 – 1E 123
Oaks Clo. NP9 – 2F 121
Oak St. NP9 – 2D 117
Ogmore Cres. NP9 – 5C 108
Old Cardiff Rd. NP9 – 3E 121
Old Hill. NP6 – 2C 118
Old Hill Cres. NP6 – 2C 118
Oliphant Circle. NP9 – 3E 109
Oliver Rd. NP9 – 1F 123
Ombersley La. NP9 – 5F 115
Ombersley Rd. NP9 – 5F 115
O'Neal Av. NP9 – 4A 124
Orchard La. NP9 – 2D 117
Orchard Rd. NP9 – 3A 112
Orchard St. NP9 – 2D 117
Orchard, The. NP6 – 1F 111
Oriel Rd. NP9 – 4D 117
Oswald Rd. NP9 – 3B 122
Otter Clo. NP9 – 4C 108
Owen Clo. NP6 – 2A 112
Oxford Clo. NP9 – 3E 111
Oxford St. NP9 – 4E 117

Paddocks, The. NP6 – 3E 111
Palm Sq. NP9 – 5A 118
Palmyra Pl. NP9 – 5B 116
Pant Glas Rd. NP44 – 1D 109
Pant Rd. NP9 – 2A 116
Parfit St. NP9 – 1B 124
Park Av. NP9 – 3E 121
Park Clo. NP9 – 3E 121
Park Cres. NP9 – 3E 121
Park Dri. NP9 – 3E 121
Parkfield Pl. NP9 – 5F 115
Park Sq. NP9 – 5B 116
Park View. NP1 – 2B 120
Park Wood Clo. NP6 – 4D 111
Parret Clo. NP9 – 5E 109
Parret Rd. NP9 – 4E 109
Parret Wlk. NP9 – 4E 109

Parry Dri. NP9 – 5B 118
Partridge Way. NP1 – 4E 121
Patti Clo. NP9 – 3F 119
Paxton Wlk. NP1 – 3A 114
Pear Tree Clo. NP6 – 5E 111
Pear Tree Cotts. NP9 – 1B 124
Pembroke Gro. NP9 – 2A 124
Pencarn Av. NP1 – 5C 120
Pencarn La. NP1 – 5C 120
Penkin Clo. NP9 – 5C 118
Penkin Hill. NP9 – 5C 118
Penllyn Av. NP9 – 5E 115
Penny Cres. NP9 – 4E 109
Penrhos Vs. NP6 – 2F 111
Pentonville. NP9 – 4B 116
Pentre La. NP44 – 1A 108 to 1F 109
Pen-twyn La. NP9 – 4D 109
Pen-y-Bryn Clo. NP9 – 4E 109
Penylan Clo. NP1 – 2A 120
Pen-y-lan Rd. NP1 – 2A 120
Penylan Rd. NP9 – 4A 118
Pepys Gro. NP9 – 2D 121
Phillips Grn. NP1 – 5A 114
Phillip St. NP9 – 5E 117
Picked La. NP6 – 5B 124
Pillmawr Circle. NP9 – 5B 110
Pillmawr Rd. NP9 & NP6 – 4A 110
 to 4F 111
Pilton Vale. NP9 – 4B 110
Pine Gro. NP1 – 4E 121
Pinewood Clo. NP9 – 4A 110
Piper Clo. NP9 – 2A 118
Plane Tree Clo. NP6 – 4E 111
Playford Cres. NP9 – 4F 119
Plym Wlk. NP9 – 4D 109
Pollard Clo. NP6 – 4E 111
Pontfaen Rd. NP9 – 2B 124
Ponthir Rd. NP6 – 1F 111
Pool La. NP9 – 2D 117
Poplar Ct. NP6 – 3E 111
Poplar Rd. NP9 – 5A 118
Portland St. NP9 – 2C 122
Port Rd. NP9 – 3A 122
Portskewett St. NP9 – 1E 123
Potter St. NP9 – 2C 122
Pottery Rd. NP9 – 2C 122
Pottery Ter. NP9 – 2C 122
Powell's Pl. NP9 – 5C 116
Power St. NP9 – 3A 116
Preston Av. NP9 – 5E 115
Price Clo. NP9 – 2B 122
Priestley Clo. NP9 – 3E 121
Prince St. NP9 – 4D 117
Priory Clo. NP6 – 4E 111
Probert Pl. NP9 – 4D 117
Prospect St. NP9 – 2B 116
Prosser La. NP9 – 5F 115
Pugsley St. NP9 – 3B 116
Pump St. NP9 – 5B 116
Purcell Sq. NP9 – 4C 118
Pye Corner. NP1 – 1B 120

Quantock Dri. NP9 – 3C 118
Quebec Clo. NP9 – 1C 120
Queen's Clo. NP9 – 3A 116
Queen's Croft. NP9 – 3B 116
Queen's Hill. NP9 – 4B & 3B 116
Queen's Hill Cres. NP9 – 4A 116
Queen St. NP9 – 1B 122
Queen's Way. NP6 – 3E 125
Queensway. NP9 – 4B 116
Queensway Meadows. NP9 –
 2C 124
Queensway Meadows Ind. Est.
 NP6 – 3C 124
Quilter Clo. NP9 – 5C 118

Radnor Rd. NP9 – 3E 117
Raeburn Clo. NP9 – 3A 118
Railway St. NP6 – 4A 112

Railway St. NP9 – 4B 116
Railway St. NP9 – 4B 116
Railway Ter. NP6 – 4B 112
Ramsey Clo. NP9 – 3F 117
Rankine Clo. NP9 – 4F 109
Raphael Clo. NP9 – 3F 117
Redbrook Rd. NP9 – 5D 115
Redland St. NP9 – 2B 116
Redvers St. NP9 – 5E 117
Redwood Clo. NP6 – 4E 111
Rees Clo. NP9 – 3A 110
Reevesland Ind. Est. NP9 – 3F 123
Reginald Ter. NP1 – 5A 114
Rembrandt Way. NP9 – 2F 117
Renoir Rd. NP9 – 2A 118
Reservoir Clo. NP1 – 5B 114
Reynolds Clo. NP9 – 2E 117
Ribble Sq. NP9 – 4D 109
Ribble Wlk. NP9 – 4D 109
Richmond Rd. NP9 – 2D 117
Ridgeway. NP9 – 5D 115
Ridgeway Av. NP9 – 5E 115
Ridgeway Clo. NP9 – 4E 115
Ridgeway Ct. NP9 – 5E 115
Ridgeway Cres. NP9 – 5E 115
Ridgeway Dri. NP9 – 5E 115
Ridgeway Gro. NP9 – 5E 115
Ridgeway Hill. NP9 – 4E 115
Ridgeway Pk. Rd. NP9 – 4E 115
Ringland Centre. NP9 – 3E 119
Ringland Circle. NP9 – 4D 119
Ringland Way. NP9 – 5D 119
Ringwood Av. NP9 – 4C 118
Ringwood Hill. NP9 – 4C 118
Risca Rd. NP9 – 5D 115
Riverside. NP9 – 3C 116
Robbins La. NP9 – 1C 122
Robert Pl. NP9 – 2B 122
Robertson Way. NP9 – 3A 110
Rochester Rd. NP9 – 5E 117
Rockfield St. NP9 – 2D 117
Roding Clo. NP9 – 5C 108
Rodney Pde. NP9 – 4C 116
Rodney Rd. NP9 – 4C 116
Rolls Wlk. NP1 – 3A 114
Roman Reach. NP6 – 4E 111
Roman Way. NP6 – 3F 111
Romney Clo. NP9 – 3A 118
Ronald Rd. NP9 – 3D 117
Rose St. NP9 – 4B 116
Ross La. NP9 – 2A 116
Rosslyn Rd. NP9 – 4E 117
Ross St. NP9 – 2A 116
Rother Clo. NP9 – 4C 108
Rothesay Rd. NP9 – 5E 117
Rowan Way. NP9 – 3A 110
Royal Oak Hill. NP6 & NP9 – 2D 119
Royce Wlk. NP1 – 3A 114
Royston Cres. NP9 – 1B 124
Rubens Clo. NP9 – 2F 117
Rudry St. NP9 – 3C 116
Rugby Rd. NP9 – 4D 117
Ruperra Clo. NP1 – 1A 120
Ruperra La. NP9 – 1C 122
Ruperra St. NP9 – 1C 122
Rupert Brooke Dri. NP9 – 2F 121
Ruskin Av. NP1 – 3A 114
Ruskin Rise. NP9 – 2D 121
Russell Dri. NP9 – 4F 109
Rutherford Hill. NP9 – 4F 109
Rutland Pl. NP9 – 1B 122

St Anne's Clo. NP1 – 5B 114
St Anne's Cres. NP9 – 2E 117
St Basil's Cres. NP1 – 1A 120
St Bride's Cres. NP9 – 4E 121
St Bride's Gdns. NP9 – 4E 121
St Cadoc's Clo. NP6 – 4A 112
St Davids Cres. NP9 – 3E 121
St Edward St. NP9 – 5A 116

St George's Cres. NP9 – 3E 117
St John's Rd. NP9 – 4E 117
St Julian's Av. NP9 – 2D 117
St Julian's Ct. NP9 – 2D 117
St Julian's Rd. NP9 – 2D 117
St Julian St. NP9 – 5A 116
St Mark's Cres. NP9 – 4A 116
St Marys Ct. NP9 – 5A 116
St Mary St. NP9 – 5A 116
St Michael St. NP9 – 2D 123
St Stephen's Rd. NP9 – 3C 122
St Vincent Rd. NP9 – 4C 116
St Woolos Pl. NP9 – 5A 116
St Woolos Rd. NP9 – 5A 116
Salisbury Clo. NP9 – 3B 116
Sandpiper Way. NP1 – 5D 121
Sandy La. NP1 – 4E 121
Scarborough Rd. NP9 – 1D 117
Scard St. NP9 – 5B 116
Scott Clo. NP9 – 3D 121
Scott Wlk. NP1 – 3A 114
Second St. NP9 – 4A 124
Sedgemoor Dri. NP9 – 3A 116
Serpentine Rd. NP9 – 4A 116
Severn Ter. NP9 – 1B 122
Shaftesbury St. NP9 – 3B 116
Shaftesbury Wlk. NP9 – 3B 116
Shakespeare Cres. NP9 – 2D 121
Shannon Clo. NP9 – 5E 109
Shaw Gro. NP9 – 2E 121
Sheaf La. NP9 – 4C 116
Shearwater Ct. NP1 – 4E 121
Shelley Rd. NP9 – 4F 117
Sheridan Clo. NP9 – 3D 121
Shetland Clo. NP9 – 3F 117
Shetland Wlk. NP9 – 3F 117
Shrewsbury Clo. NP9 – 3B 116
Sickert Clo. NP9 – 3A 118
Sidney St. NP9 – 5A 116
Simpson Clo. NP9 – 3F 109
Sims Sq. NP9 – 4C 118
Sixth St. NP9 – 5A 124
Skinner La. NP9 – 4B 116
Skinner Row. NP9 – 1B 124
Skinner St. NP9 – 4B 116
Slade St. NP9 – 1E 123
Soane Clo. NP1 – 2A 114
Soho St. NP9 – 5E 117
Somerset Rd. NP9 – 3D 117
Somerton Ct. NP9 – 1A 124
Somerton Cres. NP9 – 5A 118
Somerton La. NP9 – 1A 124
Somerton Rd. NP9 – 5A 118
S. Market St. NP9 – 1C 122
Southville Rd. NP9 – 5F 115
Sovereign Arc. NP9 – 5B 116
Speke St. NP9 – 4D 117
Spencer Rd. NP9 – 5A 116
Spinney, The. NP9 – 4A 110
Springfield Dri. NP9 – 3C 118
Spring St. NP9 – 2B 116
Spytty La. NP9 – 2A 124
Spytty Rd. NP9 – 2F 123
Stafford Rd. NP9 – 2D 117
Stamford Ct. NP9 – 3A 116
Stanford Rd. NP9 – 5D 119
Stanley Rd. NP9 – 4B 116
Station App. NP6 – 4A 112
Station Rd. NP6 – 1E 111
Station St. NP9 – 4B 116
Steer Cres. NP9 – 3A 118
Stelvio Pk Av. NP9 – 1F 121
Stelvio Pk Cres. NP9 – 1F 121
Stelvio Pk Dri. NP9 – 1E 121
Stephenson St. NP9 – 3D 123
Stephenson St. Ind. Est. NP9 –
    4E 123
Sterndale Bennett Rd. NP9 –
    4D 119
Stevenson Clo. NP1 – 3A 114

Stockton Clo. NP9 – 1D 117
Stockton Rd. NP9 – 2D 117
Stow Hill. NP9 – 5F 115
Stow Pk. Av. NP9 – 1A 122
Stow Pk. Circle. NP9 – 1F 121
Stow Pk. Cres. NP9 – 1F 121
Stow Pk. Gdns. NP9 – 1F 121
Stow Pas. NP9 – 5B 116
Sullivan Circle. NP9 – 5C 118
Summerhill Av. NP9 – 3E 117
Surrey Pl. NP9 – 3E 117
Sussex Clo. NP9 – 2A 124
Sutherland Cres. NP9 – 3A 118
Sutton Rd. NP9 – 2D 117
Swallow Way. NP1 – 4E 121
Sward Clo. NP1 – 3A 114
Swinburne Clo. NP9 – 4F 117
Sycamore Av. NP9 – 5A 118
Sylvan Clo. NP9 – 4A 110

Talbot La. NP9 – 5B 116
Taliesin Clo. NP1 – 3A 114
Taliesin Dri. NP1 – 3A 114
Tallis Clo. NP9 – 4D 119
Tamar Clo. NP9 – 5E 109
Tanhouse Dri. NP6 – 5C 112
Tees Clo. NP9 – 5E 109
Telford Clo NP1 – 3A 114
Telford St. NP9 – 5E 117
Temple St. NP9 – 2C 122
Tennyson Rd. NP9 – 4F 117
Tetbury Clo. NP9 – 3B 116
Thames Clo. NP9 – 5D 109
Third St. NP9 – 4A 124
Thirlmere Pl. NP9 – 2E 117
Thomas Gro. NP1 – 5A 114
Thompson Av. NP9 – 1A 124
Thornbury Pk. NP1 – 5A 114
Thornbury Pk. La. NP1 – 5A 114
Tippet Clo. NP9 – 4E 119
Tom Mann Clo. NP9 – 3D 119
Tone Clo. NP9 – 4C 108
Tone Rd. NP9 – 4C 108
Tone Sq. NP9 – 4C 108
Toronto Clo. NP9 – 1C 120
Torridge Rd. NP9 – 4C 108
Tram Rd. NP6 – 4B 112
Traston Av. NP9 – 3B 124
Traston Clo. NP9 – 3A 124
Traston La. NP9 – 3A 124
Traston Rd. NP9 – 4F 123
Traws Mawr La. NP9 &
    NP44 – 4D 109
Treberth Est. NP9 – 3D 119
Tredegar Ct. NP9 – 3C 122
Tredegar Pk. View. NP1 – 5B 114
Tredegar St. NP9 – 1C 122
Tregare St. NP9 – 4C 116
Tregwilym Clo. NP1 – 5A 114
Tregwilym Rd. NP1 – 5A 114
Trent Rd. NP9 – 4C 108
Trevithick Clo. NP9 – 3F 109
Trinity La. NP6 – 4E 111
Trinity Pl. NP9 – 2C 122
Trinity View. NP6 – 4E 111
Trostrey St. NP9 – 3D 117
Tudor Cres. NP1 – 5A 114
Tudor Rd. NP9 – 2E 117
Tunnel Ter. NP9 – 5A 116
Turner St. NP9 – 3C 116
Tweedy La. NP9 – 4E 117
Ty-coch La. NP44 – 1E 109
Tydu View. NP1 – 5B 114
Tyllwyd Rd. NP9 – 5F 115
Tyne Clo. NP9 – 5C 108

Up. Dock St. NP9 – 4B 116
Up. Tennyson Rd. NP9 – 4F 117
Upton La. NP9 – 1F 121
Upton Rd. NP9 – 1F 121

Usk Rd. NP6 – 4B to 1C 112
Usk St. NP9 – 3D 117
Usk Vale Clo. NP6 – 4B 112
Usk Vale Dri. NP6 – 4B 112

Vale View. NP9 – 3F 117
Vanbrugh Clo. NP1 – 3A 114
Vanbrugh Gdns. NP9 – 3E 121
Vancouver Dri. NP9 – 1C 120
Van Dyke Clo. NP9 – 2E 117
Vaughan Williams Dri.
    NP9 – 4B 118
Vermeer Cres. NP9 – 3A 118
Vicarage Clo. NP1 – 1A 120
Vicarage Hill. NP9 – 1B 122
Victoria Av. NP9 – 4E 117
Victoria Cres. NP9 – 5B 116
Victoria La. NP9 – 4E 117
Victoria Pl. NP9 – 5B 116
Victoria Rd. NP9 – 5B 116
Vincent La. NP9 – 4C 116
Vine Pl. NP9 – 4D 117
Vivian Rd. NP9 – 5E 117

Walden Grange Clo. NP9 – 4A 118
Walford Davies Dri. NP9 – 4C 118
Walford St. NP9 – 2A 116
Wallis St. NP9 – 2D 123
Walmer Rd. NP9 – 5F 117
Walnut Dri. NP6 – 4E 111
Walsall St. NP9 – 5E 117
Walton Clo. NP9 – 5C 118
Ward Clo. NP9 – 3A 118
Warlock Clo. NP9 – 4E 119
Warwick Rd. NP9 – 5F 117
Watch Ho. Pde. NP9 – 3C 122
Waterloo Rd. NP9 – 2A 122
Waterside Clo. NP1 – 3A 114
Waterside Wlk. NP1 – 3A 114
Waters La. NP9 – 5B 116
Watkins La. NP9 – 5F 115
Watt Clo. NP9 – 3F 109
Watts Clo. NP1 – 3B 114
Wavell Dri. NP9 – 3A 110
Waveney Clo. NP9 – 4B 108
Weare Clo. NP9 – 4C 108
Webley Clo. NP6 – 2A 112
Webley Gdns. NP6 – 2A 112
Wednesbury St. NP9 – 5E 117
Welland Circle. NP9 – 5B 108
Welland Cres. NP9 – 4C 108
Wellington Rd. NP9 – 1C 120
Wells Clo. NP9 – 3E 121
Wentwood Rd. NP6 – 5D 111
Wern Ind. Est. NP1 – 4A 114
Wesley Pl. NP9 – 5B 116
Western Av. NP9 – 1C 120
Western Valley Rd. NP1 – 1B 120
Westfield Av. NP9 – 5A 110
Westfield Clo. NP6 – 3E 111
Westfield Dri. NP9 – 4A 110
Westfield Rd. NP6 – 3E 111
Westfield Rd. NP9 – 5F 115
Westfield Way. NP9 – 5F 109
Westgate Ct. NP6 – 4A 112
W. Market St. NP9 – 1C 122
    (Dolphin St)
W. Market St. NP9 – 1C 122
    (Ruperra St)
Westmoor Clo. NP9 – 2C 124
W. Park La. NP9 – 1F 121
W. Park Rd. NP9 – 1F 121
Westray Clo. NP9 – 3F 117
West St. NP9 – 5B 116
Westville Rd. NP9 – 5F 115
Wharf Rd. NP9 – 5D 117
Wheeler St. NP9 – 3B 116
Whistler Clo. NP9 – 2F 117
Whitby Pl. NP9 – 4D 117
Whiteash Glade. NP6 – 5E 111

NEWPORT

White Hart La. NP6 – 5B 112
Whitstone Rd. NP9 – 4A 118
Whittle Dri. NP9 – 3F 109
William Morris Dri. NP9 – 3D 119
Williams St. NP9 – 2C 122
Willow Clo. NP9 – 2B 124
Willow Grn. NP6 – 3E 111
Wills Row. NP1 – 5A 114
Wilson Rd. NP9 – 2A 118
Wilson St. NP9 – 2D 123
Winchester Clo. NP9 – 3F 121
Windermere Sq. NP9 – 1E 117
Windrush Clo. NP9 – 5D 109
Windsor Pl. NP1 – 5A 114

Windsor Rd. NP9 – 5F 117
Windsor Ter. NP9 – 5A 116
Wingate St. NP9 – 3C 122
Winmill St. NP9 – 1C 122
Wisteria Clo. NP9 – 3A 110
Witham St. NP9 – 5D 117
Wolseley Clo. NP9 – 3C 122
Wolseley St. NP9 – 3C 122
Wood Cres. NP1 – 2A 114
Woodland Pk Rd. NP9 – 3F 117
Woodland Rd. NP9 – 4E 117
Woodlands Dri. NP9 – 3F 109
Woodside. NP1 – 5D 121
Woodville Rd. NP9 – 5E 115

Worcester Cres. NP9 – 2F 117
Wordsworth Rd. NP9 – 4F 117
Wye Cres. NP9 – 5D 109
Wyeverne Rd. NP9 – 5F 117
Wyndham St. NP9 – 3B 116

Yeo Clo. NP9 – 5D 109
Yeo Rd. NP9 – 5D 109
Yewberry Clo. NP9 – 5B 110
Yewberry La. NP9 – 5B 110
Yew Tree La. NP6 – 4B 112
York Pl. NP9 – 5A 116
York Rd. NP9 – 3D 117

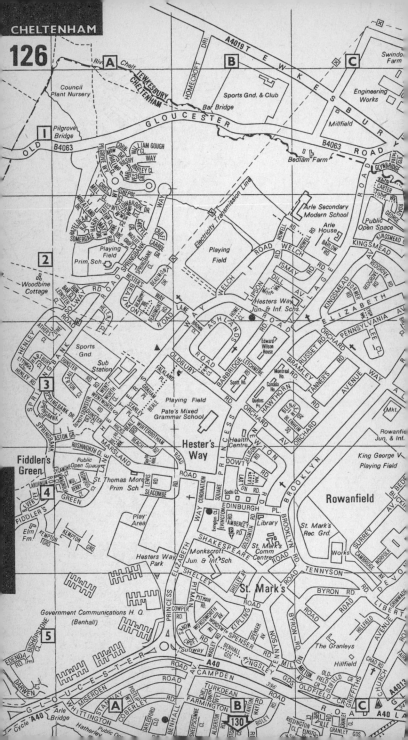

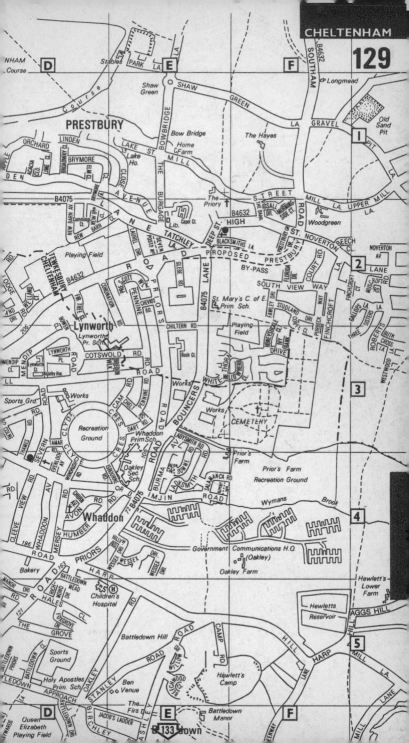

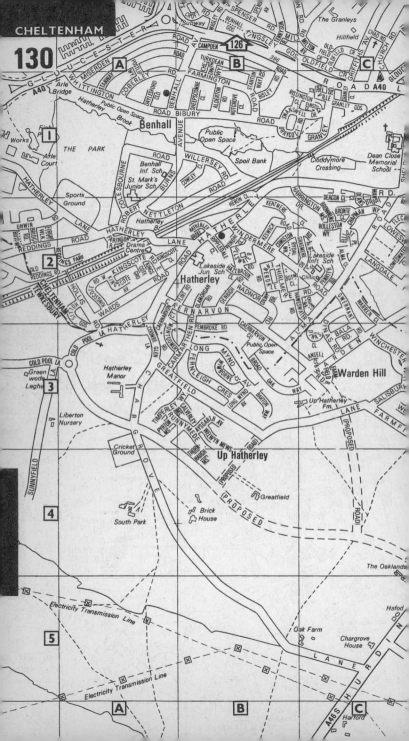

CHELTENHAM

INDEX TO STREETS

For details of 'How to use this index' and 'Abbreviations used in this index' please refer to Bristol Index to Streets title page.

Charlton Clo. GL53 -- 4D 133
Charlton Ct Rd. GL52 – 2D 133
Charlton Dri. GL53 – 2C 132
Charlton Kings Trading Est.
  GL53 – 5D 133
Charlton La. GL53 – 4A to 4B 132
Charlton Pk Dri. GL53 – 2B 132
Charlton Pk Ga. GL53 – 3B 132
Charnwood Clo. GL53 – 4F 131
Charnwood Rd. GL53 – 4A 132
Chase Av. GL53 – 3F 133
Chatcombe Clo. GL53 – 4E 133
Chatsworth Dri. GL53 – 5A 132
Chedworth Way. GL51 – 5B 126
Chelmsford Av. GL51 – 4D 131
Chelsea Clo. GL53 – 1C 132
Chelt Rd. GL52 – 3E 129
Chelt Wlk. GL51 – 2D 127
Cherry Av. GL53 – 4F 133
Chester Wlk. GL50 – 4A 128
Chestnut Ter. GL53 – 3D 133
Cheviot Rd. GL52 – 2E 129
Chiltern Rd. GL53 – 3E 129
Chosen View Rd. GL51 – 1E 127
Christchurch Ct. GL50 – 1E 131
Christ Church Rd. GL50 – 1E 131
Christ Church Ter. GL50 – 4E 127
Christowe La. GL53 – 2B 132
Churchill Dri. GL52 – 1D 133
Churchill Rd. GL53 – 3A 132
Church Piece. GL53 – 3D 133
Church Rd. GL51 – 5C 126
Church Rd. GL53 – 5F 131
Church St. GL50 – 4A 128
Church St. GL53 – 3D 133
Church Wlk. GL53 – 3D 133
Churn Av. GL52 – 4D 129
Cirencester Rd. GL53 – 2C 132 to
  5D 133
Clarence Pde. GL50 – 4A 128
Clarence Rd. GL52 – 4B 128
Clarence Sq. GL50 – 3B 128
Clarence St. GL50 – 4A 128
Clare Pl. GL53 – 2A 132
Clare St. GL53 – 2A 132
Claypits Path. GL53 – 3B 132
Cleevelands Av. GL50 – 1A 128
Cleevelands Clo. GL50 – 1B 128
Cleevelands Dri. GL50 – 1B 128
Cleeveland St. GL51 – 3F 127
Cleevemount Clo. GL52 – 3C 128
Cleevemount Rd. GL52 – 2C 128
Cleeve View Rd. GL52 – 4D 129
Clevedon Sq. GL51 – 4D 127
Close, The. GL53 – 5A 132
Clyde Cres. GL52 – 3D 129
Coberley Rd. GL51 – 1A 130
Cobham Ct. GL51 – 3E 127
Cobham Rd. GL51 – 3E 127
Cold Pool La. GL51 – 3A 130
Colesbourne Rd. GL51 – 1A 130
College Baths Rd. GL53 – 1B 132
College Lawn. GL53 – 2B 132
College Rd. GL53 – 1B 132
Collum End Rise. GL53 – 5F 131
Colne Av. GL52 – 3D 129
Coltham Clo. GL52 – 1C 132
Coltham Fields. GL52 – 1C 132
Coltham Rd. GL52 – 1C 132
Columbia St. GL52 – 4B 128
Colwyn Dri. GL51 – 2B 129
Commercial St. GL50 – 2A 132
Compton Rd. GL51 – 2E 127
Coniston Rd. GL51 – 2B 130
Coombe Glen La. GL51 – 3A 130
Copt Elm Clo. GL53 – 2D 133
Copt Elm Rd. GL53 – 3D 133
Corfe Clo. GL52 – 2F 129
Cornmeadow Dri. GL51 – 1A 126
Cornwall Av. GL51 – 4D 127

Coronation Rd. GL52 – 2D 129
Coronation Sq. GL51 – 4B 126
Corpus St. GL51 – 1B 132
Cotswold Rd. GL52 – 3D 129
Cottage Rake Av. GL50 – 1F 127
County Ct Rd. GL50 – 5A 128
Courtenay St. GL50 – 3A 128
Courtenay Vs. GL50 – 3A 128
Courtfield Dri. GL52 – 3E 133
Court Rd. GL52 – 2F 129
Cowley Clo. GL51 – 1B 130
Cowper Rd. GL51 – 5B 126
Crabtree Pl. GL50 – 3F 127
Cranham Rd. GL52 – 5C 128
Crescent Pl. GL50 – 4A 128
Crescent Ter. GL50 – 5A 128
Croft Av. GL53 – 4D 133
Croft Gdns. GL53 – 4E 133
Croft La. GL53 – 2F 131
Croft Pde. GL53 – 4D 133
Croft Rd. GL53 – 4D 133
Croft St. GL53 – 3F 131
Cromwell Rd. GL52 – 3C 128
Crummock Wlk. GL51 – 2C 130
Cudnall St. GL53 – 2D 133
Culross Clo. GL50 – 2B 128
Cumberland Cres. GL51 – 4D 127
Cummings Ct. GL52 – 2D 129

Dagmar Rd. GL50 – 2E 131
Dart Rd. GL52 – 3E 129
Darwin Clo. GL51 – 5A 126
Daylesford Clo. GL51 – 1A 130
Deacon Clo. GL51 – 1C 130
Deans Ct. GL51 – 1C 130
Deep St. GL52 – 2E 129
De Ferriers Wlk. GL51 – 3A 126
Denbigh Rd. GL51 – 2B 130
Derwent Wlk. GL51 – 2C 130
Detmore Clo. GL52 – 3F 133
Devon Av. GL51 – 5C 126
Devonshire St. GL50 – 4F 127
Dill Av. GL51 – 2B 126
Dinas Clo. GL51 – 3C 130
Dinas Rd. GL51 – 3C 130
Dorchester Ct. GL50 – 3F 131
Dorington Wlk. GL51 – 4A 126
Dormer Rd. GL51 – 2C 126
Dorset Av. GL51 – 4D 127
Douro Rd. GL50 – 5E 127
Dowty Rd. GL51 – 4B 126
Drakes Pl. GL50 – 5E 127
Draycott Rd. GL51 – 1B 130
Drayton Clo. GL51 – 1E 127
Duckworth Clo. GL53 – 4A 132
Duke St. GL52 – 5C 128
Dunalley Pde. GL50 – 3A 128
Dunalley St. GL50 – 4A 128
Dunbar Clo. GL51 – 3A 126
Dunster Clo. GL51 – 3A 126
Dunster Gro. GL51 – 3A 126
Dunster Rd. GL51 – 3A 126
Durham Clo. GL51 – 3D 131

E. Approach Dri. GL52 – 2C 128
E. Court Villa. GL52 – 3F 133
E. End Rd. GL53 – 3E 133
Edendale Rd. GL51 – 5A 126
Edinburgh Pl. GL51 – 4B 126
Edward St. GL52 – 4B 128
Edward Wilson Ho. GL51 – 3B 126
Eldon Av. GL52 – 5D 129
Eldon Rd. GL52 – 4C 128
Eldorado Cres. GL50 – 5E 127
Eldorado Rd. GL50 – 5D 127
Elliott Pl. GL51 – 2C 130
Ellison Rd. GL51 – 4B 126
Elm Clo. GL51 – 2E 127
Elm Clo. GL52 – 1D 129
Elmfield Av. GL51 – 2F 127

Elmfield Rd. GL51 – 2F 127
Elm St. GL51 – 2E 127
Ennerdale Rd. GL51 – 2B 130
Enterprise Way. GL51 – 3E 127
Essex Av. GL51 – 4D 127
Ettington Clo. GL51 – 3A 126
Evelyn Clo. GL53 – 4B 132
Evelyn Ct. GL50 – 5F 127
Evenlode Av. GL52 – 4D 129
Everest Rd. GL53 – 4B 132
Evesham Rd. GL52 – 3B 128
Evington Ct. GL51 – 4B 126
Evington Rd. GL51 – 4B 126
Ewens Rd. GL52 – 1D 133
Ewlyn Rd. GL53 – 2A 132
Ewlyn Ter. GL53 – 2A 132
Exmouth Ct. GL53 – 2A 132
Exmouth St. GL53 – 2A 132
Eynon Clo. GL53 – 3F 131

Fairfield Av. GL53 – 3A 132
Fairfield Pde. GL53 – 2A 132
Fairfield Pk Rd. GL53 – 3A 132
Fairfield Rd. GL53 – 3A 132
Fairfield St. GL53 – 2A 132
Fairfield Wlk. GL53 – 3A 132
Fairhaven Rd. GL53 – 3A 132
Fairhaven St. GL53 – 3A 132
Fairmount Rd. GL51 – 5C 126
Fairview Clo. GL52 – 4B 128
Fairview Rd. GL52 – 4B 128
Fairview St. GL52 – 4B 128
Falkland Pl. GL51 – 3A 126
Faringdon Rd. GL51 – 2A 130
Farleigh Clo. GL52 – 2F 133
Farm Clo. GL51 – 3B 126
Farmfield Rd. GL51 – 3C 130
  (Shurdington Rd)
Farmfield Rd. GL51 – 3C 130
  (Warden Hill Rd)
Farmington Rd. GL51 – 1B 130
Farm La. GL53 – 4E 131
Fauconberg Rd. GL50 – 5F 127
Fawley Dri. GL52 – 2F 129
Fernleigh Cres. GL51 – 3B 130
Fiddler's Grn La. GL51 – 4A 126
Finchcroft Ct. GL52 – 2F 129
Finchcroft La. GL52 – 3F 129
Finstock Clo. GL51 – 1C 130
Firgrove Wlk. GL51 – 2A 130
Fir Tree Clo. GL52 – 2D 129
Fisher Wlk. GL51 – 2C 130
Flecker's Dri. GL51 – 2C 130
Flint Rd. GL51 – 2B 130
Florida Dri. GL52 – 2F 129
Folly La. GL50 – 3A 128
Fortina Clo. GL50 – 1F 127
Foxgrove Dri. GL52 – 5D 129
Francis St. GL53 – 2A 132
Frank Brookes Rd. GL51 – 2D 127
Friars Clo. GL51 – 4E 131

Gadshill Rd. GL53 – 5D 133
Gallops La. GL52 – 2F 129
Garden Rd. GL53 – 4E 133
Gardens, The. GL52 – 2B 128
Gardner's La. GL51 – 2F 127
George Readings Way.
  GL51 – 2C 126
Giffard Way. GL53 – 5A 132
Gladstone St. GL53 – 3D 133
Glamorgan Rd. GL51 – 2B 130
Glebe Rd. GL52 – 2E 129
Glencairn Ct. GL51 – 1D 131
Glencairn Pk Rd. GL51 – 1D 131
Glenfall St. GL52 – 4B 128
Glenfall Way. GL52 – 2E 133
Glensanda Ct. GL50 – 1A 132
Gloucester Cotts. GL50 – 4E 127
Gloucester Pl. GL52 – 4B 128

CHELTENHAM

Gloucester Rd. GL51 – 5A 126 to 3F 127
Glynbridge Gdns. GL51 – 1C 126
Glynrosa Rd. GL53 – 3E 133
Godfrey Clo. GL51 – 2D 131
Golden Miller Rd. GL50 – 1F 127
Goldsmith Rd. GL51 – 4B 126
Gordon Rd. Gl53 – 3F 131
Grafton Rd. GL50 – 2F 131
Graham Pl. GL51 – 3A 126
Grange Wlk. GL53 – 3E 133
Granley Clo. GL51 – 1C 130
Granley Gdns. GL51 – 1C 130
Granley Rd. GL51 – 1C 130
Granville St. GL50 – 3F 127
Grasmere Rd. GL51 – 2C 130
Gratton Clo. GL50 – 1A 132
Gratton St. GL52 – 2F 131
Gravel Pit La. GL52 – 1F 129
Greatfield Dri. GL53 – 4C 132
Greatfield La. GL53 – 3A 130
Gt. Norwood St. GL50 – 2F 131
Gt. Western Rd. GL50 – 4F 127
Gt. Western Ter. GL50 – 4F 127
Greenhills Clo. GL53 – 4B 132
Greenhills Rd. GL53 – 4C 132
Greenway La. GL52 – 2D 133
Greville Ct. GL51 – 1C 130
Grevil Rd. GL51 – 2C 126
Griffiths Av. GL51 – 5C 126
Grimwade Clo. GL51 – 5C 126
Grist Mill Clo. GL51 – 1A 126
Grosvenor Pl. S. GL52 – 5B 128
Grosvenor St. GL52 – 5B 128
Grosvenor Ter. GL52 – 5B 128
Groveland Clo. GL53 – 2D 133
Grove St GL50 – 4F 127
Grove, The. GL50 – 1E 131
Grove, The. GL52 – 5D 129
Gwernant Rd. GL51 – 2C 130

Hales Clo. GL52 – 5D 129
Hale's Rd. GL52 – 1C 132
Halland Rd. GL53 – 4A 132
Hallmead Clo. GL51 – 1A 126
Hambrook St. GL52 – 2E 133
Ham Clo. GL52 – 2F 133
Hamilton St. GL53 – 2D 133
Hammond Ct. GL53 – 2B 132
Ham Rd. GL52 – 2F 133
Ham Sq. GL53 – 2F 133
Hannam Clo. GL53 – 5A 132
Hanover Pde. GL50 – 3A 128
Hanover St. GL50 – 3A 128
Harp Hill. GL52 – 4D 129
Harrington Dri. GL51 – 2C 130
Harry Yates Way. GL51 – 2A 126
Hartbury Clo. GL51 – 3A 126
Hartlebury Way. GL52 – 3F 133
Hartley Clo. GL53 – 5C 132
Harvest Gro. GL51 – 1A 126
Hatherley Brake. GL51 – 2B 130
Hatherley Ct. GL51 – 1E 151
Hatherley Ga. GL51 – 1E 131
Hatherley La. GL51 – 1A 130
Hatherley Rd. GL51 – 3A 130 to 1E 131
Hatherley St. GL50 – 1E 131
Haver, The. GL52 – 2E 133
Haweswater Rd. GL51 – 2B 130
Hawkswood Rd. GL51 – 3E 131
Hawthorn Rd. GL51 – 3B 126
Hayes Rd. GL52 – 4D 129
Hay's Cotts. GL53 – 2B 132
Haywards La. GL52 – 1D 133
Hayward's Rd. GL52 – 1C 132
Hazebrouk Clo. GL51 – 2B 130
Hazeldean Rd. GL51 – 2A 126
Hazelwood Clo. GL51 – 3E 131

Hazlitt Croft. GL51 – 2A 126
Hearne Clo. GL53 – 3E 133
Hearne Rd. GL53 – 3E 133
Helens Clo. GL51 – 2A 126
Henley Rd. GL51 – 3A 126
Henrietta St. GL50 – 4A 128
Hereford Pl. GL50 – 4F 127
Hermitage St. GL53 – 2A 132
Heron Clo. GL51 – 2B 130
Hester's Way La. GL51 – 2A 126
Hester's Way Rd. GL51 – 3A 126
Hetton Gdns. GL53 – 2D 133
Hewlett Pa. GL52 – 5B 128
Hewlett Rd. GL52 – 5B 128
Hicks Beach Rd. GL51 – 3A 126
Highbury La. GL52 – 5B 128
Highland Rd. GL53 – 5B 132
High St. GL50 & GL52 – 3F 127 to 5B 128
High St. GL52 – 2F 129
Highwood Av. GL53 – 3F 131
Hillands Dri. GL53 – 4A 132
Hillary Rd. GL53 – 5B 132
Hill Ct Rd. GL52 – 2B 128
Hillfield. GL51 – 5C 126
Hillside Clo. GL51 – 2D 131
Hill Top Rd. GL50 – 1A 128
Hillview Rd. GL52 – 4E 129
Hine Gdns. GL52 – 3C 128
Hobby Clo. GL53 – 4F 131
Hollis Gdns. GL51 – 2A 130
Hollis Rd. GL51 – 2A 130
Home Clo. GL51 – 2B 126
Homecroft Dri. GL51 – 1B 126
Honeybourne Dri. GL51 – 2A 126
Honeysuckle Clo. GL52 – 3F 129
Hope St. GL51 – 3E 127
Horsefair St. GL53 – 3D 133
Howell Rd. GL51 – 2B & 2C 126
Hudson St. GL50 – 3A 128
Humber Rd. GL52 – 4D 129
Hungerford St. GL50 – 3A 128
Huntscote Rd. GL51 – 1D 127
Huntsfield Clo. GL50 – 2B 128

Idsall Dri. GL52 – 2F 129
Imjin Rd. GL52 – 4E 129
Imperial Cir. GL50 – 4A 128
Imperial La. GL50 – 5A 128
Imperial Sq. GL50 – 5A 128
Isbourne Rd. GL52 – 4E 129
Ismay Rd. GL51 – 2B 126
Ivy Bank. GL52 – 3F 129

Jacob's Ladder. GL52 – 1D 133
Jersey Av. GL52 – 4C 128
Jersey St. GL52 – 4B 128
Joyner Rd. GL51 – 2C 126

Keirle Wlk. GL51 – 1C 126
Kempton Gro. GL51 – 4A 126
Kenelm Dri. GL50 – 3F 131
Kenelm Gdns. GL53 – 3E 131
Kensington Av. GL50 – 5D 127
Kentmere Clo. GL51 – 2B 130
Kerstin Clo. GL50 – 1F 127
Kestrel Clo. GL53 – 4F 131
Keswick Rd. GL51 – 2B 130
Kew Pl. GL53 – 2A 132
Keynsham Bank. GL52 – 1C 132
Keynshambury Rd. GL52 – 1B 132
Keynsham Rd. GL53 – 1B 132
Keynsham St. GL52 – 1C 132
Kidnappers La. GL53 – 4E 131
Kimberley Wlk. GL52 – 4E 129
King Alfred Way. GL52 – 1C 132
King Arthur Clo. GL53 – 2C 132
King George Clo. GL53 – 2C 132
King Henry Clo. GL53 – 2C 132
Kingscote Av. GL51 – 2A 130

Kingscote Clo. GL51 – 2A 130
Kingscote Gro. GL51 – 2A 130
Kingscote Rd E. GL51 – 2A 130
Kingscote Rd W. GL51 – 2A 130
Kingsditch La. GL51 – 2D 127
Kingsley Gdns. GL51 – 5B 126
Kingsmead Av. GL51 – 2C 126
Kingsmead Clo. GL51 – 2C 126
Kingsmead Rd. GL51 – 2C 126
King's Rd. GL52 – 5C 128
King St. GL50 – 4A 128
King William Way. GL53 – 3C 132
Kipling Rd. GL51 – 5B 126
Knapp La. GL50 – 4F 127
Knapp Rd. GL50 – 4F 127
Knightsbridge Cres. GL53 – 1C 132

Laburnum Ct. GL51 – 4A 126
Ladysmith Rd. GL52 – 4E 129
Lake St. GL52 – 1E 129
Langdale Rd. GL51 – 2C 130
Langdon Rd. GL53 – 2A 132
Langton Gro Rd. GL53 – 2D 133
Lansdown Castle Dri. GL51 – 5C 126
Lansdown Clo. GL51 – 1D 131
Lansdown Cres. GL50 – 1E 131
Lansdown Cres La. GL50 – 1E 131
Lansdown Lodge Dri. GL51 – 1D 131
Lansdown Pde. GL50 – 1E 131
Lansdown Pl. GL50 – 1E 131
Lansdown Pl La. GL50 – 1E 131
Lansdown Rd. GL51 & GL50 – 1C 130 to 1F 131
Lansdown Ter. GL50 – 5F 127
Lansdown Ter La. GL50 – 5F 127
Larch Clo. GL53 – 4E 133
Larput Pl. GL50 – 3A 128
Laurel Dri. GL52 – 2E 129
Lawrence Clo. GL52 – 2E 133
Lawson Glade. GL53 – 4D 133
Laxton Rd. GL51 – 4B 128
Laxton Wlk. GL51 – 4B 126
Leckhampton La. GL53 – 5E 131
Leckhampton Rd. GL53 – 2A 132
Ledmore Rd. GL53 – 3E 133
Lee Clo. GL51 – 3C 126
Leighton Rd. GL52 – 5C 128
Leinster Clo. GL51 – 2A 126
Letchmere Rd. GL51 – 3B 126
Lewis Rd. GL51 – 4A 126
Libertus Ct. GL51 – 5D 127
Libertus Rd. GL51 – 5C 126
Lichfield Dri. GL51 – 3D 131
Liddington Clo. GL53 – 5A 132
Liddington Ind. Est. GL53 – 3A 132
Liddington Rd. GL53 – 5A 132
Limber Hill. GL50 – 1F 127
Lime Clo. GL52 – 1D 129
Lincoln Av. GL51 – 3D 131
Linden Av. GL52 – 1D 129
Linden Clo. GL52 – 1D 129
Linwell Clo. GL50 – 1E 127
Lipson Rd. GL51 – 2B 126
Lit. Bayshill Ter. GL50 – 5A 128
Littledown Rd. GL53 – 5B 132
Lit. Herbert's Clo. GL53 – 4E 133
Lit. Herbert's Rd. GL53 – 4E 133
Liverpool Pl. GL50 – 5B 128
London Rd. GL52 – 1C 132 to 4F 133
Long Mynd Av. GL51 – 3B 130
Longway Av. GL53 – 4C 132
Lwr Mill St. GL51 – 3E 127
Loweswater Clo. GL51 – 2C 130
Loweswater Rd. GL51 – 2C 130
Lyefield Clo. GL53 – 3D 133
Lyefield Rd E. GL53 – 3D 133
Lyefield Rd W. GL53 – 3D 133

Lygon Wlk. GL51 – 2C 126
Lynworth Ct. GL52 – 3D 129
Lynworth Pl. GL52 – 3D 129
Lypiatt La. GL51 – 1F 131
Lypiatt Rd. GL50 – 1F 131
Lypiatt St. GL50 – 1F 131

Magnolia Ct. GL51 – 4A 126
Maida Vale Rd. GL53 – 3A 132
Malden Rd. GL52 – 3B 128
Malmesbury Rd. GL51 – 1D 127
Malthouse La. GL50 – 3A 128
Malvern Pl. GL50 – 5F 127
Malvern Rd. GL50 – 4E 127
Malvern St. GL51 – 2E 127
(in two parts)
Manchester St. GL50 – 4A 128
Mandarin Way. GL50 – 1E 127
Manor Rd. GL51 – 1C 126
Manse Gdns. GL51 – 2C 130
Manser St. GL50 – 3A 128
Maple Dri. GL53 – 4E 133
Margrett Rd. GL50 – 3A 128
Market St. GL50 – 4F 127
Marlborough Clo. GL53 – 2C 132
Marle Hill Pde. GL50 – 3A 128
Marle Hill Rd. GL50 – 3A 128
Marsh Clo. GL51 – 2F 127
Marsh Dri. GL51 – 2F 127
Marsh Gdns. GL51 – 2F 127
Marsh La. GL51 – 3F 127
Marsland Rd. GL51 – 4A 126
Marston Rd. GL52 – 2C 128
Maythorn Dri. GL51 – 2A 126
Mead Clo. GL53 – 3B 132
Mead Rd. GL53 – 3A 132
Medoc Clo. GL50 – 1E 127
Melbourne Clo. GL53 – 3F 131
Mendip Clo. GL52 – 3D 129
Mendip Rd. GL52 – 3D 129
Merestones Clo. GL50 – 3E 131
Merestones Dri. GL50 – 3E 131
Merestones Rd. GL50 – 2E 131
Merlin Clo. GL53 – 3F 131
Merlin Way. GL53 – 3F 131
Merriville Gdns. GL51 – 3D 127
Merriville Rd. GL51 – 3D 127
Mersey Rd. GL52 – 4D 129
Midwinter Av. GL51 – 2F 127
Millbrook St. GL50 – 4E 127
Mill Ho Dri. GL50 – 1F 127
Mill La. GL52 – 5F 129 to 1F 133
(Ham)
Mill La. GL52 – 2F 129
(Prestbury)
Mill St. GL52 – 1E 129
Milne Wlk. GL51 – 2B 126
Milsom St. GL50 – 4A 128
Milton Av. GL51 – 5C 126
Milton Rd. GL51 – 5B 126
Miserden Rd. GL51 – 1A 130
Mitre St. GL53 – 1B 132
Monica Dri. GL50 – 2B 128
Monks Croft. GL51 – 5B 126
Monson Av. GL50 – 4A 128
Montgomery Rd. GL51 – 3A 130
Montpellier Av. GL50 – 5A 128
Montpellier Ct. GL50 – 1F 131
Montpellier Dri. GL50 – 1A 132
Montpellier Gro. GL50 – 1A 132
Montpellier Pde. GL50 – 1A 132
Montpellier Retreat. GL50 – 1A 132
Montpellier Spa Rd. GL50 – 5A 128
Montpellier St. GL50 – 1F 131
Montpellier Ter. GL50 – 1F 131
Montpellier Vs. GL50 – 1A 132
Montpellier Wlk. GL50 – 1F 131
Montreal Ho. GL51 – 3B 126
Moorcourt Dri. GL52 – 4C 128
Moorend Cres. GL53 – 3F 131

Moorend Glade. GL53 – 3C 132
Moorend Gro. GL53 – 4F 131
Moorend Pk Rd. GL50 &
GL53 – 3F 131
Moorend Rd. GL53 – 3A 132
(Leckhampton Rd)
Moorend Rd. GL53 – 3C 132
(Moor End)
Moorend St. GL53 – 3F 131
Moors Av. GL51 – 2D 127
Moreton Ter. GL53 – 2D 133
Morlands Dri. GL53 – 5E 133
Morningside Ct. GL52 – 2F 129
Mornington Dri. GL53 – 3A 132
Morris Ct. GL51 – 1C 130
Morris Hill Clo. GL51 – 1E 127
Mulberry Ct. GL51 – 4A 126
Murvagh Clo. GL53 – 1B 132
Muscroft Rd. GL52 – 2F 129

Naseby Ho. GL52 – 3D 129
Natton Cotts. GL52 – 2F 133
Naunton Cres. GL53 – 2A 132
Naunton La. GL53 – 3A 132
Naunton Pde. GL53 – 2A 132
Naunton Pk Clo. GL53 – 3B 132
Naunton Pk Rd. GL53 – 2B 132
Naunton Ter. GL53 – 2A 132
Naunton Way. GL53 – 2A 132
Netherwood Clo. GL51 – 3D 127
Netherwood Gdns. GL51 – 3D 127
Nettleton Rd. GL51 – 2A 130
New Barn Av. GL52 – 2D 129
New Barn Clo. GL52 – 2D 129
Newbarn La. GL52 – 1B 128
Newcourt Pk. GL53 – 3D 133
Newcourt Rd. GL53 – 3C 132
New St. GL50 – 4F 127
New St. GL53 – 3D 133
Newton Rd. GL51 – 3B 126
Norfolk Av. GL51 – 4C 126
Normal Ter. GL50 – 4A 128
Northfield Pas. GL50 – 4A 128
Northfield Ter. GL50 – 4A 128
N. Hall M. GL52 – 4C 128
North Pl. GL50 – 4B 128
North St. GL50 – 4A 128
Norwich Dri. GL51 – 3D 131
Norwood Rd. GL50 – 2F 131
Notgrove Clo. GL51 – 1B 130
Noverton Av. GL52 – 2F 129
Noverton La. GL52 – 2F 129

Oak Av. GL52 – 1D 133
Oakfield St. GL50 – 2E 131
Oakhurst Rise. GL52 – 1D 133
Oakland Av. GL52 – 2C 128
Oakland St. GL53 – 2D 133
Oakley Rd. GL52 – 5D 129
Oak Manor Dri. GL52 – 4D 129
O'Brien Rd. GL51 – 2D 127
Okus Rd. GL53 – 4D 133
Old Bath Rd. GL53 – 5A to 1C 132
Oldbury Rd. GL51 – 3B 126
Oldfield Cres. GL51 – 5C 126
Old Gloucester Rd. GL51 – 1A 126
Old Millbrook Ter. GL50 – 4E 127
Old Reddings Rd. GL51 – 2A 130
Old Station Dri. GL53 – 3A 132
Olio La. GL53 – 1A 132
Orchard Av. GL51 – 3B 126
Orchard Cotts. GL52 – 2F 133
Orchard Pl. GL50 – 4A 128
Orchard Way. GL51 – 3C 126
Oriel Rd. GL50 – 5A 128
Oriel Ter. GL50 – 5A 128
Ormond Pl. GL50 – 5A 128
Orrisdale Ter. GL53 – 1B 132
Osprey Rd. GL53 – 4F 131
Overbrook Dri. GL52 – 3C 128

Overbury St. GL53 – 2D 133
Overton Pk Rd. GL50 – 5F 127
Overton Rd. GL50 – 5E 127
Oxford Pde. GL52 – 5B 128
Oxford Pas. GL50 – 4A 128
Oxford St. GL52 – 5C 128
Oxford Way. GL51 – 3D 131

Paddocks La. GL50 – 1A 128
Painswick La. GL50 – 2F 131
Parabola Clo. GL50 – 5F 127
Parabola Rd. GL50 – 5F 127
Paragon Ter. GL53 – 1A 132
Parkbury Clo. GL51 – 4D 127
Parkland Rd. GL53 – 5C 132
Park La. GL52 – 1E 129
Park M. GL53 – 3F 131
Park Pl. GL50 – 2F 131
Park St. GL50 – 4F 127
Park, The. GL50 – 2F 131
Parkwood Gro. GL53 – 4D 133
Pates Av. GL51 – 4E 127
Patterdale Clo. GL51 – 1C 126
Peel Clo. GL53 – 3F 133
Pembridge Clo. GL52 – 3F 133
Pembroke Rd. GL51 – 3B 130
Penharva Clo. GL51 – 3D 127
Pennine Rd. GL52 – 2E 129
Pennsylvania Av. GL51 – 3C 126
Penrith Rd. GL51 – 2C 130
Pentathlon Way. GL50 – 1A 128
Peregrine Rd. GL53 – 4F 131
Pickering Clo. GL53 – 3F 131
Pickering Rd. GL53 – 3F 131
Pilford Av. GL53 – 4B 132
Pilford Rd. GL53 – 5B 132
Pilgrove Way. GL51 – 1A 126
Pilley Cres. GL53 – 5A 132
Pilley La. GL53 – 4A 132
Pine Clo. GL52 – 1D 133
Pinetrees. GL53 – 3C 132
Pitman Rd. GL51 – 5B 126
Pittville Cir. GL52 – 4C 128
Pittville Cir Rd. GL52 – 4C 128
Pittville Ct. GL52 – 2C 128
Pittville Cres. GL52 – 3C 128
Pittville Cres. La. GL52 – 3C 128
Pittville Lawn. GL52 – 4B to 3C 128
Pittville St. GL52 – 4B 128
Polefield Gdns. GL51 – 1E 131
Popes Clo. GL50 – 3A 128
Portland Pl. GL52 – 4B 128
Portland Sq. GL52 – 4B 128
Portland St. GL52 – 4B 128
Porturet Way. GL53 – 2E 133
Postlip Way. GL51 – 5A 126
Post Office La. GL50 – 5A 128
Prescott Wlk. GL52 – 2E 129
Prestbury Grn Dri. GL52 – 2F 129
Prestbury Rd. GL52 – 4B 128
Prince's Rd. GL50 – 1E 131
Princess Elizabeth Way,
GL51 – 5A 126 to 2D 127
Princes St. GL52 – 5C 128
Priors Rd. GL52 – 4D to 2E 129
Priory Pl. GL52 – 1B 132
Priory St. GL52 – 5B 128
Priory Ter. GL52 – 5C 128
Priory Wlk. GL52 – 5C 128
Promenade. GL50 – 5A 128
Providence Sq. GL52 – 4C 128
Pumphrey's Rd. GL53 – 4D 133
Purbeck Way. GL52 – 3F 129
Pyrton M. GL51 – 3A 130

Quebec Ho. GL51 – 3B 126
Queen's Cir. GL50 – 5A 128
Queens Clo. GL51 – 1D 131
Queens Pde. GL50 – 1F 131
Queen's Retreat. GL51 – 4E 127

CHELTENHAM

Queen's Rd. GL50 – 5D 127
Queen St. GL51 – 3F 127

Radnor Rd. GL51 – 2B 130
Randolph Clo. GL53 – 2C 132
Ravensgate Rd. GL53 – 4E 133
Reaburn Clo. GL52 – 2E 133
Reddings Pk. GL51 – 2A 130
Reddings Rd. GL51 – 2A 130
Redgrove Rd. GL51 – 2C 126
Red Rower Clo. GL50 – 1F 127
Redwood Ct. GL51 – 4A 126
Regent Arc. GL50 – 5A 128
Regent St. GL50 – 5A 128
Regis Clo. GL53 – 4D 133
Richards Rd. GL51 – 2E 127
Richmond Dri. GL52 – 5D 129
Rippledale Clo. GL51 – 2B 130
Rissington Clo. GL51 – 1B 130
Riverside Clo. GL52 – 3E 133
Robert Burns Av. GL51 – 2A 130
Roberts Rd. GL52 – 3F 129
Rochester Clo. GL53 – 3D 131
Rodney Rd. GL50 – 5A 128
Rolleston Way. GL51 – 2C 130
Roman Hackle Av. GL50 – 1F 127
Roman Hackle Rd. GL50 – 1F 127
Roman Rd. GL51 – 5D 127
Roosevelt Av. GL52 – 1D 133
Rose & Crown Pas. GL50 – 4A 128
Rosehill Rise. GL52 – 2B 128
Rosehill St. GL52 – 1C 132
Rowanfield Rd. GL51 – 5D 127
Royal Cres. GL50 – 5A 128
Royal Pde M. GL50 – 5F 127
Royal Well La. GL50 – 5A 128
Royal Well Pl. GL50 – 5A 128
Royal Well Rd. GL50 – 5A 128
Runnings Rd. GL51 – 1D 127
Runnings, The. GL51 – 1D 127
Runnymede. GL51 – 3A 130
Rushworth Clo. GL51 – 3A 126
Russell Pl. GL51 – 3F 127
Russell St. GL51 – 3F 127
Russet Rd. GL51 – 3C 126
Rydal Wlk. GL51 – 2B 130
Ryeworth Dri. GL52 – 2E 133
Ryeworth Rd. GL52 – 2E 133

Sackville App. GL50 – 2A 128
St Albans Clo. GL51 – 4D 131
St Anne's Clo. GL52 – 4C 128
St Anne's Rd. GL52 – 5B 128
St Anne's Ter. GL52 – 5B 128
St David's Clo. GL51 – 3D 131
St Edward's Wlk. GL53 – 2D 133
St George's Clo. GL51 – 4E 127
St George's Dri. GL51 – 4E 127
St George's Pl. GL50 – 5A 128
St George's Rd. GL50 – 4E 127
St George's Sq. GL50 – 5A 127
St George's St. GL50 – 4A 128
St James Pl. GL50 – 1F 131
St James's Sq. GL50 – 4A 128
St James's St. GL52 – 5B 128
St Judes Wlk. GL53 – 2C 132
St Luke's Rd. GL53 – 1E 127
St Luke's Rd. GL53 – 1A 132
St Margaret's Rd. GL50 – 4A 128
St Margaret's Ter. GL50 – 4B 128
St Michael's Rd. GL51 – 3E 131
St Nicholas Dri. GL50 – 1A 128
St Paul's La. GL50 – 3A 128
St Paul's Pde. GL50 – 3A 128
St Paul's Rd. GL50 – 3F 127
St Paul's St N. GL50 – 3A 128
St Paul's St S. GL50 – 4A 128
St Peter's Clo. GL51 – 2D 127
St Peter's Sq. GL51 – 2D 127
St Philip's St. GL50 – 2A 132

St Stephen's Clo. GL51 – 2E 131
St Stephen's Rd. GL51 – 2E 131
Salamanca Rd. GL52 – 4E 129
Salisbury Av. GL51 – 3C 130
Sandford Mill Rd. GL53 – 1C 132
Sandford Rd. GL53 – 1A 132
Sandford St. GL53 – 5B 128
Sandhurst Rd. GL52 – 2E 133
Sandy La. GL53 – 4C 132
Sandy La Rd. GL53 – 4C 132
Sappercombe La. GL53 – 4E 133
Saville Clo. GL50 – 2B 128
Saxon Way. GL52 – 1C 132
School Rd. GL53 – 3E 133
Scott Ho. GL51 – 3B 126
Seacombe Rd. GL51 – 4A 126
Selkirk Clo. GL52 – 4C 128
Selkirk Gdns. GL52 – 3C 128
Selkirk St. GL52 – 4B 128
Seneca Way. GL50 – 1E 127
Seven Posts All. GL52 – 2E 129
Severn Rd. GL52 – 4D 129
Shakespeare Rd. GL51 – 4B 126
Shaw Grn La. GL52 – 1E 129
Sheepscombe Clo. GL51 – 1B 130
Shelburne Rd. GL51 – 1C 130
Shelley Av. GL51 – 5B 126
Shelley Rd. GL51 – 5B 126
Shepherds Clo. GL51 – 2A 126
Sherborne Pl. GL52 – 4B 128
Sherborne St. GL52 – 4B 128
Short St. GL53 – 3F 131
Shrublands. GL53 – 3C 132
Shurdington Rd. GL51 &
  GL53 – 5C 130
Sidney St. GL52 – 5B 128
Skillicorne M. GL50 – 1D 131
Smithwood Gro. GL53 – 4D 133
Sochi Ct. GL51 – 4B 126
Solway Rd. GL51 – 2A 126
Somergate Rd. GL51 – 2A 126
Somerset Av. GL51 – 4D 127
Somme Rd. GL52 – 4E 129
Southam Rd. GL52 – 1F 129
Southcourt Clo. GL53 – 3A 132
Southcourt Dri. GL53 – 3A 132
Southern Rd. GL53 – 5B 132
Southfield App. GL53 – 5B 132
Southfield Clo. GL53 – 5B 132
Southfield Mnr. Pk. GL53 – 5C 132
Southfield Rise. GL53 – 5B 132
Southgate Dri. GL53 – 1C 132
S. View Way. GL52 – 2F 129
Southwood La. GL50 – 1F 131
Spenser Av. GL51 – 5B 126
Spenser Rd. GL51 – 5B 126
Springbank Clo. GL51 – 2A 126
Springbank Dri. GL51 – 3A 126
Springbank Gro. GL51 – 3A 126
Springbank Rd. GL51 – 3A 126
Springbank Way. GL51 – 2A 126
Stanley Pl. GL51 – 3A 126
Stanley Rd. GL52 – 5D 129
Stanton Way. GL51 – 1B 130
Stanway Rd. GL51 – 1A 130
Stanwick Cres. GL51 – 1E 127
Stanwick Dri. GL51 – 1E 127
Stanwick Gdns. GL51 – 2E 127
Station St. GL50 – 4F 127
Sterling Ct. GL51 – 4E 127
Stockton Clo. GL53 – 4C 132
Stoneville St. GL51 – 3F 127
Strickland Rd. GL52 – 1C 132
Studland Dri. GL52 – 2F 129
Suffolk Pde. GL50 – 1A 132
Suffolk Rd. GL50 – 1F 131
Suffolk Sq. GL50 – 1F 131
Suffolk St. GL50 – 2A 132
Summerfield Clo. GL51 – 1C 126
Sunnyfield La. GL51 – 4A 130

Sun St. GL51 – 3F 127
Surrey Av. GL51 – 4C 126
Sussex Av. GL51 – 4D 127
Swanswell Dri. GL51 – 1B 130
Swindon La. GL50 – 1E 127
Swindon Pas. GL50 – 3F 127
Swindon Rd. GL51 &
  GL50 – 1E 127 to 4A 128
Swindon St. GL51 – 3F 127
Sycamore Ct. GL51 – 4A 126
Sydenham Rd N. GL52 – 5C 128
Sydenham Rd S. GL52 – 5C 128
Sydenham Vs. Rd. GL52 – 5C 128

Talbot Rd. GL51 – 1D 131
Tamar Rd. GL52 – 3D 129
Tanner's Rd. GL51 – 3C 126
Tatchley La. GL52 – 2E 129
Teme Rd. GL52 – 4D 129
Tennyson Rd. GL51 – 5B 126
Tensing Rd. GL53 – 5B 132
Tewkesbury Rd. GL51 – 1B 126
Thames Rd. GL52 – 3D 129
Thirlestaine Ho Cotts. GL53 –
  2A 132
Thirlestaine Rd. GL53 – 1A 132
Thirlmere Rd. GL51 – 2B 130
Thistledown Clo. GL51 – 2A 126
Thomond Clo. GL50 – 1F 127
Thompson Dri. GL53 – 5A 132
Thornbury Clo. GL51 – 4E 127
Thorncliffe Dri. GL51 – 1E 131
Thornhaugh M. GL51 – 3A 130
Three Sister La. GL52 – 2F 129
Tilney Rd. GL50 – 2A 128
Timbercombe La. GL53 – 5E 133
Timperley Way. GL51 – 3A 130
Tiverton Clo. GL51 – 3A 126
Tivoli Cir. GL50 – 1F 131
Tivoli La. GL50 – 1F 131
Tivoli Rd. GL50 – 2F 131
Tivoli St. GL50 – 1F 131
Tommy Taylor's La. GL50 – 2A 128
Tom Price Clo. GL52 – 5B 128
Townsend St. GL51 – 3F 127
Trafalgar St. GL50 – 5A 128
Treelands Clo. GL53 – 4A 132
Treelands Dri. GL53 – 4A 132
Trinity La. GL52 – 4B 128
Trinity School La. GL52 – 4B 128
Trowscoed Av. GL53 – 3A 132
Tryes Rd. GL50 – 2F 131
Tudor Lodge Dri. GL50 – 2F 131
Tudor Lodge Rd. GL50 – 2F 131
Turkdean Rd. GL51 – 5B 126

Ullswater Rd. GL51 – 2B 130
Undercliffe Av. GL53 – 5A 132
Undercliffe Ter. GL53 – 5A 132
Union St. GL52 – 4B 128
Unwin Rd. GL51 – 2A 130
Up. Bath St. GL50 – 2A 132
Up. Mill La. GL52 – 5D 129
Up. Norwood St. GL53 – 2F 131
Up. Park St. GL52 – 1C 132

Verney Clo. GL53 – 2B 132
Verneys, The. GL53 – 2B 132
Vernon Pl. GL53 – 5B 128
Victoria Pl. GL52 – 4C 128
Victoria Retreat. GL50 – 2A 132
Victoria St. GL50 – 3A 128
Victoria Ter. GL52 – 5C 128
Village Rd. GL51 – 2C 126
Vineries Clo. GL53 – 5F 131
Vineyards Clo. GL53 – 4E 133
Vittoria Wlk. GL50 – 1A 132

Walnut Clo. GL52 – 2B 128
Warden Hill Rd. GL51 – 3C 130

Wards Rd. GL51 – 2A 130
Warren Clo. GL51 – 2C 130
Warwick Cres. GL52 – 2E 133
Warwick Pl. GL52 – 4B 128
Wasley Rd. GL51 – 5B 126
Waterfield Clo. GL53 – 2A 132
Water La. GL52 – 3E 133
Waterloo St. GL51 – 3E 127
Watermoor Clo. GL51 – 2A 126
Welch Rd. GL51 – 2B 126
Welland Ct. GL52 – 2D 129
Welland Dri. GL52 – 2D 129
Welland Lodge Rd. GL52 – 2C 128
Wellesley Rd. GL50 – 3A 128
Wellington Pas. GL52 – 5B 128
Wellington Rd. GL52 – 3B 128
Wellington Sq. GL50 – 3B 128
Wellington St. GL50 – 5A 128
Well Pl. GL50 – 5E 127
Wells Clo. GL51 – 3C 130
Well Wlk. GL50 – 4A 128
Welwyn M. GL51 – 3B 130
Wendover Gdns. GL50 – 5E 127
Wentworth Clo. GL51 – 3A 126
Wentworth Rd. GL51 – 3A 126
Wessex Dri. GL52 – 4E 129
Westal Grn. GL50 – 1E 131

Westal Pk. GL51 – 1E 131
W. Approach Dri. GL52 – 2B 128
Westbourne Dri. GL52 – 4C 128
Westbury Rd. GL53 – 4B 132
Westdown Gdns. GL52 – 5C 128
West Dri. GL50 – 3B 128
Western Rd. GL50 – 5E 127
Westminster Clo. GL53 – 1C 132
Westwood La. GL52 – 3F 129
Whaddon Av. GL52 – 4D 129
Whaddon Dri. GL52 – 4C 128
Whaddon Rd. GL52 – 3C 128
Wheatland Dri. GL51 – 2A 126
Whitecross Sq. GL53 – 2B 132
Whitehart St. GL51 – 3F 127
Whitemarsh Clo. GL51 – 2A 126
Whitethorn Dri. GL52 – 3E 129
Whittington Rd. GL51 – 1A 130
Willersey Rd. GL51 – 1B 130
William Gough Clo. GL51 – 1A 126
Willowbrook Dri. GL51 – 2A 126
Willowherb Clo. GL52 – 3F 129
Willow Rd. GL52 – 5E 129
Willow Rd. GL53 – 4F 133
Wimborne Clo. GL51 – 3B 130
Winchcombe St. GL52 – 4B 128
Winchester Way. GL51 – 3C 130

Windermere Clo. GL51 – 2B 130
Windermere Rd. GL51 – 2B 130
Windrush Rd. GL52 – 4D 129
Windsor St. GL52 – 3C 128
Windyridge Gdns. GL50 – 1F 127
Windyridge Rd. GL51 &
    GL50 – 2E 127
Winstonian Rd. GL52 – 4C 128
Winterbotham Rd. GL51 – 3A 126
Winton Clo. GL51 – 2C 130
Winton Rd. GL51 – 2D 131
Wistley Rd. GL53 – 4E 133
Witcombe Pl. GL52 – 5B 128
Withyholt Ct. GL53 – 3C 132
Withyholt Pk. GL53 – 3C 132
Wolseley Ter. GL50 – 5A 128
Woodlands Rd. GL51 – 3E 131
Wordsworth Av. GL51 – 5B 126
Wychbury Clo. GL53 – 4A 132
Wymans La. GL51 – 1E 127
Wyman's Rd. GL52 – 3C 128

Yarnold Ter. GL51 – 2D 127
Yew Tree Clo. GL50 – 1F 127
York St. GL52 – 4B 128
York Ter. GL50 – 5F 127

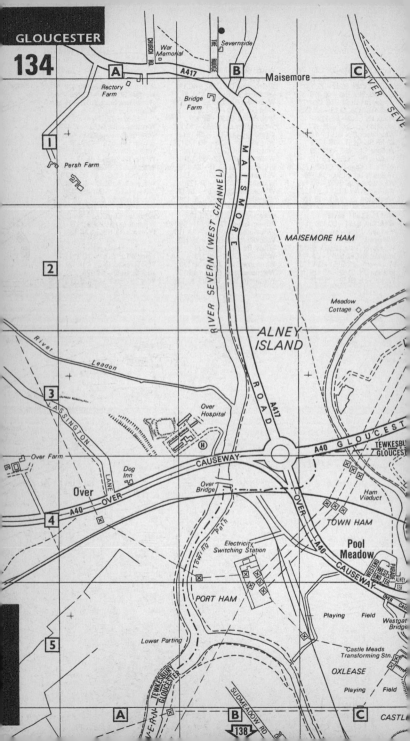

CHURCH RD.

War Memorial

THE RUDGE

Severnside

A417

A

B

Maisemore

C

RIVER SEVE

Rectory Farm

Bridge Farm

1

Persh Farm

RIVER SEVERN (WEST CHANNEL)

MAISMORE

MAISEMORE HAM

2

Meadow Cottage

ALNEY ISLAND

River Leadon

ROAD

A417

3

Over Hospital

ASSINGTON

A40 GLOUCEST

TEWKESBU
GLOUCEST

H

CAUSEWAY

Ham Viaduct

Over Farm

Dog Inn

Over

OVER LANE

Over Bridge

TOWN HAM

OVER

A40

Pool Meadow

WEST END TER

ALNEY TER

PARADE

4

A40

OVER CAUSEWAY

Towing Path

Electricity Switching Station

CAUSEWAY

Playing Field

Westgat Bridge

PORT HAM

Lower Parting

Castle Meads Transforming Stn.

5

OXLEASE

Playing Field

TEWKESBURY
GLOUCESTER

SUDMEADOW RD

A

B

C

CASTL

138

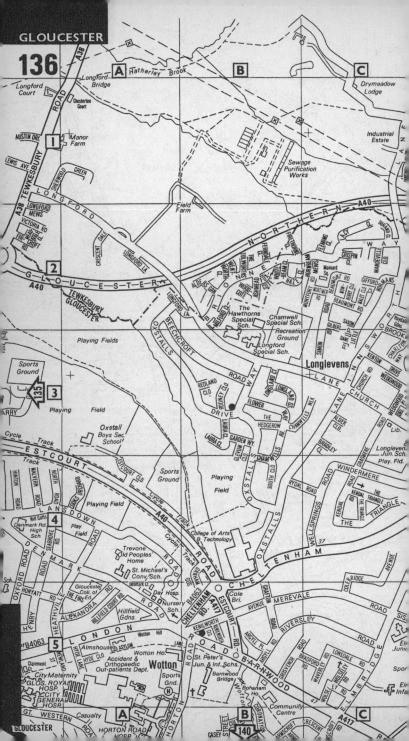

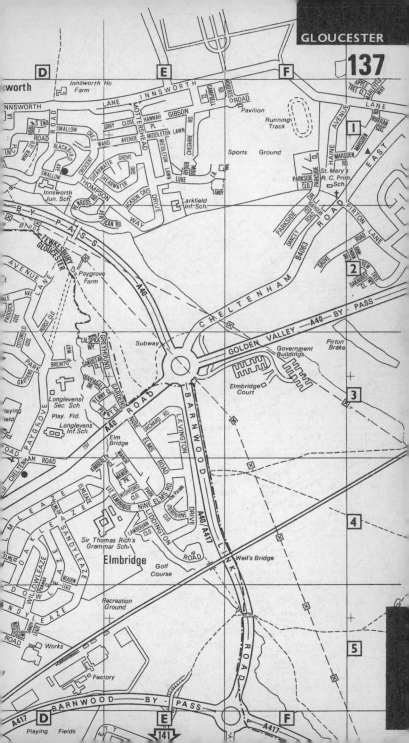

D E F

Innsworth

INNSWORTH Ho Farm

INNSWORTH LANE

APPLE TREE CL. MALLETT WAY

HURRAN GDNS

HAINE AVENUE

EAST

MARSDEN RD.

I

Pavilion

Running Track

Sports Ground

GRAY CLOSE

HANNAH PL.

GIBSON

CAMPBELL

ROBERTS ROAD

CHEGHIRE RD.

MOTTERSHEAD

MIDDLETON LAWN

ROAD

SWALLOW CRES.

AVENUE

WARD

GROVE

SHEARWATER

LUKE

RYDER ROW.

LA.

St. Mary's R.C. Prim. Sch.

PARKSIDE CLO.

PARKSIDE DR.

PIRTON LANE

ROAD

BLACABO

SHEARWATER

THOMPSON

JACKSON CRES.

DRIVE

Larkfield Inf. Sch.

PARKSIDE

DANCEY

B4063

GROVE

OAKHURST CL.

KEMP

ROAD

2

SWALLOW AVE.

Innsworth Jun. Sch.

PENROSE

PELICAN RD.

WAY

BY - PASS

TEWKESBURY - GLOUCESTER

AVENUE

LANE

Paygrove Farm

A40

CHELTENHAM

A40 BY - PASS

GOLDEN VALLEY

Pirton Brake

Government Buildings

Subway

CALSPICK WY.

GREYHOUND

SANDSTAR

BREINTO'

DOVERDALE DR.

Longlevens Sec. Sch.

Play. Fld.

Longlevens Inf. Sch.

PENNY CL.

PENNY CL.

GARDENS

WAY

PARK GARDENS

COTSWOLD GDNS

HURST CLO.

PADDOCK GDNS

VALE AVE

3

Elmbridge Court

BARNWOOD

A40 ROAD

Elm Bridge

ORCHARD RD.

NUDE

ELMS ROAD

LAVINGTON

KIMBERLEY

MANOR PK.

WISHFORD CLO.

LIT. ELMBRIDGE

NINE ELMS RD.

PARK CLO.

The Parade

OSBOURNE

DRIVE

A40/A417

4

CHELTENHAM ROAD

ELMLEAZE

ELMLEAZE

ELMSE

ELM LEAZE

MANOR

LAMBOURN CLO.

LIDDINGTON

LIDDINGTON ROAD

Sir Thomas Rich's Grammar Sch.

LINK

Weil's Bridge

Elmbridge

Golf Course

OAKLEAZE

SANDYLEAZE

SANDYLEAZE

MEADOW LEAZE

Recreation Ground

ROAD

5

WILLOWLEAZE

DOWLEAZE

ELMLEAZE

SANDYLEAZE

SISSON ROAD

LUCY CL.

Works

Factory

BARNWOOD

BY - PASS

A417

D E F

A417

Playing Fields

141

Innsworth Ho Farm

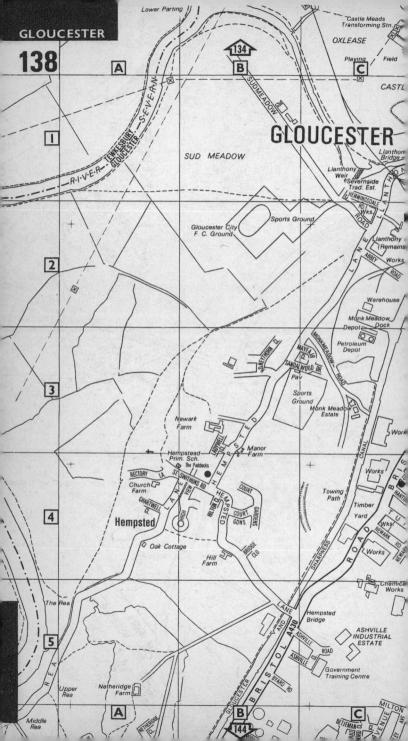

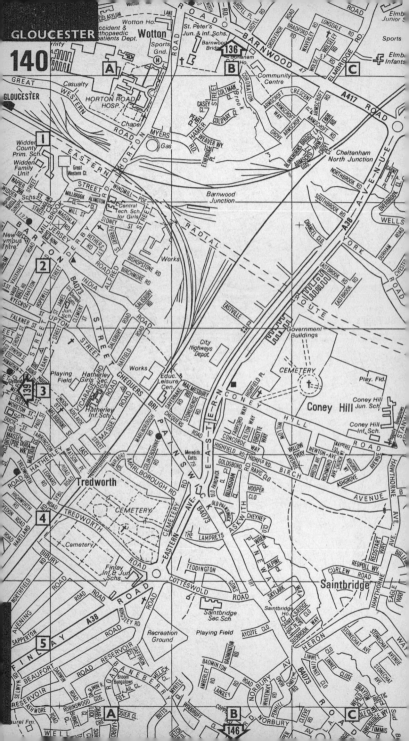

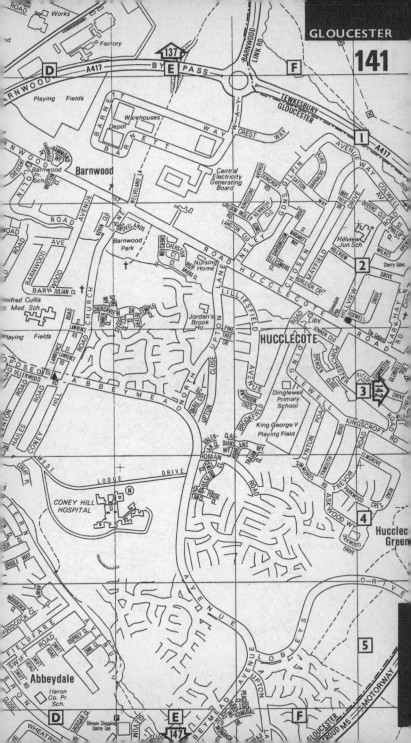

D

E

F

Brake
ombs

Woodlands
Farm

1

ROAD

Pressmead
Farm

BROCKWORTH

Dean Farm

2

ROAD

3

Brook

BROCKWORTH

Brockworth
Court

CEDAR
MAPLE
ELM
ROWAN

PARK

GDNS.
SUGAR EL.
WESTFIELD
RD.

ELM DRIVE
OAK DRIVE

PARK

AVENUE

COURT RD.

Playing
Field

FIELD AVE.
WESTFIELD CLO.
ERMIN

BOVERTON

OAK RD.
THE
CRESCENT

ST.
ANNE'S
CL.

ANSDELL DR.

HICKLEY GDS.

TANNERS CLOSE
WAY

ROAD

MILL

Play.
Fld.

4

GOLF CLUB LA.
WESTFIELD CLO.
HILVIEW AVE.

ERMIN

FAIR
MEADOW
AV.
FAIRVIEW

DRIVE

HURCOMBE

LANE

BROCKWORTH

Mill Farm

Brockworth
Sec. Sch.

Play.
Fld.

A417

BOVERTON

AVE.

Liby.

BROCKWORTH
Sports
Ground

ROAD

TAMAR

HUMBER PL.

RIBBLE CRES.

A46

Nylon Factory

RIDGEMOUNT CLO.

COURT

VICARAGE
CLOSE

MOOR

CRES.

Brockworth
Jun. & Inf.
Schs.

CLYDE

ROAD

TRENT

USK

ROAD

MEDWAY

AVON

WYE

HEB-
DEN CL.
CRESCENT

ROAD

SHURDINGTON

5

Sports Ground

STREET

GREEN

BANK

GREEN

SEABROOK
RD.
ST
GEORGE'S
RD.

Play.
Fld.

WAY

A46

STREET
WOOD

COOPER'S
VW.
CHANDOS

FIELD

DERWENT

CL.

LEADON CLO.

LEA
ROAD

TONE DR.

A417

Nurseries

GREEN
CLO.
POUND
ACRE

E

COWS

Play.
Fld.
Sch.

CASTLE

ISWICK CLO.
A40 / A46

F

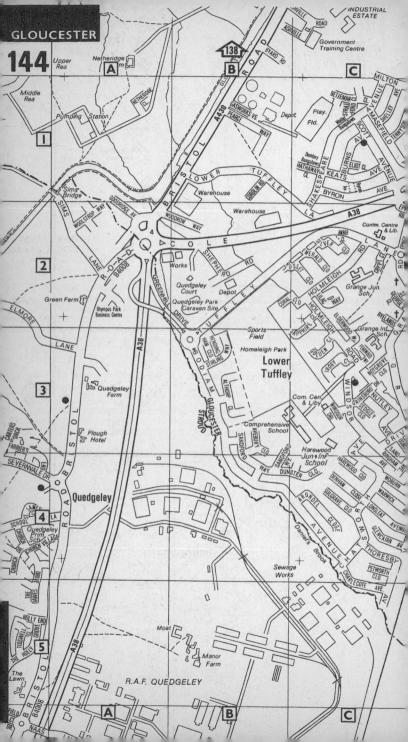

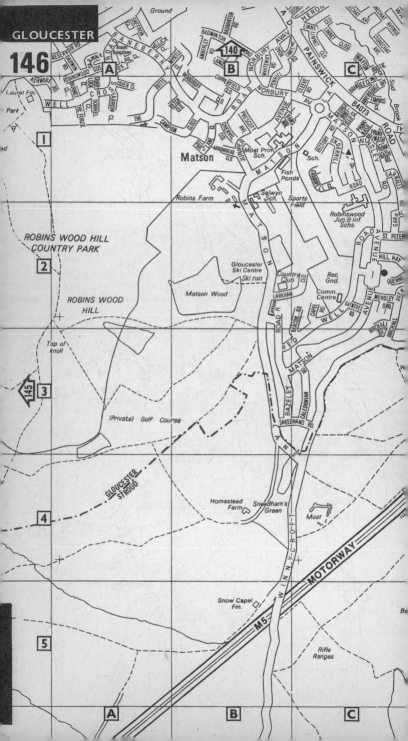

GLOUCESTER

For details of 'How to use this index' and 'Abbreviations used in this index' please refer to Bristol Index to Streets title page.

Abbeymead Av. GL4 – 3D 141
Abbey Rd. GL2 – 2C 138
Abbotswood Clo. GL4 – 2D 145
Abbotswood Rd. GL3 – 5E 143
Adelaide St. GL1 – 3A 140
Albany St. GL1 – 3F 139
Albert St. GL1 – 1F 139
Albion St. GL1 – 1D 139
Alder Clo. GL2 – 3C 136
Alders Grn. GL2 – 2B 136
Alexandra Rd. GL1 – 5A 136
Alfred St. GL1 – 2A 140
Alington Clo. GL1 – 1A 140
Allendale Clo. GL2 – 3C 136
All Saints' Rd. GL1 – 2F 139
Alma Pl. GL1 – 3D 139
Alma Ter. GL1 – 3D 139
Almond Clo. GL4 – 2D 147
Alney Ter. GL1 – 4C 134
Alpine Clo. GL4 – 4B 140
Althorp Clo. GL4 – 3B 144
Alvin St. GL1 – 5F 135
Amber Clo. GL4 – 2C 144
Amberley Rd. GL4 – 5B 140
Anbrook Cres. GL3 – 3F 141
Ansdell Dri. GL3 – 4E 143
Appleton Way. GL3 – 4A 142
Apple Tree Clo. GL3 – 1F 137
Archdeacon Ct. GL1 – 5D 135
Archdeacon St. GL1 – 5D 135
Archibald St. GL1 – 2F 139
Ardmore Clo. GL4 – 3E 145
Argyll Pl. GL2 – 5B 136
Argyll Rd. GL2 – 5B 136
Arlingham Rd. GL4 – 1D 145
Armscroft. GL2 – 1C 140
Armscroft Ct. GL2 – 1C 140
Armscroft Cres. GL2 – 1B 140
Armscroft Gdns. GL2 – 1C 140
Armscroft Pl. GL2 – 1B 140
Armscroft Rd. GL2 – 1C 140
Armscroft Way. GL2 – 1B 140
Arreton Av. GL4 – 4C 140
Arrowhead Clo. GL4 – 1B 146
Arthur St. GL1 – 1E 139
Arundel Clo. GL4 – 4C 144
Ashcroft Clo. GL4 – 3D 147
Ash Gro. GL4 – 2E 147
Ashgrove Av. GL4 – 4C 140
Ashgrove Way. GL4 – 4C 140
Ashmead. GL2 – 2B 136
Ashmore Rd. GL4 – 1D 145
Ash Path, The. GL4 – 1D to 2E 147
Ashton Clo. GL4 – 2E 147
Ashville Clo. GL2 – 5C 138
Ashville Ind. Est. GL2 – 5C 138
Ashville Rd. GL2 – 5B 138
Ashwood Way. GL3 – 4F 141
Askwith Rd. GL4 – 4B 140
Astor Clo. GL3 – 4D 143
Asylum La. GL1 – 5A 136
Austin Dri. GL2 – 1F 135
Avebury Clo. GL4 – 3B 144
Avening Rd. GL1 – 5F 139
Avenue, The. GL2 – 3C 136
Avon Cres. GL3 – 5F 143
Awefield Pitch. GL4 – 5D 141
Awdrey Way. GL4 – 3D 145
Awebridge Way. GL4 – 1C 146
Aycote Clo. GL4 – 5B 140

Badger Clo. GL4 – 2D 147
Badminton Rd. GL4 – 5B 140
Baker St. GL1 – 2D 139

Balfour Rd. GL1 – 4D 139
Baneberry Rd. GL4 – 5A 140
Barbican Rd. GL1 – 1D 139
Barbican Way. GL1 – 5D 135
Barleycroft Clo. GL4 – 3D 147
Barnaby Clo. GL1 – 3F 139
Barnacre Dri. GL1 – 1F 141
Barnett Way. GL3 – 1D 141
Barnwood Av. GL4 – 2D 141
Barnwood By-Pass. – 1D 141
Barnwood Link Rd. GL3 – 3E 137
Barnwood Rd. GL2 & GL4 – 5B 136
Barrack Sq. GL1 – 1D 139
Barrington Dri. GL3 – 2F 141
Barton St. GL1 – 2F 139
Basil Clo. GL1 – 1D 147
Bateman Clo. GL4 – 3D 145
Bathurst Rd. GL1 – 4F 139
Bazeley Rd. GL4 – 3B 146
Beacon Rd. GL4 – 3C 146
Bearland GL1 – 5D 135
Beaufort Rd. GL1 – 5F 139
Beaumont Rd. GL2 – 2C 136
Bedford St. GL1 – 1F 139
Beechcroft Rd. GL2 – 2A 136
Beechwood Gro. GL4 – 2E 145
Belfry Clo. GL4 – 2E 141
Belgrave Rd. GL1 – 2E 139
Belgrove Ter. GL1 – 3F 139
Bell Walk. GL1 – 1E 139
Belmont Av. GL3 – 4B 142
Berkeley St. – 5E 135
Berry Lawn. GL4 – 2D 147
Betjeman Clo. GL2 – 1C 144
Bibury Rd. GL4 – 4F 139
Bijou Ct. GL1 – 4F 135
Billbrook Rd. GL3 – 3A 142
Billingham Clo. GL4 – 4B 140
Birchall Av. GL4 – 3C 146
Birchall La. GL4 – 3D 147
Birch Av. GL4 – 4B 140
Birchmore Rd. GL1 – 2A 140
Birchwood Fields. GL4 – 2E 145
Bishopstone Rd. GL1 – 2A 140
Bisley Rd. GL4 – 4E 145
Bittern Av. GL4 – 4C 140
Blackbird Av. GL3 – 1D 137
Black Dog Way. GL1 – 5E 135
Blackfriars. GL1 – 1E 139
Blakeney Clo. GL4 – 1D 145
Blenheim Rd. GL1 – 2F 139
Bloomfield Rd. GL1 – 3D 139
Bloomfield Ter. GL1 – 4D 139
Bodiam Av. GL4 – 3B 144
Bondend Rd. GL4 – 3E to 2F 147
Bourton Rd. GL4 – 3E 145
Boverton Av. GL3 – 4D 143
Boverton Dri. GL3 – 4D 143
Bowly Rd. GL1 – 5D 139
Bradford Rd. GL2 – 5C 136
Bradley Clo. GL2 – 3C 136
Brae Wlk. GL4 – 1D 147
Bramble Lawn. GL4 – 2D 147
Breinton Way. GL2 – 3D 137
Briar Lawn. GL4 – 2D 147
Bridge Clo. GL2 – B4 138
Brindle Clo. GL4 – 1C 146
Brionne Way. GL2 – 2B 136
Bristol Rd. GL2 & GL1 – 5A 144
Brockworth Rd. GL3 – 4E to 1E 143
Brookfield Rd. GL3 – 3F 141
Brooklands Pk. GL2 – 3C 136
Brook St. GL1 – 2E 139

Brookthorpe Clo. GL4 – 2D 145
Broom Bungalows. GL4 – 5A 140
Brunswick Rd. GL1 – 2E 139
Brunswick Sq. GL1 – 1E 139
Bruton Way. GL1 – 5F 135
Buckholt Way. GL3 – 5E 143
Bullfinch Rd. GL4 – 4C 140
Bull La. GL1 – 1E 139
Burleigh Croft. GL3 – 2F 141
Burnet Clo. GL4 – 1A 146
Burns Av. GL2 – 1C 144
Buttercup Lawn. GL4 – 2D 147
Butts, The. GL4 – 1A 146
Byard Rd. GL2 – 5B 138
Bybrook Gdns. GL4 – 4D 145
Bybrook Rd. GL4 – 4D 145
Byron Av. GL2 – 1C 144
   (in two parts)

Caledonian Rd. GL4 – 3C 146
Calspick Way. GL2 – 3D 137
Camberley Clo. GL3 – 3A 142
Cambridge St. GL1 – 1F 139
Campbell Clo. GL3 – 1E 137
Campden Rd. GL4 – 2E 145
Campion Clo. GL4 – 1A 146
Capel Rd. GL4 – 2C 146
Carisbrooke Rd. GL3 – 4A 142
Carlton Clo. GL1 – 5E 139
Carmarthen St. GL1 – 3F 139
Carne Pl. GL4 – 1C 140
Casey Clo. GL1 – 1B 140
Castle Hill Dri. GL3 – 5F 143
Cecil Rd. GL1 – 3D 139
Cedar Rd. GL3 – 3D 143
Cedars, The. GL3 – 3A 142
Cedarwood Dri. GL4 – 2E 145
Cemetery Rd. GL4 – 4A 140
Central Rd. GL1 – 3E 139
Centurion Clo. GL3 – 4E 141
Chadwick Clo. GL4 – 3D 145
Chalford Rd. GL4 – 4E 145
Chamwells Av. GL2 – 4B 136
Chamwells Wlk. GL2 – 3B 136
Chancel Clo. GL4 – 2C 140
Chandos Dri. GL3 – 5E 143
Charlecote Av. GL4 – 4C 144
Charles St. GL1 – 1F 139
Charlock Clo. GL4 – 1A 146
Charlton Way. GL2 – 3C 136
Chartwell Clo. GL2 – 4A 138
Chatcombe Rd. GL4 – 5B 140
Chatsworth Av. GL4 – 4C 144
Chaucer Clo. GL1 – 5D 139
Chedworth Rd. GL4 – 2E 145
Cheltenham Rd. GL2 – 5B 136
Cheltenham Rd E. GL3 – 2E 137
Chequers Bri. GL1 & GL4 – 3A 140
Chequers Rd. GL4 – 3A 140
Cherry Gdns. GL3 – 2A 142
Cherrywood Gdns. GL4 – 2E 145
Cherston Ct. GL4 – 2E 141
Chervil Clo. GL4 – 1B 146
Cheshire Rd. GL3 – 1E 137
Chesmann Ct. GL1 – 3F 135
Chester Rd. GL4 – 2C 140
Chesterton Ct. GL2 – 1A 136
Cheyney Clo. GL4 – 4B 140
Chosen Way. GL3 – 2F 141
Churchdown La. GL3 – 3B 142
Church Dri. GL2 – 4A 144
Churchfield Rd. GL4 – 2E 147
Churchill Rd. GL1 – 3D 139

GLOUCESTER

Grove Rd. GL3 – 2F 137
Grove St. GL1 – 3F 139
Guinea St. GL1 – 4F 135
Guise Av. GL3 – 5F 143
Gurney Av. GL4 – 3D 145

Hadrians Way. GL3 – 3F 141
Hailes Rd. GL4 – 3D 141
Haine Av. GL3 – 1F 137
Hamer St. GL1 – 1B 140
Hammond Way. GL4 – 1D 141
Hampden Way. GL1 – 1E 139
Hampton Clo. GL3 – 3B 142
Hanman Rd. GL1 – 3F 139
Hannah Pl. GL3 – 1E 137
Hare La. GL1 – 5E 135
Harewood Clo. GL4 – 4C 144
Hartington Rd. GL1 – 4C 138
Hartland Rd. GL1 – 4F 139
Hatfield Rd. GL1 – 3A 140
Hathaway Clo. GL2 – 1C 144
Hatherley Rd. GL1 – 4F 139
Havelock Rd. GL3 – 4A 142
Haven Ct. GL2 – 5C 136
Hawk Clo. GL4 – 5D 141
Hawthorn Dri. GL3 – 2F 137
Hawthorne Av. GL4 – 4C 140
   (Coney Hill)
Hawthorne Av. GL4 – 5C 140
   (Saintbridge)
Haycroft Dri. GL4 – 3D 147
Haydale Gdns. GL2 – 2C 136
Hazel Clo. GL2 – 2B 136
Headlam Clo. GL4 – 3D 145
Heathdean Rd. GL3 – 2F 137
Heathville Rd. GL1 – 5F 135
Hebden Clo. GL3 – 5F 143
Hedgerow, The. GL2 – 3B 136
Hemmingsdale Rd. GL2 – 1C 138
Hempsted La. GL2 – 4B 138
Hendingham Clo. GL4 – 3B 144
Henley Pl. GL1 – 5D 139
Henry Rd. GL1 – 5F 135
Henry St. GL1 – 5F 135
Herbert St. GL1 – 2A 140
Heron Way. GL4 – 5C 140
Hethersett Rd. GL1 – 2A 140
Hickley Gdns. GL3 – 4E 143
Highbank Pk. GL2 – 3F 135
Highfield Pl. GL4 – 3B 140
Highfield Rd. GL4 – 3B 140
High Orchard St. GL1 – 2D 139
High St. GL1 – 3F 139
   (Gloucester)
High St. GL4 – 3E 147
   (Upton St Leonards)
High View. GL4 – 4B 138
Highworth Rd. GL1 – 4F 139
Hillborough Rd. GL4 – 2E 145
Hill Cotts. GL1 – 4F 135
Hillfield Ct Rd. GL1 – 5A 136
Hill Hay Rd. GL4 – 2C 146
Hill Rd. GL4 – 1F 145
Hillview Av. GL3 – 4D 143
Hillview Dri. GL1 – 3A 140
Hill View Cotts. GL4 – 3E 145
Hillview Rd. GL3 – 2F 141
Hilton Clo. GL2 – 4B 138
Hinton Rd. GL1 – 4F 135
Holly End. GL2 – 5A 144
Hollygrove, The. GL2 – 5A 144
Holmleigh Rd. GL4 – 2C 144
Holmwood Clo. GL4 – 3D 145
Holmwood Dri. GL4 – 3D 145
Holst Way. GL4 – 3D 145
Honeythorn Clo. GL2 – 3B 138
Honyatt Rd. GL1 – 5F 135
Hooper Clo. GL4 – 4B 140
Hopewell St. GL1 – 2F 139
Hornbeam M. GL2 – 2C 136
Horsbere Rd. GL3 – 2A 142

Horton Rd. GL1 – 1A 140
Howard St. GL1 – 3E 139
Hucclecote La. GL3 – 2B 142
Hucclecote Rd. GL3 – 2F 141
Humber Pl. GL3 – 5F 143
Hunters Ga. GL4 – 1D 147
Hurcombe Way. GL3 – 4E 143
Hurran Gdns. GL3 – 1F 137
Hurst Clo. GL2 – 2D 137
Huxley Rd. GL1 – 4F 139
Hyde Clo. GL1 – 5A 136
Hyde La. GL1 – 5A 136

India Rd. GL1 – 2A 140
Inner Relief Rd. GL1 – 2D 139
Innsworth La. GL2 & GL3 – 3C 136
Insley Gdns. GL3 – 2F 141
Ivory Clo. GL4 – 3C 144

Jackson Cres. GL3 – 1E 137
Jasmine Clo. GL4 – 1D 147
Javelin Way. GL3 – 5F 143
Jaythorpe. GL4 – 2D 147
Jenner Clo. GL3 – 3F 141
Jersey Rd. GL1 – 2A 140
Jewson Clo. GL4 – 3D 145
John Wood's All. GL1 – 4F 135
Julian Clo. GL4 – 2D 141
Juniper Av. GL4 – 1B 146

Keats Av. GL2 – 1C 144
Kemble Clo. GL4 – 3E 145
Kemble Rd. GL4 – 3E 145
Kendal Rd. GL2 – 4C 136
Kenilworth Av. GL2 – 5B 136
Kenilworth Clo. GL2 – 5B 136
Kennedy Clo. GL3 – 2F 141
Kenton Dri. GL2 – 3C 136
Kevin Clo. GL4 – 2A 141
Kew Pl. GL2 – 3D 137
Kimberley Clo. GL2 – 4D 137
Kimbrose. GL1 – 1E 139
Kimbrose Way. GL1 – 1D 139
King Edward's Av. GL1 – 4E 139
King's Barton St. GL1 – 1F 139
Kingscroft Rd. GL3 – 3F 141
Kingsholm Ct. GL1 – 4E 135
Kingsholm Rd. GL1 – 4E 135
Kingsholm Sq. GL1 – 4E 135
Kingsley Rd. GL4 – 5A 140
Kingsmead. GL4 – 1F 147
Kings Sq. GL1 – 1E 139
Kingstone Av. GL3 – 2F 141
Kings Wlk. GL1 – 1E 139
   (in two parts)
Kinmoor. GL4 – 2D 147
Kitchener Av. GL1 – 5E 139
Knowles Rd. GL1 – 3F 139

Laburnum Rd. GL1 – 5D 139
Lacy Clo. GL2 – 2C 136
Ladybellegate St. GL1 – 1D 139
Ladysmith Rd. GL1 – 4E 139
Ladywell Clo. GL2 – 3B 138
Lambourn Clo. GL2 – 4E 137
Lampreys, The. GL4 – 4B 140
Langdale Gdns. GL2 – 2D 137
Langley Rd. GL4 – 5B 140
Langton Clo. GL3 – 2E 141
Lannett Rd. GL1 – 4E 139
Lansdown Rd. GL1 – 4F 135
Larchwood Dri. GL4 – 2E 145
Larkham Clo. GL4 – 2B 146
Larkham Pl. GL4 – 2B 146
Larkhay Rd. GL3 – 3A 142
Larkspear Clo. GL1 – 5E 139
Lasne Cres. GL3 – 5F 143
Lassington La. GL2 – 3A 134
Laura Clo. GL2 – 3B 136
Laurels, The. GL1 – 3F 139
Lavington Dri. GL2 – 3E 137

Lawns, The. GL4 – 2D 147
Lawrence Way. GL1 – 4E 135
Lawrence Way. N. GL1 – 3D 135
Laynes Rd. GL3 – 3A 142
Lea Cres. GL2 – 3C 136
Leadon Clo. GL3 – 5F 143
Lea Rd. GL3 – 5F 143
Leonard Rd. GL1 – 4F 139
Leven Clo. GL2 – 3D 137
Lewis Av. GL2 – 1F 135
Lewisham Rd. GL1 – 5E 139
Lichfield Rd. GL4 – 2D 141
Liddington Rd. GL2 – 4E 137
Lilac Way. GL4 – 2C 144
Lilliesfield Av. GL3 – 2E 141
Limes, The. GL2 – 3F 135
Linden Rd. GL1 – 3D 139
Linnet Clo. GL4 – 5C 140
Linsley Way. GL4 – 4D 145
Lit. Elmbridge. GL2 – 4E 137
Lit. Normans. GL2 – 3C 136
Llandilo St. GL1 – 3F 139
Llanthony Rd. GL1 – 1D 139
Lobleys Dri. GL4 – 5F 141
London Rd. GL1 & GL2 – 5F 135
Longford La. GL2 – 1F 135
Longford M. GL2 – 2F 135
Longland Ct. GL2 – 3B 136
Longland Gdns. GL2 – 3B 136
Longleat Av. GL4 – 4C 144
Longney Rd. GL4 – 2D 145
Longsmith St. GL1 – 1E 139
Lonsdale Rd. GL2 – 5C 136
Lwr. Quay St. GL1 – 5D 135
Lwr. Tuffley La. GL2 – 1B 144
Lwr. Westgate St. GL1 – 5D 135
Luke La. GL3 – 1E 137
Lynmouth Rd. GL3 – 4F 141
Lynton Rd. GL3 – 4F 141
Lysons Av. GL1 – 3D 139

Madleaze Rd. GL1 – 3D 139
Magdala Rd. GL1 – 2A 140
Mainard Sq. GL2 – 2C 136
Maismore Rd. GL2 – 1B 134
Maldon Gdns. GL1 – 3F 139
Malet Clo. GL2 – 2C 136
Malmesbury Rd. GL4 – 3B 140
Malvern Rd. GL1 – 4F 135
Mandara Gro. GL4 – 1D 147
Mandeville Clo. GL2 – 2C 136
Manor Pk. GL2 – 4E 137
Maple Dri. GL3 – 3D 143
Marian Ct. GL1 – 5D 135
Market Pde. GL1 – 1E 139
Market Way. GL1 – 1E 139
Marlborough Cres. GL4 – 4A 140
Marlborough Rd. GL4 – 4A 140
Marleyfield Way. GL3 – 1F 137
Marsden Rd. GL3 – 1F 137
Masefield Av. GL2 – 1C 144
Massey Pde. GL1 – 3F 139
Massey Rd. GL1 – 3A 140
Matson Av. GL4 – 1C 146
Matson La. GL4 – 1B 146
Matson Pl. GL1 – 3A 140
Maverdine Ct. GL1 – 5D 135
Mayfair Clo. GL2 – 3B 138
Mayfield Dri. GL3 – 2F 141
May Tree Sq. GL4 – 3C 140
Meadowleaze. GL2 – 5D 137
Meadvale Clo. GL2 – 2F 135
Medway Cres. GL3 – 5F 143
Meerstone Way. GL4 – 2D 147
Melbourne St E. GL1 – 3A 140
Melbourne St. W. GL1 – 3F 139
Melick Clo. GL4 – 5A 140
Merchant's Rd. GL1 – 2D 139
Mercia Rd. GL1 – 4E 135
Meredith Cotts. GL4 – 4B 140
Merevale Rd. GL2 – 5B 136

Meteor Way. GL3 – 5E 143
Middleton Lawn. GL3 – 1E 137
Midland Rd. GL1 – 3E 139
Milford Clo. GL2 – 2B 136
Millbridge Rd. GL3 – 3A 142
Millbrook Clo. GL1 – 1A 140
Millbrook St. GL1 – 2F 139
Millfields. GL3 – 2A 142
Millin Av. GL2 – 2D 145
Mill La. GL3 – 4E 143
Mill St. GL1 – 2A 140
Milo Pl. GL1 – 4E 139
Milton Av. GL2 – 1C 144
Mogridge Clo. GL3 – 3A 142
Monarch Clo. GL4 – 1E 147
Monk Meadow Est. GL2 – 3C 138
Monkmeadow Rd. GL2 – 3C 138
Montfort Rd. GL2 – 2C 136
Montpellier. GL1 – 2E 139
Moorfield Rd. GL3 – 4E 143
Moor St. GL1 – 3F 139
Moreton St. GL1 – 3F 139
Morpeth St. GL1 – 3F 139
Mortimer Rd. GL2 – 2C 136
Morton Cotts. GL1 – 2F 139
Mottershead Dri. GL3 – 1E 137
Mount St. GL1 – 5D 135
Mowberry Clo. GL2 – 2C 136
Munsley Gro. GL4 – 2C 146
Myers Rd. GL1 – 1A 140
Myrtle Clo. GL4 – 5B 140

Naas La. GL2 – 5A 144
Napier St. GL1 – 1F 139
Naunton Rd. GL4 – 3D 141
Nelson St. GL1 – 4F 139
Netheridge Clo. GL2 – 1A 144
Nettleton Rd. GL1 – 1F 139
Newark Rd. GL1 – 4C 138
New Inn La. GL1 – 1E 139
Newland St. GL1 – 5F 135
New St. GL1 – 2E 139
Newton Av. GL4 – 3C 140
Nickleby Bungalows. GL4 – 5F 139
Nine Elms Rd. GL2 – 3E 137
Noake Rd. GL3 – 2A 142
Noake, The. GL3 – 2B 142
Norbury Av. GL4 – 5B 140
Norfolk St. GL1 – 2D 139
Northbrook Rd. GL4 – 1C 140
Northfield Rd. GL1 – 5F 139
Northfield Sq. GL1 – 5F 139
Northgate Mans. GL1 – 5E 135
Northgate St. GL1 – 1E 139
North Rd. GL1 – 4F 135
N. Upton La. GL3 – 3E 141
Notgrove Clo. GL4 – 3C 144
Nutley Av. GL4 – 3C 144
Nutmeg Clo. GL4 – 1D 147
Nympsfield Rd. GL4 – 2D 145

Oakbank. GL4 – 1E 145
Oakcroft Clo. GL4 – 2D 147
Oak Dri. GL3 – 4D 143
Oakhurst Clo. GL3 – 2F 137
Oakleaze. GL2 – 4D 137
Oakwood Dri. GL3 – 4F 141
Old Cheltenham Rd. GL2 – 4D 137
Old Painswick Clo. GL4 – 4B 140
Old Painswick Rd. GL4 – 4B 140
Old Rd. GL2 – 1A 134
Old Row. GL1 – 2F 139
Old Tewkesbury Rd. GL2 – 2F 135
Old Tram Rd. GL1 – 1D 139
Olympus Pk. Business Centre.
 GL2 – 2A 144
Orchard Clo. GL2 – 3E 135
Orchard Rd. GL2 – 3E 137
Oriole Way. GL4 – 4D 141
Osborne Av. GL4 – 3C 144
Osbourne Clo. GL2 – 4E 137

Osier Clo. GL4 – 1A 146
Osprey Clo. GL4 – 5D 141
Osric Rd. GL1 – 4F 139
Oval, The. GL1 – 4E 139
Overbrook Clo. GL4 – 2C 140
Over Causeway. GL2 & GL1 –
 4A 134
Owl Clo. GL4 – 5D 141
Oxebode, The. GL1 – 1E 139
Oxford Rd. GL1 – 5F 135
Oxford St. GL1 – 5F 135
Oxford Ter. GL1 – 5F 135
Oxmoor. GL4 – 2D 147
Oxstalls Dri. GL2 – 2A 136
Oxstalls La. GL2 – 4B 136
Oxstalls Way. GL2 – 4B 136

Paddock Gdns. GL2 – 2D 137
Paddocks, The. GL2 – 4B 138
Painswick Rd. GL3 – 5F 143
Painswick Rd. GL4 – 3A 140
Parade, The. GL2 – 4E 137
Park Av. GL2 – 2C 136
Parkend Rd. GL1 – 3E 139
Park Rd. GL1 – 2E 139
Parkside Clo. GL3 – 1F 137
Parkside Dri. GL3 – 2F 137
Park St. GL1 – 5E 135
Parkwood Cres. GL3 – 4F 141
Parliament St. GL1 – 1E 139
Parry Rd. GL1 – 4F 139
Paul St. GL1 – 3F 139
Paygrove La. GL2 – 3D 137
Peacock Clo. GL4 – 1F 147
Pearce Way. GL2 – 1B 144
Peart Clo. GL1 – 1B 140
Pearwood Way. GL4 – 3C 144
Peggoty Bungalows. GL4 – 3C 140
Pembroke St. GL1 – 2F 139
Pembury Rd. GL4 – 1E 145
Penhill Rd. GL4 – 1B 146
Penny Clo. GL4 – 2E 139
Penrose Rd. GL3 – 1D 137
Percy St. GL1 – 3F 139
Perry Orchard. GL3 – 3E 147
Petworth Clo. GL4 – 4C 144
Philip St. GL1 – 3D 139
 (in two parts)
Pickwick Clo. GL2 – 5D 137
Piggy La. GL1 – 3E 145
Pinemount Rd. GL3 – 3A 142
Pine Tree Dri. GL3 – 3E 141
Pineway. GL4 – 4B 140
Pinlocks. GL4 – 2E 147
Pirton La. GL3 – 2F 137
Pitt Mill Gdns. GL3 – 2A 142
Pitt St. GL1 – 5E 135
Plock Ct. GL2 – 2F 135
Podsmead Ct. GL2 – 1D 145
Podsmead Pl. GL1 – 5D 139
Podsmead Rd. GL2 & GL1 – 1D 145
Poplar Clo. GL1 – 5D 139
Porchester Rd. GL3 – 3F 141
Portway. GL4 – 4F 147
Prescott Av. GL4 – 1B 146
Price St. GL1 – 3D 139
Prince Albert Ct. GL3 – 4C 142
Prince St. GL1 – 1F 139
Prinknash Clo. GL4 – 1C 146
Prinknash Rd. GL4 – 1C 146
Priory Rd. GL1 – 5D & 5E 135
Purslane Clo. GL4 – 1B 146

Quail Clo. GL4 – 3E 141
Quay St. GL1 – 5D 135
Quay, The. GL1 – 5D 135
Queens Clo. GL3 – 2A 142
Queen St. GL1 – 1E 139
Quenney's Clo. GL4 – 2C 146

Raglan St. GL1 – 2F 139

Raikes Rd. GL1 – 4D 139
Rance Pitch. GL4 – 3E 147
Randwick Rd. GL4 – 3D 145
Ranmoor. GL2 – 2D 147
Ravis Clo. GL4 – 4B 140
Rea La. GL2 – 5A 138
Rectory La. GL2 – 4A 138
Rectory Rd. GL4 – 1C 146
Red Admiral Dri. GL4 – 1E 147
Redland Clo. GL2 – 3B 136
Redpoll Way. GL4 – 4C 140
Redstart Way. GL4 – 4C 140
Red Well Rd. GL4 – 3B 146
Redwood Clo. GL1 – 5D 139
Regent St. GL1 – 2E 139
Reservoir Rd. GL4 – 1F 145
Ribble Clo. GL3 – 5F 143
Richmond Av. GL4 – 4C 140
Richmond Gdns. GL2 – 3D 137
Richmonds, The. GL4 – 1D 147
Ridgemount Clo. GL3 – 5E 143
Rissington Rd. GL4 – 2E 145
Rivermead Clo. GL2 – 3E 135
Riversley Rd. GL2 – 5B 136
Robert Raikes Av. GL4 – 3D 145
Roberts Rd. GL3 – 1F 137
Robinhood St. GL1 – 3D 139
Robin's End. GL3 – 1D 137
Robinson Rd. GL1 – 3D 139
Robinswood Gdns. GL4 – 5A 140
Rockleigh Clo. GL4 – 2E 145
Rodney Clo. GL2 – 3B 136
Roman Rd. GL3 – 4E 141
Romney Clo. GL1 – 5E 139
Rookery Rd. GL3 – 1C 136
Roseberry Av. GL1 – 5E 139
Rosemary Clo. GL4 – 1D 147
Rowan Gdns. GL3 – 4D 143
Royal Oak Rd. 5D 135
Rudge, The. GL2 – 1B 134
Rudhall Ct. GL1 – 5D 135
Rumsey Clo. GL4 – 1E 147
Russell St. GL1 – 1E 139
Russet Clo. GL4 – 2B 144
Rustic Clo. GL4 – 5C 140
Rydal Rd. GL2 – 4B 136
Ryder Row. GL3 – 1E 137
Ryecroft St. GL1 – 2F 139
Ryelands. GL4 – 2C 144

Saffron Clo. GL4 – 5A 140
St Aldgate St. GL1 – 5E 135
St Aldwyn Rd. GL1 – 4F 139
St Anne's Clo. GL3 – 4E 143
St Barnabas Clo. GL1 – 1E 145
Saintbridge Clo. GL4 – 5C 140
Saintbridge Pl. GL4 – 5B 140
St Catherine St. GL1 – 5E 135
St David's Clo. GL4 – 2D 145
St George's Clo. GL4 – 2C 144
St George's Rd. GL3 – 5E 143
St James' Clo. GL2 – 4A 144
St James St. GL3 – 2A 140
St John's Av. GL3 – 2F 137
St John's La. GL1 – 5E 135
St Kilda Pde. GL1 – 1F 139
St Lawrence Rd. GL4 – 3D 141
St Leonards Clo. GL3 – 3E 147
St Luke's St. GL1 – 2D 139
St Margaret's Way. GL3 – 2F 141
St Mark St. GL1 – 4E 135
St Mary's Clo. GL1 – 5E 135
St Mary's Sq. GL1 – 5E 135
St Mary's St. GL1 – 5E 135
St Michael's Sq. GL1 – 1E 139
St Nicholas Clo. GL1 – 5D 135
St Nicholas Sq. GL1 – 5D 135
St Oswald's Rd. GL1 – 5D 135
St Oswald's Trading Est. GL1 –
 4D 135
St Paul's Ct. GL1 – 3E 139

GLOUCESTER

St Paul's Rd. GL1 – 3E 139
St Peter's Rd. GL4 – 2C 146
St Phillip's Clo. GL3 – 2A 142
St Swithun's Rd. GL2 – 4B 138
Salisbury Rd. GL1 – 3A 140
Sandalwood Rd. GL2 – 3B 138
Sandford Way. GL4 – 3B 144
Sandhurst La. GL2 – 1D 135
Sandhurst Rd. GL1 – 3E 135
 (in two parts)
Sandringham Av. GL4 – 3C 144
Sandstar Clo. GL2 – 3D 137
Sandyleaze. GL2 – 4D 137
Sapperton Rd. GL1 – 5F 139
Sapphire Clo. GL4 – 3C 144
Savernake Rd. GL4 – 3A 140
Saxon Clo. GL2 – 3C 136
Sayer's Cres. GL3 – 5E 143
School La. GL2 – 4A 144
Scott Av. GL2 – 1C 144
Scott Ho. GL1 – 2D 139
Seabroke Rd. GL1 – 4F 135
Seabrook Rd. GL3 – 5E 143
Sebert St. GL1 – 4F 135
Sedgley Clo. GL4 – 3C 144
Selwyn Rd. GL1 – 5F 139
Serlo Rd. GL1 – 4E 135
Severn Rd. GL1 – 1D 139
Severnside Trading Est.
 GL2 – 1C 138
Severnvale Dri. GL2 – 4A 144
Seymour Rd. GL1 – 4D 139
Shakespeare Av. GL2 – 1C 144
Shearwater Gro. GL3 – 1D 137
Shelley Av. GL2 – 1C 144
Shepherd Rd. GL2 – 2B 144
Sherborne St. GL1 – 5F 135
Shergar Clo. GL4 – 1D 147
Sherwood Grn. GL2 – 1F 135
Shurdington Rd. GL3 – 5F 143
Sidney St. GL1 – 2A 140
Silver Clo. GL4 – 2C 144
Silverdale Pde. GL3 – 2F 141
Simmonds Rd. GL3 – 4F 141
Simon Rd. GL2 – 3C 136
Sims La. GL2 – 2A 144
Sinope St. GL1 – 2F 139
Sisson End. GL2 – 5D 137
Sisson Rd. GL2 – 5C 136
Six Acres. GL4 – 2F 147
Skinner St. GL1 – 5E 135
Skylark Way. GL4 – 5B 140
Slaney St. GL1 – 3F 139
Slimbridge Rd. GL4 – 2D 145
Sneedhams Rd. GL4 – 3B 146
Somerset Pl. GL1 – 2D 139
Sorrel Clo. GL4 – 1A 146
Southbrook Rd. GL4 – 2C 140
South Clo. GL2 – 4B 136
Southern Av. GL4 – 1E 145
Southfield Rd. GL4 – 1E 145
Southgate St. GL1 – 2D 139
Spa Rd. GL1 – 2D 139
Spartan Clo. GL3 – 4E 141
Spa Vs. GL1 – 2E 139
Spencer Clo. GL3 – 3F 141
Spire Way. GL4 – 2E 141
Spread Eagle Rd. GL1 – 5E 135
Staites Orchard. GL4 – 2E 147
Stamp's Meadow. GL2 – 2F 135
Stanley La. GL4 – 3F 147
Stanley Rd. GL1 – 4E 139
Stanley Ter. GL1 – 3E 139
Stanmoor. GL4 – 2E 147
Stansted Ho. GL1 – 5D 135
Stanway Rd. GL4 – 3C 140
Station App. GL1 – 1F 139
Steeple Clo. GL4 – 2E 141
Stirling Way. GL4 – 3B 144
Stonechat Av. GL4 – 5C 140
Stonehenge Rd. GL4 – 3B 140

Stratford Clo. GL2 – 1C 144
Stratton Rd. GL1 – 2F 139
Stroud Rd. GL1 & GL4 – 2D 139 to
 5F 145
Sudbrook Way. GL4 – 5C 140
Sudmeadow Rd. GL2 – 5B 134
Sulgrave Clo. GL4 – 4C 144
Sussex Gdns. GL3 – 3B 142
Swallow Cres. GL3 – 1D 137
Swan Rd. GL1 – 4F 135
Sweetbriar St. GL1 – 5F 135
Swift Rd. GL4 – 5D 141
Sybil Rd. GL1 – 4A 140
Sycamore Clo. GL1 – 5D 139
Sydenham Ter. GL1 – 4E 139

Tamar Rd. GL3 – 5F 143
Tandy Wlk. GL3 – 1E 137
Tanners Clo. GL3 – 4E 143
Tarrington Rd. GL1 – 3F 139
Teddington Gdns. GL4 – 4B 140
Temple Clo. GL4 – 2E 141
Tennyson Av. GL2 – 1C 144
Tern Clo. GL4 – 4D 141
Tetbury Rd. GL4 – 3E 145
Tewkesbury Rd. GL2 – 3F 135
Thayer Clo. GL3 – 5E 143
Theresa St. GL1 – 3D 139
Thomas St. GL1 – 2F 139
Thompson Way. GL3 – 1D 137
Thoresby Av. GL4 – 4C 144
Thornhill Clo. GL1 – 5D 139
Thrush Clo. GL4 – 4D 141
Tidswell Clo. GL2 – 5A 144
Timmis Clo. GL4 – 1C 146
Tintern Rd. GL4 – 2D 145
Tone Dri. GL3 – 5F 143
Tower Clo. GL4 – 2D 141
Trojan Clo. GL3 – 4F 141
Tredworth Rd. GL1 & GL4 – 3F 139
Trent Rd. GL3 – 5F 143
Trevor Rd. GL3 – 4F 141
Triangle, The. GL2 – 4C 136
Tudor St. GL1 – 4C 138 & 4D 139
Tuffley Av. GL1 – 4C 138
Tuffley Cres. GL1 – 5D 139
Tuffley La. GL4 – 2B 144
Tullworths, The. GL2 – 2B 136
Tweenbrook Av. GL1 – 4E 139
Twyver Clo. GL4 – 2F 147
Tyndale Rd. GL3 – 3A 142

Ullenwood Rd. GL4 – 3D 141
Underhill Rd. GL4 – 1C 146
Union St. GL1 – 5F 135
Uphill Pl. GL1 – 5D 139
Up. Quay St. GL1 – 5D 135
Upton Clo. GL3 – 3E 141
Upton Hill. GL4 – 5D 147
Upton La. GL4 – 4E 141
Upton St. GL1 – 2A 140
Usk Way. GL3 – 5F 143

Valerian Clo. GL3 – 3E 141
Vauxhall Rd. GL1 – 2F 139
Vertican Rd. GL3 – 2E 137
Vetch Clo. GL4 – 1A 146
Vicarage La. GL3 – 5E 143
Vicarage Rd. GL1 – 3A 140
Victoria Rd. GL2 – 2F 135
Victoria St. GL1 – 2F 139
 (in two parts)
Victory Rd. GL1 – 3F 139
Vincent Av. GL4 – 4C 144
Vine Ter. GL1 – 4F 135
Voyce Clo. GL4 – 3D 145

Walham La. GL2 – 2D 135
Walnut Clo. GL4 – 2D 147
Walton Clo. GL4 – 2E 147
Ward Av. GL3 – 1D 137

Warwick Av. GL4 – 4C 144
Waterloo Pl. GL1 – 5F 135
Watery La. GL4 – 5F 147
Watts Clo. GL3 – 3B 142
Waverley Rd. GL2 – 5C 136
Wayridge, The. GL4 – 1D 147
Weald Clo. GL4 – 5C 140
Weaver Way. GL1 – 1B 140
Wedgwood Dri. GL2 – 3C 136
Weir Bri. Clo. GL4 – 2E 141
Well Cross Rd. GL4 – 1A 146
Weller Bungalows. GL2 – 1C 144
Wellesley St. GL1 – 4F 139
Wellington Pde. GL1 – 5F 135
Wellington St. GL1 – 2E 139
Wellsprings Rd. GL2 – 4C 136
Wells Rd. GL4 – 2C 140
Welveland La. GL4 – 1E 141
Wentworth Clo. GL2 – 2B 136
Westbury Rd. GL4 – 1D 145
Westcote Rd. GL4 – 4E 145
Westend Pde. GL1 – 4C 134
Westend Ter. GL1 – 4C 134
Westfield Av. GL3 – 4D 143
Westfield Rd. GL3 – 4D 143
Westfield Ter. GL2 – 3E 135
Westgate Galleria. GL1 – 5D 135
Westgate St. GL1 – 5D 135
W. Lodge Dri. GL4 – 4D 141
Weston Rd. GL1 – 2D 139
W. Robinson Rd. GL1 – 3E 139
Wheatridge E., The. GL4 – 1E 147
Wheatridge, The. GL4 – 1D 147
Wheatstone Rd. GL3 – 1F 139
Wheatway. GL4 – 2D 147
Whitcomb Clo. GL4 – 3E 147
Whitebeam Clo. GL2 – 2B 136
Whiteway Rd. GL4 – 5B 140
Whitfield St. GL1 – 1F 139
Whittle Av. GL4 – 3D 145
Whornes Orchard. GL4 – 2F 147
Widden St. GL1 – 1F 139
Wilkes Av. GL3 – 2A 142
Willow Av. GL4 – 3B 140
Willowcroft Clo. GL4 – 2D 147
Willowleaze. GL2 – 5D 137
Willow Way. GL4 – 3C 140
Wilton Clo. GL1 – 4D 139
Wilton Rd. GL1 – 4D 139
Winchcombe Rd. GL4 – 3E 145
Winchester Dri. GL4 – 2E 145
Windermere Rd. GL2 – 4C 136
Windmill Pde. GL1 – 1A 140
Windrush Rd. GL4 – 3E 145
Windsor Dri. GL4 – 3C 144
Winnycroft La. GL4 – 5B 146
Winsley Rd. GL4 – 1C 146
Wishford Clo. GL2 – 4E 137
Woburn Av. GL4 – 4C 144
Wolseley Rd. GL2 – 5C 136
Woodcock Clo. GL4 – 5D 141
Woodcote. GL2 – 2B 136
Woodland Grn. GL4 – 2E 147
Woodrow Way. GL2 – 2A 144
Woodruff Clo. GL4 – 1B 146
Woods Orchard. GL4 – 3F 145
Woods Orchard Rd. GL4 – 3E 145
Woolstrop Way. GL2 – 2A 144
Worcester Pde. GL1 – 5F 135
Worcester St. GL1 – 5E 135
Wotton Ct. GL4 – 1D 141
Wotton Hill. GL4 – 5A 136
Wren Clo. GL4 – 4B 140
Wren Ter. GL3 – 1D 137
Wye Rd. GL3 – 5F 143

Yarrow Clo. GL4 – 1A 146
Yew Tree Way. GL3 – 2F 137
York Rd. GL4 – 2C 140

Zoons Rd. GL3 – 2A 142